HSK 한 권이면 끝

고급 회화

리우 · 쉬엔 지음

동양books

초판 2쇄 | 2014년 2월 10일

지은이 | 리우 · 쉬엔
발행인 | 김태웅
총 괄 | 권혁주
기 획 | 조희준
편 집 | 가석빈, 최미진, 한지순, 연윤영
디자인 | 김민정
마케팅 | 서재욱, 김홍태, 정상석, 장영임,
         김귀찬, 왕성석, 김철영
제 작 | 현대순
관 리 | 김훈희, 이국희, 김승훈, 최국호

발행처 | 동양북스
등 록 | 제 10-806호(1993년 4월 3일)
주 소 | 서울시 마포구 동교로 22길 12 (121-842)
전 화 | (02)337-1737
팩 스 | (02)334-6624
웹사이트 | http : //www.dongyangbooks.com
          http : //www.dongyangTV.com

ISBN 978-89-8300-949-4 14720
ISBN 978-89-8300-946-3 (세트)

머리말

2010년 HSK 시험이 新HSK로 바뀌면서 선택사항이긴 하지만 초급, 중급, 고급으로 나눠 회화시험을 실시하고 있습니다. 일부 대학에서는 졸업 기준으로 新HSK 5급 합격 증서와 함께 新HSK 회화 고급 합격 증서를 요구하기도 하며, 직장에 취업하려는 대학생들과 대입수시입학생들에게 新HSK 고급 회화 합격 증서는 플러스 요인이 되고 있습니다. 이에 현장에서 직접 新HSK 고급 회화를 가르쳐 본 경험을 바탕으로 본 교재를 기획하게 되었으며, 본 교재가 新HSK 고급 회화를 준비하시는 분들에게 한 줄기 빛이 되어 주리라고 믿어 의심치 않습니다.

시험에서 요구하는 사항을 제대로 짚어낸 교재입니다!

회화시험은 수험생들의 중국어 표현 능력뿐만 아니라, 발음, 성조, 어감, 끊어 읽기 등이 얼마나 정확하고 자연스러운지를 테스트합니다. 제한된 시간 내에 중국어로 자신의 생각을 조리 있고 명확하게 표현해내는 것이 회화시험에서 가장 중요하게 요구하는 사항입니다.

대부분의 학생은 평소에 말을 잘 하다가도 고시장에만 들어가면 예측하지 못했던 문제들 때문에 자신의 의견을 잘 표현해내지 못할 뿐 아니라, 논리적으로 말하지 못하는 경우도 있습니다. 이 점으로 미루어보면 회화시험은 수험생의 임기 응변 능력이 필요한 시험이라고 볼 수 있으며, 본 교재를 통해 이런 부분을 확실하게 훈련할 수 있다고 장담합니다.

어떻게 답해야 높은 점수를 받을 수 있는지 알려주는 교재입니다!

회화시험은 단지 자신의 의견을 중국어로 잘 말하기만 하면 됩니다. 거짓말을 지어내도 좋고, 남의 이야기를 인용하여 본인의 생각처럼 말해도 괜찮습니다. 무엇보다 가장 중요한 것은 쉽고 제대로 된 중국어 표현으로 말해야 한다는 것입니다. 또한 채점하는 중국사람이 공감할 수 있는 이야기일수록 좋은 점수를 받는데 유리합니다. 예를 들면 '잊지 못할 여행에 대해 말해보세요.'라는 문제가 나오면 미국여행이나 유럽여행에 대해 말하는 것보다 중국여행에 대해 말하는 것이 더 좋습니다. 그래야 채점위원의 공감도 살 수 있고 채점위원이 알게 모르게 점수를 더 주는 경향도 있기 때문입니다. 그리고 한국 속담이나 고사성어는 되도록이면 피하고, 중국 속담이나 고사성어를 인용하는 것이 점수를 더 많이 받을 수 있습니다. 본 교재에서는 이런 합격 노하우를 상세히 설명해 놓았습니다.

마지막으로 본 교재를 함께 집필해준 리우 HSK연구소 직원들에게도 감사 드리며, 교재 편집을 꼼꼼하게 맡아주신 동양문고 편집팀에게도 감사의 마음을 전합니다. 무엇보다도 저와 리우샘을 믿고 따라와주는 학생들과 교재 집필의 기쁨을 함께 하고 싶습니다. 그리고 저를 믿고 격려해주시는 부모님께 이 지면을 빌려 사랑한다는 말을 전하고 싶습니다.

EBSlang / 고려중국센터 HSK강사

리우&쉬엔

목차

제3부분 질문에 답하기

모의고사

각 부분별로 출제되는 문제 유형을 소개합니다. 어떤 문제가 출제되는지, 시험 시간, 자주 출제되는 유형의 문제, 주의사항 등을 개괄적으로 설명하고, 문제 엿보기를 통해 실제 시험에서 출제되는 문제 형식을 보여줍니다.

각 부분별 문제 유형을 파악했다면, 문제 공략법에서는 각 부분별로 문제에 어떤 방식으로 다가가고, 어떤 방식으로 풀어내야 하는지 상세히 설명합니다. 예문을 통해 좀 더 쉽게 이해할 수 있으며 실제 시험에서도 유용한 공략법을 제시합니다.

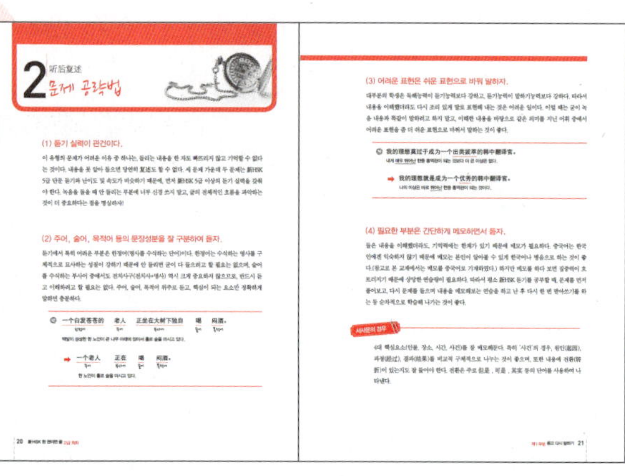

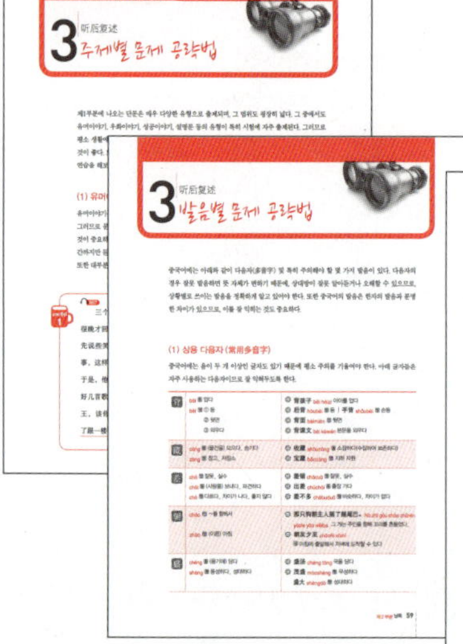

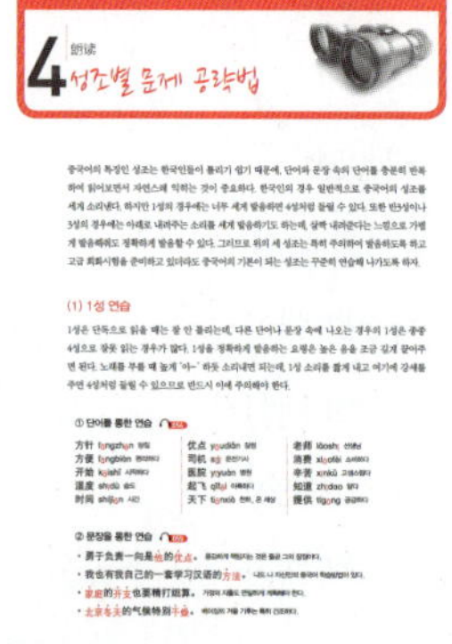

제1·3부분: 출제 가능성이 높은 문제를 주제별로 분류하고, 각 문제마다 문제풀이 Tip과 자주 틀리기 쉬운 표현을 함께 제시해놓아 쉽게 범할 수 있는 오류들을 잡아나갈 수 있습니다.

제2부분: 특히 주의해야 할 발음과 성조를 분류하여 단어와 문장별로 정확한 발음을 듣고 연습해볼 수 있습니다. 고급수준에 있는 학생이라도 발음과 성조는 절대로 소홀히 해서는 안 된다는 점에 주의하세요.

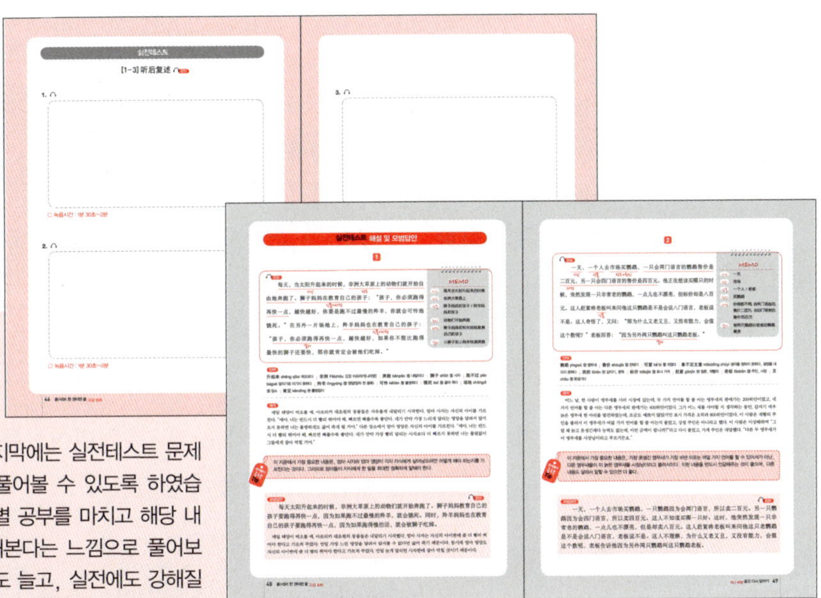

각 부분 마지막에는 실전테스트 문제를 스스로 풀어볼 수 있도록 하였습니다. 부분별 공부를 마치고 해당 내용을 정리해본다는 느낌으로 풀어보세요. 실력도 늘고, 실전에도 강해질 수 있습니다. 실전테스트 해설과 모범답안은 바로 다음 페이지에서 확인할 수 있습니다.

실전에 강해질 수 있는 모의고사 5회분 및 상세한 해설을 수록하였습니다. 실제 시험과 똑같은 시간 구성으로 녹음된 CD를 들으며 모의고사를 풀다 보면, 실제 시험에서 스스로 시간 배분을 할 수 있는 실전감각이 길러집니다. 실제 시험이라고 생각하고 녹음기를 준비해보세요. 그리고 mp3로 제공되는 모범답안이 자신의 생각과는 다르더라도 반복해서 듣고 꼼꼼히 분석해본다면 新HSK 고급 회화 고득점은 문제 없습니다.

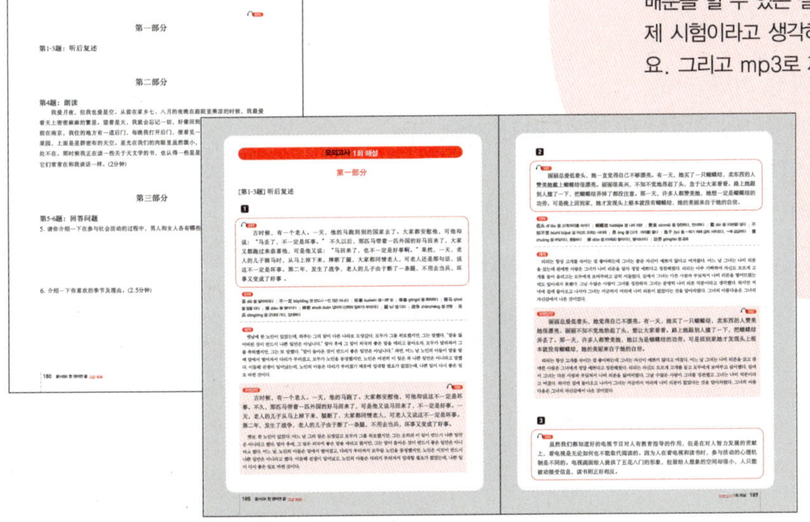

시험개요

- 新HSK 회화는 '듣고 말하기의 결합', '읽고 말하기의 결합' 원칙에 따라 응시자의 중국어 회화 표현능력을 평가하는 시험이다.
- 新HSK 필기시험과 상호 독립적이다.
- '新HSK 초급 회화', '新HSK 중급 회화', '新HSK 고급 회화'의 3등급으로 나뉜다.

시험등급 및 수준

각 등급별 어휘량은 〈국제중국어능력기준〉과 〈유럽언어공통참조규격(CEF)〉에 대응하는 수준으로, 보다 실질적인 최신 어휘 사용에 중점을 두고 있다.

新HSK 회화	어휘량	국제중국어능력 기준	유럽언어공통 참조규격(CEF)	新HSK 필기시험
新HSK 고급 회화	약 3,000개	五级	C2	6급
			C1	5급
新HSK 중급 회화	약 900개	四级	B2	4급
		三级	B1	3급
新HSK 초급 회화	약 200개	二级	A2	2급
		一级	A1	1급

시험용도

- 중국 정부장학생 선발 기준
- 한국 · 중국 대학(원) 입학 · 졸업 시 평가 기준
- 한국 특목고 입학 시 평가기준
- 교양중국어 학력평가 기준
- 각급 업체 및 기관의 채용 · 승진을 위한 기준

응시방법

- **인터넷 접수:** HSK한국사무국 홈페이지(www.hsk.or.kr)에서 접수
- **우편접수:** 구비서류(응시원서+반명함판 사진 2장+응시비 입금영수증)를 동봉하여
  HSK한국사무국으로 등기 발송
- **방문접수:** HSK한국사무국 또는 서울공자아카데미(HSK한국사무국 2층)에서 접수
  [접수시간] 평일: 오전 10시~12시, 오후 1시~5시 / 토요일: 오전 10시~12시
  [준 비 물] 응시원서, 사진 3장(3×4cm 반명함판 컬러 사진, 최근 6개월 이내 촬영)

시험 당일 준비물

- **녹음기:** 일반규격 공 테이프(10×6.3cm) 녹음이 가능한 녹음기
- **수험표:** HSK한국사무국 홈페이지에서 출력(방문접수자는 접수현장에서 발급)
- **필기도구:** 2B 연필, 지우개
- **유효한 신분증:**
  [18세 이상] 주민등록증, 운전면허증, 기간만료 전의 여권, 주민등록증 발급신청 확인서
  [18세 미만] 기간만료 전의 여권, 청소년증, HSK 신분확인서

성적 결과

- 100점이 만점으로, 총점 60점 이상이면 합격이다.
- 성적은 시험일로부터 1개월 후 중국고시센터 홈페이지(www.hanban.org)에서
  개별 조회가 가능하며, 성적표는 성적조회 가능일로부터 2주 후에 발송된다.
- 新HSK 회화 성적은 시험일로부터 2년간 유효하다.

응시 대상 및 수준

- 新HSK 고급 회화시험은 매주 2~3시간씩 2년 이상 중국어를 학습하고, 약 3,000개의 상용어휘를 마스터한 학습자를 대상으로 한다.
- 新HSK 고급 회화시험의 수준은 〈국제중국어능력기준〉 5급과 〈유럽언어공통참조규격 (CEF) 〉 C급에 해당한다.
- 新HSK 고급 회화에 합격한 응시자는 중국어로 듣고 이해할 수 있으며, 유창하게 자신의 견해를 표현할 수 있다.

시험 구성

新HSK 고급 회화시험은 '듣고 다시 말하기', '낭독', '질문에 답하기' 세 부분으로 나뉜다.

구분		문항 수	시험시간
시험 진행에 앞서 응시자 정보(이름, 국적, 수험번호 등)에 대한 질의응답이 이루어짐			
제1부분	듣고 다시 말하기	3문항	7분
준비시간		-	10분
제2부분	낭 독	1문항	2분
제3부분	질문에 답하기	2문항	5분
전체 문항 수 / 시험시간		6문항	24분

시험 시 유의사항

- 고시장 입실 완료 시간(수험표 참고)까지 해당 고시장에 입실해야 한다.
- 시험 중간에 휴식시간은 없으며, 시험 중 퇴실할 수 없다. 만일 특별한 사유로 중도 퇴실을 원할 경우, 반드시 감독관의 동의를 얻어야 한다.
- 회화시험은 답안내용을 녹음테이프에 녹음하여 제출하는 시험형식이다.
- 녹음기 미 지참, 고장, 사용 미숙, 건전지 부족 등의 사유로 녹음이 불가능한 경우, 별도의 녹음시간은 주어지지 않는다.
- 시험 중 필요한 관련 요점내용을 시험지에 적을 수 있다. 단, 다른 곳에 기록하거나 녹음을 하는 경우 부정행위로 간주한다.
- 모든 답안의 녹음은 주어진 시간 내에 마쳐야 한다.
- 녹음 시 목소리는 자신감 있고 명확해야 한다.
- 녹음 시, 고속녹음 또는 저속녹음이 되지 않도록, 시험 전 녹음기 사용방법 등을 반드시 숙지한다.

답안지 응시자 정보 작성 요령(녹음 테이프 겉면)

수험표 상의 정보에 근거하여 녹음테이프 겉면에 자신의 응시 정보를 적는다.

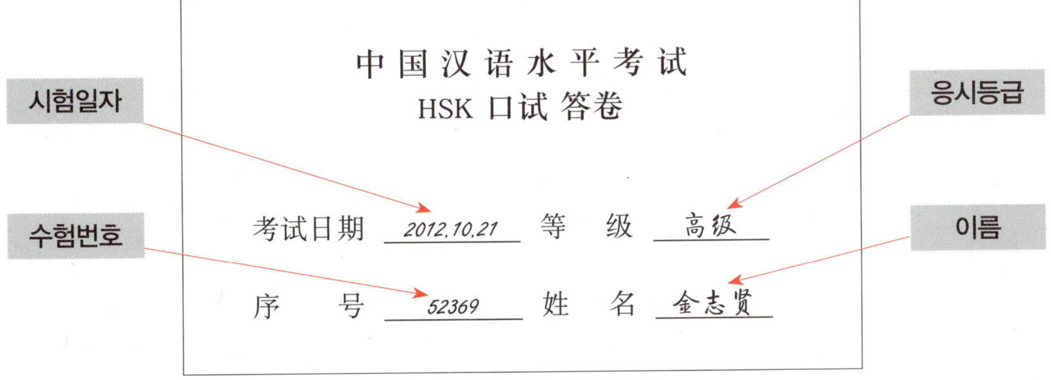

고득점을 얻기 위해 반드시 지켜야 할 네 가지 원칙!

첫째, "자신 있게 대답하되 건방진 말투로 들리지 않도록 주의하자."

특히 중국에서 살다 온 학생들이 이런 실수를 많이 범하게 되는데, 좀 더 자신 있는 중국어를 구사하고자 하는 목적으로 嗯，那个，什么来着 등과 같은 중국인이 잘 쓰는 표현을 넣어서 말하는 수험생들이 있다. 하지만 이는 잘못 사용할 경우 건방지게 여겨져 채점 시 불이익을 받을 수 있다. 그러므로 꼭 필요한 표현이 아닌 경우에는 사용을 최소화하고, 건방지게 들릴 수 있는 말들은 반드시 삼가는 것이 좋다.

둘째, "또박또박 말하고, 혼자 속삭이듯 말하지 말자."

한 고사장에는 대략 30명 정도의 수험생들이 같이 시험을 보는데, 시험을 볼 때 주위 수험생들을 신경 쓰지 말고 큰 목소리로 또박또박하게 대답해야 한다. 모기처럼 속삭이듯 대답해서는 절대 안 된다. 다른 수험생들과 함께 녹음을 하다 보면 자신도 모르게 목소리가 작아지는데, 이는 점수에 매우 안 좋은 영향을 줄 수 있다. 최대한 크게 소리를 내어 자신감 있게 말하고, 약간 높은 톤을 유지하며 발랄하게 말하는 것이 점수에 유리하게 작용할 수 있다.

셋째, "내용은 간결하게 말하되 꼭 필요한 말만 하자."

많은 수험생의 경우, 시간에 딱 맞춰 무조건 길게 답하는 것이 좋은 점수를 받을 수 있다는 잘못된 인식을 갖고 있다. 하지만 이는 잘못 알고 있는 것이다. 평소 우리가 대화할 때 쓸데없이 말만 길게 늘어놓는 사람은 그다지 환영 받지 못한다. 시험도 마찬가지이다. 자신이 하고 싶은 말만 조리 있게 말하면 된다. 제한시간은 문제에 대한 자신의 생각을 정리하는 시간, 잘못 말하거나 다른 내용으로 바꿔 말하고 싶은 경우 해당부분을 수정하여 다시 말하는 시간 등을 모두 포함한다. 그러므로 굳이 이 시간을 꼭 채워서 답할 필요는 없으며 최대한 간결하면서도 조리 있게 말하도록 한다.

넷째, "주제를 벗어나지 않도록 하자."

자신이 하고자 하는 말은 반드시 주제에 맞게끔 대답해야 하며 주제를 벗어나서는 안 된다. 주어진 문제에 답하다 보면 말이 길어지고, 그러다 보면 자신이 하는 이야기가 주제에서 벗어나는 경우가 종종 있다. 하지만 이는 점수에 영향을 줄 수 있다. 이런 경우가 생기지 않도록 하기 위해서는 대답하기 전에 준비시간을 이용해 말하고 싶은 요점을 미리 써놓는 것이 좋다.

> (음악 – 약 30초간)
>
> 你好！你叫什么名字？ 안녕하세요? 당신의 이름은 무엇입니까? (10초간 대답)
>
> 你是哪国人？ 당신은 어느 나라 사람입니까? (5초간 대답)
>
> 你的序号是多少？ 당신의 수험번호는 몇 번입니까? (10초간 대답)

➡ 감독관이 시험 시작을 알리고 방송이 시작되면, 응시자는 이 3개의 질문을 듣게 된다. 응시자는 자신의 이름, 국적, 수험번호를 사실에 맞게 중국어로 대답하면 되며, 들은 내용은 따라 말하면 안 된다.

제1부분

> 好，现在开始第1到3题。请听后复述。
>
> 그럼 지금부터 1~3번 문제를 시작하겠습니다. 듣고 다시 말하세요.

➡ 제1부분은 총 3문항이다. 모든 문제에서는 한 단락의 내용을 들려준다. 응시자가 들은 내용을 다시 말하는 시간은 문제당 1분 30초~2분씩 주어지며, 종료 10초 전에 알림음이 울린다. 10초 후에는 바로 다음 문제를 들려준다.

[문제 유형]

1.   刘先生和儿子去火车站，进去以后，离开车只有五分钟了。他们跑了起来，刘先生跑得很快，先上了火车。他看见儿子还在车下面，就要下车。服务员说："先生，不能下车，车就要开了，来不及了。"刘先生着急地说："不行，坐车的是我儿子，我是来送他的。"

제1부분은 한 단락의 내용을 듣고 바로 다시 말하는 시험이다. 들은 내용을 기억했다가 다시 말해야 하는 만큼, 녹음을 들으면서 핵심이 될만한 어휘는 본인이 알아볼 수 있게 메모를 해두는 것이 좋다. 녹음이 끝나면 1분 30초~2분간 다시 말하면 되는데, 보통 1분 30초 내에 말하면 되며, 이 시간을 초과해서는 안 된다. 가장 중요한 것은 본인의 생각이 들어가서는 안 된다.

好，现在开始准备第4到6题，可以在试卷上写提纲。准备时间为10分钟。

이제 4~6번 문제를 준비하세요. 시험지에 개요를 메모해도 좋습니다. 준비시간은 10분입니다.

➡ 제1부분이 끝나면, 제2·3부분의 준비를 위해 준비시간 10분이 주어진다. 응시자는 10분 동안 4~6번 까지에 세 문제에 대한 답을 준비한다. 준비시간 동안에는 답을 녹음할 수 없으며, 준비시간이 1분 남았을 때 알림음이 울린다.

好，现在开始第4题。

이제 4번 문제를 시작하세요.

➡ 제2부분은 총 1문항이다. 시험지에 제시된 한 단락의 글을 2분 동안 낭독한다. 시간 종료 10초 전에 알림음이 울린다.

[문제 유형]

4.　　　微笑是对生活的一种态度，跟贫富、地位、处境没有必然的联系。一个富翁可能整天烦恼忧愁，而一个穷人却可能心情舒畅。只有心里有阳光的人，才能感受到现实的阳光，如果连自己都苦着脸，那生活如何美好？生活始终是一面镜子，当我们哭泣时，生活在哭泣；当我们微笑时，生活也在微笑。微笑是对他人的尊重，同时也是对生活的尊重。微笑是有"回报"的，人际关系就像物理学上所说的力的平衡，你怎样对别人，别人就会怎样对你，你对别人的微笑越多，别人对你的微笑也会越多。微笑是朋友间最好的语言，一个自然流露的微笑，胜过千言万语，无论是初次见面，还是相识已久，微笑都能拉近人与人之间的距离，令彼此倍感温暖。

제2부분은 낭독이다. 제2부분과 제3부분의 준비시간은 총 10분이며, 이 중 제2부분은 2분간 준비하고 2분간 낭독하면 된다. 시험지상에 한 단락의 내용이 주어지는데 준비시간 동안 빠르게 한 번 읽어보고 전체적인 내용을 대략적으로라도 파악하는 것이 좋으며, 문장 중간중간에 끊어 읽을 부분을 따로 표시해놓으면 한 문장 한 문장을 더 자연스럽게 술술 읽어나갈 수 있다. 한 가지 주의할 점은 모르는 단어가 나오더라도 그냥 지나치지 말고, 한자를 보고 대강 그 뜻을 유추하여 반드시 읽고 지나가야 한다는 것이다.

好，现在开始第5题。

이제 5번 문제를 시작하세요.

好，现在开始第6题。

이제 6번 문제를 시작하세요.

➡ 제3부분은 총 2문항이다. 시험지 상에 제시된 두 문제를 보고, 각각 2분 30초 동안 대답한다. 시간 종료 10초 전에 알림음이 울린다.

[문제 유형]

5. 请说说你理想的生活状态是什么样的。

제3부분은 질문에 답하기이다. 총 2문제가 주어지며 한 문제당 4분씩 준비하면 된다. 주어지는 문제는 일상생활과 관련이 깊은 문제가 출제될 수도 있고, 그렇지 않은 문제가 출제될 수도 있으므로, 평소 주위에서 일어나는 일이나 사회적인 이슈가 되는 문제가 있다면 한 번쯤은 그 문제에 대해 생각해보고 스스로 정리해보는 것이 좋다. 그래야 실제 시험에서 그 문제와 비슷한 유형의 문제가 출제됐을 때 당황하지 않고 풀어나갈 수 있기 때문이다. 또한 찬성 혹은 반대로 대답이 나뉘어지는 문제의 경우에는 본인의 생각은 무조건 옳고, 상반되는 의견은 무조건 그르다는 식의 태도는 지양하는 것이 좋으며, 서론에서는 문제의 배경적 요인을 주로 말하고, 본론에서는 자신의 생각을 뒷받침할만한 이유를 2~3가지 정도 나열하며 말하는 것이 좋다. 결론에서는 어느 한 쪽에 지나치게 편중된 의견보다는 객관적인 입장을 유지하되, 자신의 의견을 말하는 것이 좋다.

好，考试现在结束，谢谢你!

이제 시험이 끝났습니다. 감사합니다!

➡ 방송에서 시험이 종료되었음을 알린다.

国家汉办/孔子学院总部
Hanban/Confucius Institute Headquarters

新 汉 语 水 平 考 试
Chinese Proficiency Test

HSK 口试（高级）成绩报告
HSK Speaking (Advanced) Examination Score Report

姓名：____
Name

性别：__________ 国籍：______________________
Gender　　　　　Nationality

考试时间：______________ 年 ________ 月 ________ 日
Examination Date　　　　Year　　　Month　　　Day

编号：____
No.

满分（Full Score)	合格分（Passing Score)	你的分数（Your Score)
100	60	

主任　　　　　　　　　　国家汉办
Director ________________　Hanban

中国 · 北京
Beijing · China

听后复述

듣고 다시 말하기

1 | 听后复述

문제 유형 살펴보기

들고 다시 말하기(听后复述)란, 수험생들이 먼저 녹음 내용을 듣고 그 내용을 기억해두었다가, 녹음이 끝나면 다시 말하는 유형이다. 총 3문제로, 난이도는 대체적으로 첫 번째 문제가 가장 쉽고, 세 번째 문제가 가장 어렵게 출제된다. 단문의 내용은 유머이야기, 우화이야기에서 설명문까지 다양하게 출제된다. 녹음을 듣고 나면 곧바로 复述(다시 말하기)를 시작하는데, 수험생들에게 주어지는 녹음 시간은 1분 30초~2분이다. 주어지는 시간동안 계속 말해야 하는 것은 아니며, 하고자 하는 말을 다 했다면 미리 끝내도 되지만 초과해서는 안 된다.

시험 시, 들은 내용을 메모하거나 암기하여 거의 비슷하게 말하면 되며, 뜻이 이상해지거나 변하지 않는 범위 내에서는 다른 표현으로 바꿔 말해도 상관은 없다. 하지만 자신의 의견이나 생각은 절대 말하지 않아야 한다는 점에 주의해야 한다.

문제 엿보기 001

　　一个老人有三个儿子，这三个儿子经常闹矛盾，天天吵嘴，老人为此很烦恼，想找个机会教育自己的孩子们。一天，老人拿来一把筷子，先给儿子们一人一根，让他们把筷子折断。三个儿子很轻松地将筷子折断了，然后，老人又给每个儿子一大把筷子，让他们再把筷子弄断，可是这次就没那么容易了。老人说："你们是否想过，这些筷子就像你们一样，在一起时，是一个大集体，力量很强大，然而当你们互相吵架时，你们就变成了一根细筷子，很容易就会被人打败。"

단어

闹矛盾 nào máodùn 갈등이 생기다 | 吵嘴 chǎo zuǐ 통 말다툼을 하다 | 为此 wèicǐ 접 이 때문에 | 烦恼 fánnǎo 형 걱정스럽다, 괴롭다 | 筷子 kuàizi 명 젓가락 | 折断 zhéduàn 통 부러뜨리다 | 轻松 qīngsōng 형 수월하다, 홀가분하다 | 然后 ránhòu 접 그런 후에 | 弄断 nòngduàn 통 부러뜨리다 | 强大 qiángdà 형 강대하다 | 然而 rán'ér 접 그러나 | 打败 dǎbài 통 (적을) 물리치다, 싸워 이기다

한 노인에게 아들 셋이 있었는데, 이 세 아들은 자주 갈등을 일으키고 날마다 말다툼을 했다. 노인은 이 때문에 매우 걱정이 되어, 기회를 봐서 자신의 아이들을 교육하려고 했다. 하루는, 노인이 젓가락 한 묶음을 가져와서는 먼저 아들들에게 한 개씩 주고 젓가락을 부러뜨리라고 했다. 세 아들은 매우 수월하게 젓가락을 부러뜨렸다. 그런 후에 노인은 또 아들 모두에게 젓가락 한 묶음씩을 주고서는 다시 부러뜨리라고 했지만 이번에는 그리 쉽지 않았다. 노인이 말했다. "너희는 생각해봤니? 이 젓가락들은 너희와 같아서 함께 할 때는 하나의 집단이 되어 힘이 매우 강대하지만, 너희가 서로 다툴 때 너희는 단지 가느다란 젓가락 한 짝으로 변해서 아주 쉽게 남한테 패하게 된단다."

002

　　一个老人的三个儿子经常闹矛盾，老人为此很烦恼，想教育一下孩子们。一天，老人拿来一把筷子。他先让儿子一人折断一根筷子，三个儿子一下就折断了。然后，老人又分别给他们一大把筷子让他们弄断，可是这次就不容易了。老人说：筷子就像他们三兄弟，在一起时是一个大集体，力量很强大，然而吵架时，就变成了一根细筷子，很容易就会被人打败。

한 노인의 세 아들은 자주 싸웠고, 노인은 이 때문에 너무 괴로워서 아이들을 가르쳐 보기로 했다. 하루는, 노인이 젓가락 한 묶음을 가져왔다. 그는 먼저 아들들에게 젓가락 하나씩을 부러뜨려 보라고 했고, 세 아들은 단번에 부러뜨렸다. 그러고 나서 노인은 그들에게 젓가락 한 묶음을 주고 부러뜨려 보라고 했지만 이번엔 쉽지 않았다. 노인은, 젓가락은 그들 3형제와 같아서 함께 모이면 집단이 되어 힘이 강해지지만 싸울 때는 가느다란 젓가락 한 짝으로 변해 아주 쉽게 남한테 질 거라고 말했다.

2 听后复述 문제 공략법

(1) 듣기 실력이 관건이다.

이 유형의 문제가 어려운 이유 중 하나는, 들리는 내용을 한 자도 빠뜨리지 않고 기억할 수 없다는 것이다. 내용을 못 알아 들으면 당연히 复述도 할 수 없다. 세 문제 가운데 두 문제는 新HSK 5급 단문 듣기와 난이도 및 속도가 비슷하기 때문에, 먼저 新HSK 5급 이상의 듣기 실력을 갖춰야 한다. 녹음을 들을 때 안 들리는 부분에 너무 신경 쓰지 말고, 글의 전체적인 흐름을 파악하는 것이 더 중요하다는 점을 명심하자!

(2) 주어, 술어, 목적어 등의 문장성분을 잘 구분하여 듣자.

듣기에서 특히 어려운 부분은 한정어(명사를 수식하는 단어)이다. 한정어는 수식하는 명사를 구체적으로 묘사하는 성질이 강하기 때문에 안 들리면 굳이 다 들으려고 할 필요는 없으며, 술어를 수식하는 부사어 중에서도 전치사구(전치사+명사) 역시 크게 중요하지 않으므로, 반드시 듣고 이해하려고 할 필요는 없다. 주어, 술어, 목적어 위주로 듣고, 핵심이 되는 요소만 정확하게 말하면 충분하다.

예 一个白发苍苍的　老人　正坐在大树下独自　喝　闷酒。
　　　한정어　　　　주어　　　부사어　　　술어　목적어

백발이 성성한 한 노인이 큰 나무 아래에 앉아서 홀로 술을 마시고 있다.

➡ 一个老人　正在　喝　闷酒。
　　주어　　부사어　술어　목적어

한 노인이 홀로 술을 마시고 있다.

(3) 어려운 표현은 쉬운 표현으로 바꿔 말하자.

대부분의 학생은 독해능력이 듣기능력보다 강하고, 듣기능력이 말하기능력보다 강하다. 따라서 내용을 이해했더라도 다시 조리 있게 말로 표현해 내는 것은 어려운 일이다. 이럴 때는 굳이 녹음 내용과 똑같이 말하려고 하지 말고, 이해한 내용을 바탕으로 같은 의미를 지닌 어휘 중에서 어려운 표현을 좀 더 쉬운 표현으로 바꿔서 말하는 것이 좋다.

예 我的理想莫过于成为一个出类拔萃的韩中翻译官。
내게 매우 뛰어난 한중 통역관이 되는 것보다 더 큰 이상은 없다.

➡ 我的理想就是成为一个优秀的韩中翻译官。
나의 이상은 바로 뛰어난 한중 통역관이 되는 것이다.

(4) 필요한 부분은 간단하게 메모하면서 듣자.

들은 내용을 이해했더라도, 기억력에는 한계가 있기 때문에 메모가 필요하다. 중국어는 한국인에겐 익숙하지 않기 때문에 메모는 본인이 알아볼 수 있게 한국어나 병음으로 하는 것이 좋다.(참고로 본 교재에서는 메모를 중국어로 기재하였다.) 하지만 메모를 하다 보면 집중력이 흐트러지기 때문에 상당한 연습량이 필요하다. 따라서 평소 新HSK 듣기를 공부할 때, 문제를 먼저 풀어보고, 다시 문제를 들으며 내용을 메모해보는 연습을 하고 난 후 다시 한 번 받아쓰기를 하는 등 순차적으로 학습해 나가는 것이 좋다.

서사문의 경우

4대 핵심요소(인물, 장소, 시간, 사건)를 잘 메모해둔다. 특히 '사건'의 경우, 원인(起因), 과정(经过), 결과(结果)를 비교적 구체적으로 나누는 것이 좋으며, 또한 내용에 전환(转折)이 있는지도 잘 들어야 한다. 전환은 주로 但是 , 可是 , 其实 등의 단어를 사용하여 나타낸다.

例题 1

一只狼出去找食物，偶然经过一户人家，听到小孩儿的哭声，接着又听见老太婆说："别哭了，再哭就把你扔出去喂狼"。狼一听心中大喜，便蹲在墙角等着，谁知等到天黑也不见把小孩儿扔出来。晚上狼等得不耐烦，就想伺机而入，却又听到老太婆说："别怕，狼来了咱们就把它杀了煮着吃"。狼吓得一溜烟跑了。

MEMO

시간	出去找食物 / 等到天黑 / 晚上
장소	经过一户人家
인물	一只狼 / 小孩儿 / 老太婆
원인	听到小孩儿的哭声
과정	听见老太婆对小孩儿说再哭就把他扔出去喂狼
결과	等到天黑，又听到老太太说狼来了就把它煮了，于是狼吓跑了

단어

狼 láng 명 늑대 | 食物 shíwù 명 먹이 | 偶然 ǒurán 부 우연히 | 经过 jīngguò 동 지나가다 | 哭声 kūshēng 명 울음소리 | 接着 jiēzhe 부 이어서 | 老太婆 lǎotàipó 할머니 | 扔出去 rēng chūqu 내버리다 | 喂 wèi 동 먹이를 주다 | 心中大喜 xīnzhōng dàxǐ 내심 매우 기뻐하다 | 蹲 dūn 동 쪼그리고 앉다 | 墙角 qiángjiǎo 명 담벼락 구석 | 不耐烦 bú nàifán 질리다, 귀찮다 | 伺机而入 sìjī ér rù 기회를 엿봐서 들어가다 | 煮 zhǔ 동 삶다 | 吓 xià 동 놀라다 | 一溜烟 yíliùyān 부 재빨리

해석

　늑대 한 마리가 먹이를 찾아 나섰는데, 우연히 한 집을 지나다가 아이의 울음소리를 들었고, 계속해서 할머니가 "울지 마라, 더 울면 너를 늑대 먹이로 던져줄 거야."라고 말하는 것을 들었다. 늑대는 이를 듣고 내심 매우 기뻐하며 담벼락 구석에 쪼그리고 앉아 기다리고 있었는데, 날이 어두워져도 아이가 밖으로 던지는 것을 보지 못하게 될 줄 누가 알았겠는가. 저녁이 되고 늑대는 기다리는 게 짜증이 나서 기회를 엿봐 들어가고 싶었지만, 할머니가 "두려워 마라, 늑대가 온다 해도 우리가 늑대를 죽여 삶아 먹을 테니까."라고 말하는 것을 들었다. 늑대는 놀라서 재빨리 도망갔다.

이 지문에서 가장 중요한 내용은, 할머니가 아이에게 겁을 주기 위해 더 울면 늑대 먹이로 줘버릴 거라는 말을 늑대가 들었다는 것과, (늑대가 열심히 기다리고 있는데) 할머니가 늑대가 오면 잡아서 삶아 먹을 것이라는 말을 하자 늑대가 도망갔다는 것이다. 즉, 할머니가 처음 했던 말과 끝에 했던 말이 바뀌었다는 내용은 반드시 다시 한 번 말해줘야 한다.

모범답안 🎧 004

　一只狼出去找食物，经过一户人家，听见老太婆对小孩儿说，别哭了，再哭就把他扔出去喂狼。狼很开心，便在墙下等，可是等到天黑也不见把小孩儿扔出来。晚上狼想直接进去，可是听到老太婆说，狼来了就把它杀了煮着吃，于是狼吓跑了。

잠깐! 자주 틀리는 표현

- 一只狼出去找食物 (○) / 一个狼出去找食物 (×)
  ▶ 중국어는 양사가 발달되어 있으며, 수식하는 명사에 맞는 양사를 써줘야 한다. 狼을 세는 양사는 只이다.

- 再哭就把你扔出去喂狼 (○) / 又哭就把你扔出去喂狼 (×)
  ▶ '(앞으로) 또 울면……' 이라는 표현은 미래를 나타내는 부사 再를 써야 한다. 과거의 동작이나 상황의 반복을 나타내는 又를 쓰면 틀린 표현이 된다.

- 等到天黑也不见把小孩儿扔出来 (○) / 等到天黑也没见把小孩儿扔出来 (×)
  ▶ 중국어에는 시제가 없으며 말하는 시점에 동작의 상태를 표현한다. 따라서 한국어로 '~하지 못했다'라고 해석한다고 해서 没를 쓰는 것은 삼가야 한다. 이 글은 이야기 글로, 말하는 시점에 본 것이 아니므로 不见을 써야 한다.

설명문의 경우

시간과 장소가 나오지 않는 경우가 많으니, 내용을 중심으로 필요한 부분을 잘 메모해둔다. 특히 첫 문장은 그 글의 주제와 관련 있는 경우가 대부분이므로, 반드시 메모해 두었다가 다시 말해주는 것이 좋다.

예제 2 · 005

人类在创造文字之前，常常用一些奇妙的方法来帮助记忆。中国古代就有"结绳记事"的方法。发生了一件事儿，就在绳子上打一个结。各个结的大小不同，形式也各有区别，表示哪些事儿重要不重要，属于什么种类。往后看了这些绳结，就记起以前经历的许多事儿，很方便记忆。

MEMO

시간	在创造文字之前
인물	人类
원인	用一些奇妙的方法来帮助记忆
과정	用结绳记事，各个结的大小和形式不同，表示各种不同的事情
결과	看了这些绳结，就记起以前的事儿，很方便记忆

创造 chuàngzào 통 창조하다, 만들다 | 奇妙 qímiào 형 신기하다 | 记忆 jìyì 통 기억하다 | 结绳记事 jiéshéng jìshì 새끼에 매듭을 지어 사건을 기록하다 | 绳子 shéngzi 명 새끼, 끈 | 打结 dǎ jié 통 매듭을 짓다 | 大小 dàxiǎo 명 크기 | 形式 xíngshì 명 형태 | 区别 qūbié 명 차이 | 属于 shǔyú 통 ~에 속하다 | 种类 zhǒnglèi 명 종류 | 往后 wǎnghòu 명 이후 | 绳结 shéngjié 명 매듭 | 经历 jīnglì 통 겪다, 경험하다

인류가 문자를 창조하기 전에는 주로 신기한 방법들을 써서 기억을 해냈다. 중국 고대에는 '새끼로 매듭을 지어 사건을 기록하는' 방법이 있었다. 하나의 사건이 발생하면 새끼에 매듭 하나를 지었는데, 각각의 매듭 크기도 서로 달랐고 형태도 제각기 차이가 있었으며, 이는 어떤 사건이 중요하고 중요하지 않은지, 어떤 종류에 속하는 것인지를 나타냈다. 이후에는 이런 매듭을 보고서 전에 겪었던 많은 사건들을 기억해 냈는데 기억하기가 매우 편리했다.

문자가 생기기 전에는 새끼에 매듭을 짓는 방법으로 각각의 사건들을 기억했었다는 내용을 서술해 주는 것이 포인트이다. 그러므로 새끼에 매듭을 짓는 방법으로 각각의 사건들을 기억했었다는 내용은 반드시 다시 한 번 말해줘야 한다.

 006

　　人类在有文字之前，用一些有趣的方法来记事。中国古代用绳子打结记事。发生事情以后在绳子上打一个结，通过结的大小和形式表示事情的重要性和种类。以后看到这些绳结，就能记起很多事，方便记忆。

인류는 문자가 생기기 전에, 재미있는 방법들로 사건을 기록했다. 중국 고대에는 새끼로 매듭을 지어 사건을 기록했다. 사건이 발생하고 나면 새끼에 매듭 하나를 지었는데, 매듭을 짓는 크기와 형식을 통해서 사건의 중요성과 종류를 나타냈다. 이후에 이런 매듭을 보고서 아주 많은 사건들을 기억해낼 수 있었고, 기억하기가 편리했다.

 자주 틀리는 표현

- **人类**在创造文字之前 (〇) / **人间**在创造文字之前 (✕)
  ▶ 인류를 한국어 독음 때문에 인간(人间)이라고 해서는 안 된다.

- 就在绳子上**打**一个结 (〇) / 就在绳子上**做**一个结 (✕)
  ▶ 打结는 '매듭을 짓다'라는 고정적인 표현이므로 做를 동사로 쓰면 안 된다.

- 往后**看了**这些绳结，就记起以前经历的许多事儿 (〇) /
  往后**看**这些绳结，就记起以前经历的许多事儿 (✕)
  ▶ 앞 절의 往后는 미래를 나타내므로 뒤 절에 오는 就를 통해 앞 절이 가정문이라는 것을 짐작할 수 있어야 한다. 또한 앞 절의 了는 如果의 역할을 대신해주기 때문에 꼭 있어야 한다.

3 주제별 문제 공략법

제1부분에 나오는 단문은 매우 다양한 유형으로 출제되며, 그 범위도 굉장히 넓다. 그 중에서도 유머이야기, 우화이야기, 성공이야기, 설명문 등의 유형이 특히 시험에 자주 출제된다. 그러므로 평소 생활에서 일어나는 일이라면 잘 관찰하는 습관을 기르고 그에 대한 기본 상식도 쌓아두는 것이 좋다. 또 단문을 접하는 경우에는 기승전결로 나누어 이야기의 전체적인 흐름을 이해하는 연습을 해보는 것도 중요하다.

(1) 유머이야기 (幽默小故事)

재미있고 유쾌한 내용으로 구성되며, 기본적으로 등장인물, 장소, 사건이 나온다. 그러므로 이를 잘 염두해 두었다가, 이야기의 줄거리를 조리 있게 다시 말하는 것이 중요하다. 또한 이야기의 핵심이 되는 부분이나 반전, 풍자 또한 일반적으로 결말 부분에 등장하기 때문에, 중간까지만 듣고 전체 내용을 미리 짐작하여 결론을 내리지 않도록 주의해야 한다.

예제 1 · 007

三个朋友在酒店租了一个房间，有一天晚上，他们很晚才回来。不巧，电梯出了毛病。小王说上楼梯时自己先说些笑话，然后呢，大王唱几首歌，老王再讲几个故事，这样可能就不会觉得太累了。大王和老王都同意了。于是，他们开始爬楼梯。小王讲了许多笑话，大王也唱了好几首歌。好不容易爬到了第41层。大王喘着气说："老王，该你讲故事了。"老王说："好，听着啊！咱们忘了跟一楼的服务员要钥匙了！"

MEMO	
시간	一天晚上
장소	酒店
인물	小王 / 大王 / 老王
원인	电梯出了毛病
과정	爬楼梯
결과	忘了要钥匙

酒店 jiǔdiàn 몡 호텔 | 租 zū 통 세를 얻다(여기서는 '호텔방을 잡다'라는 의미) | 不巧 bùqiǎo 뷔 공교롭게도, 우연히 | 电梯 diàntī 몡 엘리베이터, 승강기 | 毛病 máobìng 몡 고장, 손상 | 楼梯 lóutī 몡 계단, 층계 | 爬 pá 통 오르다, 올라가다 | 喘 chuǎn 통 숨을 헐떡거리다 | 钥匙 yàoshi 몡 열쇠

세 친구가 호텔에서 방 하나를 잡았다. 어느 날 저녁, 그들은 매우 늦게 돌아왔는데 공교롭게도 엘리베이터가 고장이 났다. 샤오왕은 먼저 자신이 재미있는 얘기들 좀 하고 그 다음에는 따왕이 노래 몇 곡 부르고 라오왕이 또 이야기를 몇 가지 좀 하자고 말하며, 이렇게 하면 아마 그렇게 힘들지 않을 거라고 했다. 따왕과 라오왕은 모두 동의했다. 그리하여 그들은 계단을 오르기 시작했다. 샤오왕이 재미있는 이야기를 많이 하고 따왕도 노래 몇 곡을 불렀다. 가까스로 41층까지 올라갔고, 따왕이 숨을 헐떡거리며 "라오왕, 네가 이야기 할 차례야." 라고 말했다. 라오왕은 말했다. "좋아, 들어봐! 우리는 1층에 있는 종업원에게 열쇠 달라고 하는 것을 깜박했어!"

이 지문에서 가장 중요한 내용은, 세 사람이 힘들게 41층까지 올라가고 나서야 열쇠를 안 챙긴 사실을 알게 됐다는 것이다. 그러므로 咱们忘了跟一楼的服务员要钥匙了 부분은 다시 한 번 말해줘야 한다.

008

　　三个朋友在酒店租了一个房间，有一天晚上，他们很晚才回来。不巧，电梯出了毛病。他们三个人只好爬楼梯。小王建议说，上楼梯时自己先说些笑话，然后大王唱几首歌，老王再讲几个故事，就不会觉得太累了。大王和老王都同意了。于是，他们开始爬楼梯。好不容易爬到了第41层。该老王讲故事了，老王却说他们忘了跟一楼的服务员要钥匙了。

　　세 명의 친구가 호텔에서 방 하나를 잡았고, 어느 날 저녁 그들은 매우 늦게 돌아왔다. 공교롭게도 엘리베이터가 고장이 났고, 그들은 어쩔 수 없이 계단으로 올라가게 되었다. 샤오왕은 계단을 오를 때 자기가 먼저 재미있는 이야기를 좀 하고 나면, 따왕이 노래 몇 곡을 부르고, 라오왕이 이야기를 몇 개 더 하면 아주 힘들지는 않을 거라고 건의했다. 따왕과 라오왕은 모두 동의했다. 그래서 그들은 계단을 올라가기 시작했다. 간신히 41층까지 올라갔고 라오왕이 이야기를 할 차례가 되었지만, 라오왕은 자신들이 1층 종업원한테 열쇠를 달라고 하는 것을 깜박했다고 말했다.

자주 틀리는 표현

- 三个朋友在酒店**租**了一个房间 (○) / 三个朋友在酒店**借**了一个房间 (✕)
  - ▶ 호텔에서 방을 잡아 하룻밤 묵음을 표현할 때는 한국식 표현인 借를 쓰면 안 되고, 세를 얻는다는 개념의 租를 써줘야 한다.
- 大王唱**几首歌** (○) / 大王唱**一些歌** (✕)
  - ▶ 중국어는 양사가 발달되어 있으며, 수식하는 명사에 맞는 양사를 써줘야 한다. 歌의 양사는 首이다.

예제 2 🎧 **009**

在拥挤的公交车上，老王的身后有一个漂亮的少女，随着汽车的行走，一会儿把身体贴在他的背部，一会儿又用一只手扶着他的肩膀。老王回过头，又看见她挑逗地一笑，老王感到心里很舒服。汽车到站了，少女下了车。汽车开出很远，老王还沉浸在甜美之中。忽然，他发现衣袋里的钱包不见了，恍然大悟地说："这个女人，我还以为她看上我了，没想到是看上了我的钱包！"

MEMO

장소	公交车上
인물	老王 / 漂亮的少女
원인	少女站在老王身后
과정	少女与老王的身体接触很多，还对他笑
결과	少女偷了老王的钱包

단어

拥挤 yōngjǐ 휑 붐비다, 혼잡하다 | **行走 xíng zǒu** 동 걷다, 걸어가다 | **贴 tiē** 동 바짝 붙다 | **扶 fú** 동 (넘어지지 않도록) 짚다 | **肩膀 jiānbǎng** 명 어깨 | **挑逗 tiǎodòu** 동 놀리다, 집적거리다, 자극하다 | **沉浸 chénjìn** 동 잠기다 | **甜美 tiánměi** 휑 달다, 달콤하다 | **衣袋 yīdài** 명 호주머니 | **恍然大悟 huǎngrán dàwù** 솅 문득 크게 깨닫다, 갑자기 각성하다

해석

붐비는 버스 안, 라오왕의 뒤쪽에는 예쁜 소녀 한 명이 있었다. 버스가 움직임에 따라, 그녀의 몸이 그의 등쪽에 붙었다가 한 손으로 그의 어깨를 짚었다가 했다. 라오왕이 뒤를 돌아 보자 그녀는 추파를 던지는 듯한 미소를 지었고, 라오왕은 마음이 아주 편안해짐을 느꼈다. 버스가 정류장에 도착하자 소녀는 내렸고, 버스가 한참 멀어졌는데도 라오왕은 여전히 달콤함에 푹 빠져 있었다. 갑자기 그는 호주머니 안의 지갑이 없어졌다는 것을 발견했고 그제서야 깨달은 듯 말했다. "이 여자, 나를 마음에 들어 하는 줄 알았는데 내 지갑을 마음에 들어했을 줄이야!"

문제풀이 공략 Tip

이 지문에서 가장 중요한 내용은, 라오왕이 낯선 여자가 자신을 좋아하는 줄 알고 착각했는데, 알고 보니 여자가 소매치기였다는 사실이다. 따라서 이 내용만 정확히 다시 말해주면 된다.

　　在拥挤的公交车上，老王的身后站着一个漂亮的少女，她一会儿把身体贴在他的背部，一会儿又用手扶着他的肩膀。还对老王笑，老王感到心里很舒服。少女下了车后，老王忽然发现衣袋里的钱包不见了，他这才恍然大悟，原来那个少女偷了他的钱包！

　　붐비는 버스 안, 라오왕의 뒤쪽에는 예쁜 소녀 한 명이 서 있었는데, 그녀는 몸을 그의 등쪽에 붙였다가 또 손으로 그의 어깨를 짚었다가 했다. 게다가 라오왕을 향해 웃자 라오왕은 마음이 매우 편안해졌다. 소녀가 버스에서 내리고, 라오왕은 문득 호주머니 안의 지갑이 보이지 않는다는 것을 발견했다. 그제야 그는 원래 그 소녀는 그의 지갑을 훔치려 했다는 것을 깨달았다!

잠깐! 　자주 틀리는 표현

- 又**看见**她挑逗地一笑 (○) / 又**看**她挑逗地一笑 (✕)
  ▶ '看+목적어'에서 看은 적극적으로 무언가를 '살펴보다, 지켜보다, 구경하다'는 의미이고, '看见+목적어'에서 보어 见이 붙은 看见은 '뭔가를 봤다, 뭔가가 보인다'는 수동적 의미로, 어떤 사물이 시야에 들어왔음을 나타낸다. 여기서는 '소녀가 웃는 것을 살펴본다'는 의미가 아닌, '소녀가 웃는 것을 보았다'는 의미이므로 看见을 써줘야 한다.

- 老王**还沉浸在甜美之中** (○) / 老王**很甜美** (✕)
  ▶ 사람과 甜美라는 단어는 서로 주술관계로는 호응할 수 없으므로, 沉浸在甜美之中이라고 해야 한다.

- 我还**以为**她看上我了 (○) / 我还**认为**她看上我了 (✕)
  ▶ 认为는 관점, 주장, 생각을 말할 때 쓰이고, 以为는 자신의 잘못된 생각이나 착각했던 내용을 말할 때 쓰인다.

예제 3 　🎧011

　　物价不断上涨，工资却从未涨过，小李决定找机会
　　　　　　원인　　　　　　　　　　인물
跟老板说一说。中午，在电梯里遇到了老板，小李说：
　　　　인물　　　　시간　　　　　장소
"唉，最近肉价又涨了，青菜也贵得要命，日子不好过
　　　　　　　　　　　　　　　　과정
啊！"老板看了看小李，点了点头。小李心中暗暗高兴，

看来他的话已经引起了老板的重视。下午，公司下发了一

份通知：鉴于近日肉、菜的价格上涨，午餐由两个肉菜、

一个素菜改为一个肉菜、一个素菜。
　　　결과

MEMO

시간	中午
장소	电梯里
인물	小李 / 老板
원인	物价不断上涨, 工资却从未涨过
과정	向老板暗示物价上涨了
결과	工资没涨 / 午餐发生了变化

物价 wùjià 명 물가, 상품의 시장 가격 | **不断 búduàn** 부 끊임없이, 계속해서 | **上涨 shàngzhǎng** 동 (수위나 물가가) 오르다 | **工资 gōngzī** 명 급여, 임금 | **青菜 qīngcài** 명 야채, 채소 | **要命 yàomìng** 동 아주, 몹시(정도가 매우 심함을 나타냄) | **暗暗 àn'àn** 부 혼자, 몰래 | **引起 yǐnqǐ** 동 끌다, 야기하다 | **重视 zhòngshì** 동 중시하다, 중요시하다 | **下发 xià fā** 동 (상급기관에서) 발표하다, (통지 등을) 보내다 | **鉴于 jiànyú** 전 ~을 고려해서, ~을 감안하여 | **近日 jìnrì** 명 요즘, 최근 | **肉菜 ròucài** 명 고기 반찬 | **素菜 sùcài** 명 채소 반찬

　물가는 계속 올랐지만 월급은 오른 적이 없어서, 샤오리는 기회를 봐서 사장님에게 얘기를 좀 해보기로 했다. 점심 때, 엘리베이터 안에서 사장님과 마주쳤고 샤오리는 말했다. "휴, 요즘 고기 가격도 오르고 채소도 너무 비싸서, 정말 살기가 힘드네요!" 사장님은 샤오리를 쳐다보며 고개를 끄덕였다. 샤오리는 속으로 기뻐했고 보아하니 그의 말이 이미 사장님의 주의를 끈 것 같았다. 오후에 회사에서 통지가 하나 내려왔는데, 최근 고기와 채소 가격이 오른 것을 감안하여 점심밥을 고기 반찬 두 가지와 채소 반찬 한 가지에서 고기 반찬 한 가지와 채소 반찬 한 가지로 바꾼다고 하였다.

이 지문에서 가장 중요한 내용은, 샤오리가 월급을 올려달라고 말하고 싶어서 사장에게 물가가 너무 올랐다고 돌려서 말했는데, 사장은 자기 입장만 생각하여 오히려 회사 구내식당의 반찬을 더 줄였다는 것이다. 그러므로 이 부분은 반드시 다시 한 번 말해줘야 한다.

012

　　物价不断上涨，工资却从未涨过，小李决定找机会跟老板说一说。中午，在电梯里遇到了老板，小李对老板说，最近肉和青菜都贵得要命，日子不好过。老板看了看小李，点了点头。小李以为老板听懂了他的意思，没想到下午，公司下发了一份通知，说因为肉、菜的价格上涨，午餐由两个肉菜、一个素菜改为一个肉菜、一个素菜。

　물가는 계속 올랐지만 월급은 여태껏 오른 적이 없어서, 샤오리는 기회를 봐서 사장님께 얘기를 좀 해보기로 결정했다. 점심에, 엘리베이터 안에서 사장님과 마주치자, 샤오리는 요즘 고기와 채소 모두가 매우 비싸서 살기가 너무 힘들다고 사장님께 말했다. 사장님은 샤오리를 보며 고개를 끄덕였다. 샤오리는 사장님이 자신의 말뜻을 알아들으셨을 거라고 여겼다. 뜻밖에도 오후에 회사에서 통지 하나를 보내왔는데, 고기와 채소 가격이 올랐기 때문에 점심밥을 고기 반찬 두 가지와 채소 반찬 한 가지에서 고기 반찬 한 가지와 채소 반찬 한 가지로 바꾼다는 것이었다.

- 物价不断上涨，工资却从未涨过 (○) / 物价不断上涨，工资却没涨了 (✕)
  ▶ 앞 절에 계속적인 의미를 나타내는 不断이 오기 때문에 어느 한 시점의 과거형을 나타내는 没가 아닌 '줄곧 ~한 적이 없다'는 표현의 从未를 써줘야 한다. 또한 没는 了와 함께 쓰지 않는다.

- 小李决定找机会跟(/对)老板说一说 (○) / 小李决定找机会给老板说一说 (✕)
  ▶ 동사 说와 호응하는 전치사는 给가 아닌 跟이나 对를 써야 한다.

- 在电梯里(/上)遇到了老板 (○) / 在电梯中遇到了老板 (✕)
  ▶ 명사 电梯는 장소 명사가 아닌 일반 명사이므로 뒤에 里나 上을 붙여서 장소로 만들어줘야 한다. 이 때 中을 쓰면 안 된다는 점에 주의한다.

- 青菜也贵得要命(/贵得不得了) (○) / 青菜也贵得死了 (✕)
  ▶ 형용사의 정도를 보충해주는 정도보어에서 贵死了는 맞는 표현이지만 贵得死了는 틀린 표현이다.

- 午餐由两个肉菜、一个素菜改为(/改成)一个肉菜、一个素菜 (○) /
  午餐由两个肉菜、一个素菜变了一个肉菜、一个素菜 (✕)
  ▶ 变了는 일반적으로 '변했다'는 의미의 자동사로 쓰인다. 'A가 B로 변했다'고 할 때는 改为나 改成을 써야 한다.

(2) 우화이야기 (寓言小故事)

단순히 이야기를 전달하려는 것이 아닌 교훈을 주기 위한 형태의 단문이다. 교훈은 결말에서 말해주는 경우가 있고, 이야기만 하고 스스로 생각하게끔 하는 경우도 있다. 만약 결말에서 교훈이 나오면 수험생 또한 결말에서 그 교훈을 다시 한 번 정확하게 서술해줘야 하기 때문에 전체적인 이야기의 흐름을 파악하는 것이 아주 중요하다. 주의해야 할 점은 본인의 생각이나 견해를 더하지 말고 내용 그대로만을 서술해야 한다는 점이다.

예제 1

013

很久很久以前，一位农民在自己的菜园中收获了一个大南瓜，他把这个南瓜献给了国王。国王很高兴，赐给农民一匹骏马。这件事很快家喻户晓。一个财主想：如果献一匹骏马，国王一定会赐给我更多的金银珠宝或美女。于是财主向国王进献了一匹价值连城的骏马。国王同样很高兴，吩咐道："把那位农民献的那个珍贵的大南瓜赐予这个献马的人吧。"

MEMO

시간	很久很久以前
장소	菜园
인물	农民 / 财主
원인	农民把南瓜献给国王，得到一匹骏马
과정	财主向国王进献了一匹骏马
결과	国王赐给财主南瓜

단어

菜园 càiyuán 명 채소밭 ｜ 收获 shōuhuò 동 거두어들이다, 수확하다 ｜ 南瓜 nánguā 명 호박 ｜ 献给 xiàn gěi 바치다, ~에 드리다 ｜ 赐 cì 동 하사하다, 베풀다 ｜ 匹 pǐ 양 필(말이나 소를 세는 단위) ｜ 骏马 jùnmǎ 명 준마 ｜ 家喻户晓 jiāyù hùxiǎo 성 집집마다 다 알다, 누구나 다 알다 ｜ 财主 cáizhǔ 명 부자 ｜ 金银珠宝 jīnyín zhūbǎo 금은보화 ｜ 进献 jìn xiàn 동 바치다, 진상하다 ｜ 价值连城 jiàzhí liánchéng 성 가치가 죽 이어진 성에 비길 만하다(가치가 매우 귀중하다, 값지다) ｜ 吩咐 fēnfù 동 분부하다, 지시하다 ｜ 赐予 cìyǔ 동 ~에게 주다, 하사하다

해석

　옛날 옛날에, 한 농부가 자신의 채소밭에서 엄청나게 큰 호박 하나를 수확했는데, 그는 이 호박을 국왕에게 바쳤다. 국왕은 매우 기뻐하며 농부에게 준마 한 마리를 하사했다. 이 일은 아주 빠르게 사람들에게 알려졌다. 한 부자는 생각했다. '만약에 준마 한 마리를 바친다면 국왕은 반드시 나에게 더 많은 금은보화나 미녀를 하사하시겠지.' 그래서 부자는 국왕에게 성의 가치와 맞먹는 준마 한 마리를 바쳤다. 국왕은 마찬가지로 매우 기뻐하며 분부했다. "그 농부가 바쳤던 그 진귀한 큰 호박을 이 말을 바친 사람에게 주어라."

이 지문에서 가장 중요한 내용은, 농부와 부자가 각자 자신에게 귀한 물건을 왕에게 바쳤으나 그 둘에게 돌아온 것은 아주 달랐다는 내용이다. 따라서 농부와 부자의 속마음, 바쳤던 물건 그리고 왕이 두 사람에게 하사한 것들의 차이를 비교하면서 말하는 것이 포인트이다.

모범답안

　很久很久以前，一位农民在自己的菜园中收获了一个大南瓜，他把这个南瓜献给了国王。国王很高兴，赐给农民一匹骏马。一个财主想：如果献一匹骏马，国王一定会赐给自己更多的金银珠宝或美女。于是他向国王进献了一匹骏马。国王同样很高兴，吩咐人把那个珍贵的大南瓜给了财主。

　옛날 옛날에, 한 농부가 자신의 채소밭에서 큰 호박 하나를 수확했는데, 그는 이 호박을 국왕에게 바쳤다. 국왕은 매우 기뻐하며 농부에게 준마 한 필을 하사했다. 한 부자는, '만일 준마 한 필을 바친다면 국왕이 반드시 자신에게 더 많은 금은보화나 미녀를 하사하시겠지'라고 생각하여 국왕에게 준마 한 필을 바쳤다. 국왕은 마찬가지로 매우 기뻐하며, 사람에게 그 진귀한 큰 호박을 부자에게 주라고 분부했다.

잠깐! **자주 틀리는 표현**

- 一位农民在自己的菜园中**收获**了一个大南瓜 (○) /
  一位农民在自己的菜园中**收到**了一个大南瓜 (×)
  ▶ 收获는 노력해서 어떤 결과물을 수확한다는 의미이고, 收到는 수동적으로 받았다는 의미이므로 주의해서 사용해야 한다.

- 他把这个南瓜**献给**了国王 (○) / 他把这个南瓜**给**了国王 (×)
  ▶ 왕에게 무언가를 준다는 표현은 给가 아닌 '바친다'는 의미의 献给를 쓴다.

- 国王很高兴，赐给农民**一匹骏马** (○) / 国王很高兴，赐给农民**一个骏马** (×)
  ▶ '말'의 양사는 匹이다.

- 国王一定会赐给我更多的金银珠宝**或**美女 (○) /
  国王一定会赐给我更多的金银珠宝**还是**美女 (×)
  ▶ 선택을 나타내는 접속사에는 或와 还是가 있는데, 或는 평서문에, 还是는 의문문에 사용한다.

예제
2

一个老太太的大女婿是卖雨伞的，二女婿靠卖草帽为生。一到晴天，老太太就说："大女婿的雨伞一定不好卖了。"一到雨天，她又说："又没有人买草帽了。"所以，无论晴天还是雨天，老太太总是不开心。一位邻居觉得好笑，对老太太说："下雨天你就想大女婿的伞好卖了，晴天你就去想二女婿的草帽生意不错，这样不就天天高兴了吗？"老太太听了邻居的话，脸上天天都有了笑容。

MEMO

시간	晴天 / 雨天
인물	老太太 / 大女婿 / 二女婿 / 邻居
원인	晴天担心大女婿, 雨天担心二女婿
과정	邻居劝她
결과	老太太的脸上有了笑容

단어

女婿 nǚxù 몡 사위 | **草帽** cǎomào 몡 밀짚모자 | **为生** wéi shēng ~으로 생계를 꾸리다, 생업으로 하다 | **邻居** línjū 몡 이웃, 이웃집 | **好笑** hǎoxiào 혱 웃기다, 우습다 | **生意** shēngyì 몡 장사, 사업 | **笑容** xiàoróng 몡 웃음을 띤 표정, 웃는 얼굴

해석

한 노부인의 맏사위는 우산을 팔고 둘째 사위는 밀짚모자를 팔며 살았다. 날이 맑자 노부인은 말했다. "맏사위의 우산이 분명히 잘 안 팔리겠구나." 비 오는 날이 되자 그녀는 또 말했다. "밀짚모자를 사는 사람도 없겠구나." 그래서 맑은 날이든 비 오는 날이든 상관없이 노부인은 항상 기쁘지 않았다. 한 이웃이 웃긴다고 생각되어 노부인에게 말했다. "비 오는 날은 맏사위의 우산이 잘 팔릴 것이고, 맑은 날은 둘째 사위의 밀짚모자 장사가 잘될 거라고 생각해보세요. 이렇게 생각하면 당신은 매일 기쁘지 않겠습니까?" 노부인은 이웃의 말을 듣고 날마다 얼굴에 웃음꽃이 피었다.

이 지문에서 가장 중요한 내용은, 한 노부인이 매일 쓸데없는 걱정만 하고 살다가, 이웃의 설득으로 생각을 바꾼 후 웃음을 되찾았다는 내용이다. 그러므로 이 내용은 반드시 다시 한 번 말해줘야 한다.

모범답안

一个老太太的大女婿是卖雨伞的，二女婿靠卖草帽为生。晴天时老太太担心大女婿的雨伞不好卖，雨天时她又担心二女婿的草帽没人买，所以老太太总是不开心。一位邻居觉得好笑，便劝老太太下雨天可以想大女婿的伞好卖，晴天就去想二女婿的草帽生意不错，这样想就可以天天高兴了。老太太听了邻居的话，脸上天天都有了笑容。

한 노부인의 맏사위는 우산을 팔았고, 둘째 사위는 밀짚모자를 팔며 살았다. 맑은 날이면 노부인은 맏사위의 우산이 잘 팔리지 않을 거라고 걱정했고, 비가 올 때는 또 둘째 사위의 밀짚모자를 사는 사람이 없을 거라고 걱정했다. 그래서 노부인은 항상 기쁘지 않았다. 한 이웃이 우습다고 생각하고는, 노부인에게 비가 오는 날에는 맏사위의 우산이 잘 팔릴 것이고, 맑은 날에는 둘째 사위의 밀짚모자 장사가 괜찮을 거라고 생각해 보라며 권하였고, 이렇게 생각하니 날마다 기뻤다. 노부인은 이웃의 말을 듣고는 얼굴에 매일 웃음꽃이 피었다.

잠깐! 자주 틀리는 표현

- 大女婿的雨伞一定**不好卖**(/**卖不出去**)了 (〇) / 大女婿的雨伞一定**不能卖得好**了 (×)
  ▶ '잘 팔리지 않는다'는 표현은 不好卖나 卖不出去로 써야 한다.
- 她又说："**又没有人买草帽**了。" (〇) / 她又说："**又买草帽的人没有**。" (×)
  ▶ 부사 又 바로 뒤에는 동사 没有가 와야 하며, 명사인 买草帽的人이 오면 틀린 표현이 된다.
- **无论**晴天还是雨天，老太太总是不开心 (〇) / **哪怕**晴天还是雨天，老太太总是不开心 (×)
  ▶ 조건이 두 개 이상(晴天, 雨天)일 때는 접속사 无论을 써야 한다.
- **这样**不就天天高兴了吗 (〇) / **像这样**不就天天高兴了吗 (×)
  ▶ 这样 자체에 '이렇게 하면'이라는 의미가 포함되어 있으므로 앞에 像을 중복해서 써주면 안 된다.

예제 3 | 017

从前，有个国王没有儿子，他打算从全国选一个男孩儿做王子，于是他分给每个男孩儿一颗种子，看谁种的花最好就选谁当王子。到了选王子的那一天，几乎所有的小孩儿都捧着鲜艳、美丽的花来了，只有一个小男孩儿捧着一个空花盆伤心落泪，他没有种出花来，但是他被选中了。原来种子都是被炒过的。

MEMO

시간	从前 / 选王子的那一天
인물	国王
원인	国王没有儿子，打算选一个男孩儿做王子
과정	分给每个男孩儿一颗种子，看谁种的花最好就选谁当王子
결과	一个小男孩儿捧着一个空花盆，但是他被选中了

단어

从前 cóngqián 명 이전, 옛날 | 打算 dǎsuan 동 ~할 생각이다, 작정이다 | 种子 zhǒngzi 명 종자, 씨앗 | 几乎 jīhū 부 거의, 거의 모두 | 捧 pěng 동 두 손으로 받쳐들다 | 鲜艳 xiānyàn 형 화려하다, 산뜻하고 아름답다 | 美丽 měilì 형 아름답다, 예쁘다 | 花盆 huāpén 명 화분 | 伤心 shāngxīn 동 상심하다, 슬퍼하다 | 落泪 luò lèi 동 눈물을 흘리다 | 炒 chǎo 동 볶다

옛날, 한 국왕은 아들이 없어서 전국에서 남자아이 한 명을 뽑아 왕자로 삼으려고 했다. 그래서 그는 모든 남자아이에게 씨앗 하나씩을 나누어 주며, 심은 꽃이 제일 예쁜 사람을 왕자로 삼겠다고 했다. 왕자를 뽑는 날이 되자 거의 모든 아이가 화려하고 아름다운 꽃을 들고 왔는데, 오직 한 남자아이만이 빈 화분 하나를 들고 상심하며 눈물을 흘렸다. 그 아이는 꽃을 피우지 못했지만 (왕자로) 선택되었다. 알고 보니 씨앗은 모두 볶아졌던 것이었다.

이 지문에 가장 중요한 내용은, 한 국왕이 아이들에게 꽃을 키워보라며 씨앗을 나눠줬는데, 한 아이만 꽃을 피우지 못했고, 나중에 알고 보니 씨앗은 볶아진 것이었다는 부분이다. 씨앗이 볶아진 것이었다는 내용은 반드시 다시 한 번 말해줘야 한다.

 018

从前，有个国王没有儿子，他打算从全国选一个男孩儿做王子，于是他分给每个男孩儿一颗种子，看谁种的花最好就选谁当王子。选王子的那一天，几乎所有的小孩儿都拿着美丽的花来了，只有一个小男孩儿没有种出花来，但是他被选中了。原来种子都是被炒过的。

옛날에, 한 국왕은 아들이 없어서 전국에서 남자아이 한 명을 뽑아서 왕자로 삼으려고 했다. 그래서 그는 모든 남자아이에게 씨앗을 하나씩 나눠주고는, 심은 꽃이 가장 예쁜 사람을 골라 왕자로 삼겠다고 했다. 왕자를 뽑는 그날, 거의 모든 아이는 아름다운 꽃을 들고 왔고, 단지 한 남자아이만이 꽃을 피우지 못했지만 (왕자로) 선택되었다. 알고 보니 씨앗은 모두 볶아졌던 것이었다.

자주 틀리는 표현

- 他打算从全国选一个男孩儿做王子 (○) / 他打算了从全国选一个男孩儿做王子 (×)
  ▶ 동사 打算은 다른 동사 앞에 쓰이므로 了를 쓰지 않는다.

- 看谁种的花最好就选谁当王子 (○) / 看谁种的花最好选谁当王子 (×)
  ▶ 의문사 두 개로 이루어진 복문(문장이 두 개인 문장)이다. 따라서 부사 就를 이용해 문장과 문장을 연결하는 역할을 해줘야 한다.

- 几乎所有的小孩儿都捧着鲜艳 (○) / 几乎所有小孩儿都捧着鲜艳 (×)
  ▶ 所有人은 的 없이 단독으로도 쓰이지만, 일반적으로 所有가 다른 명사를 수식할 때는 的를 써줘야 한다.

- 但是他被选中了 (○) / 但是他选中了 (×)
  ▶ 문맥상 他는 선택이 되어야 하는 대상이기 때문에 '被자문'으로 써줘야 한다.

- 原来种子都是被炒过的 (○) / 原来种子都是被炒过的了 (×)
  ▶ '是……的' 강조 구문에서는 了를 함께 쓰지 않는다.

(3) 성공이야기 (成功故事)

누군가의 성공이야기는 평소 텔레비전이나 신문 등에서 비교적 쉽게 접할 수 있는 주제이다. 그렇기 때문에 처음부터 끝까지 전체적인 이야기 흐름을 비교적 쉽게 예측할 수 있으므로, 어떤 등장인물이 나오고 어떤 어려움에 부딪히는지, 또 어떻게 그 과정을 극복해 나가는지에 대한 내용을 잘 파악한다면 비교적 쉽게 문제를 풀 수 있다. 이 주제와 관련된 문제에 대한 답은 최대한 구체적으로 말하는 것이 좋으며, 앞에서도 언급했듯이 본인의 생각이나 관점을 절대 말해서는 안 된다는 점에 주의하자.

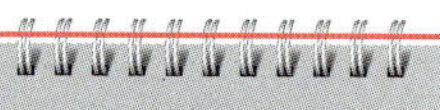

예제 1

　一个少年认为自己最大的缺点是胆小，为此，他去看了心理医生。医生说："这怎么能叫缺点呢，分明是个优点嘛！"少年有些疑惑："怎么胆小反倒成为优点了？"医生说："如果你是位战士，胆小显然是缺点；如果你是司机，胆小肯定是优点。你与其想办法克服胆小，还不如想办法增长自己的学识、才干。当你拥有较多的见识的时候，即使你想做个懦夫，也很困难了。"

MEMO

- **인물**　少年 / 心理医生
- **원인**　认为自己最大的缺点是胆小，去看心理医生
- **과정**　医生开导他
- **결과**　想办法增长自己的学识、才干

단어

缺点 quēdiǎn 명 단점, 결점 ┃ 胆小 dǎnxiǎo 형 소심하다, 겁이 많다 ┃ 为此 wèicǐ 접 이 때문에 ┃ 分明 fēnmíng 부 분명히 ┃ 优点 yōudiǎn 명 장점, 이점 ┃ 疑惑 yíhuò 동 의혹이 생기다, 의심하다 ┃ 战士 zhànshì 명 전사, 병사 ┃ 显然 xiǎnrán 부 분명히 ┃ 与其 yǔqí 접 ~하느니 ┃ 克服 kèfú 동 극복하다, 이겨내다 ┃ 学识 xuéshí 명 학식 ┃ 才干 cáigàn 명 일을 처리하는 능력, 재주 ┃ 拥有 yōngyǒu 동 가지다, 소유하다 ┃ 见识 jiànshi 명 견문 ┃ 即使 jíshǐ 접 설령 ~일지라도 ┃ 懦夫 nuòfū 명 허약하고 무능한 남자, 소심한 남자

해석

　한 소년은 자신의 가장 큰 단점이 겁이 많은 것이라고 생각했다. 이 때문에 그는 정신과 의사를 찾아갔고, 의사는 "이게 어떻게 단점이 된다는 거니? 분명히 장점인데!"라고 말했다. 소년은 의문이 좀 생겼다. "어째서 겁이 많은 것이 오히려 장점이 될 수 있다는 거죠?" 의사는 말했다. "네가 만약 병사라면 겁이 많은 것은 분명 단점이지만, 네가 운전기사라면 겁이 많은 것은 분명 장점이야. 네가 겁이 많은 것을 극복할 방법을 생각하기보다는 차라리 네 자신의 학식과 능력을 기를 방법을 생각하는 것이 더 낫단다. 네가 아주 많은 견문을 갖게 되면, 설령 네가 겁쟁이가 되고 싶어도 (그렇게 되기) 어려우니까."

이 지문에서 가장 중요한 내용은, 정신과 의사가 겁이 많다는 것이 꼭 단점이라고는 할 수 없으며 직업이나 하는 일에 따라 장점이 될 수도 있다고 말하는 부분이다.

모범답안 🎧020

　　一个少年认为自己最大的缺点是胆小，于是他去看心理医生。医生说那不是缺点，而是优点。少年不理解医生的意思，医生又解释说，如果是战士，胆小显然是缺点；如果是司机，胆小就是优点。最后医生劝他与其想办法克服胆小，还不如想办法增长自己的学识、才干。因为一个人有了知识的话，想做胆小鬼也很困难了。

　　한 소년은 자신의 가장 큰 단점이 겁이 많은 것이라고 생각하여 정신과 의사를 찾아갔다. 의사는 그것이 단점이 아닌 장점이라고 말했다. 소년이 의사의 뜻을 이해하지 못하자 의사는 만일 병사라면 겁이 많은 것은 분명 단점이지만, 운전기사라면 겁이 많은 것이 장점이 될 수 있다고 다시 설명했다. 마지막으로 의사는 겁이 많은 것을 극복할 방법을 생각하기보다는 차라리 자신의 학식과 능력을 키울 방법을 생각하는 것이 낫다고 타일렀다. 사람이 지식을 갖게 되면 겁쟁이가 되고 싶어도 (그렇게 되기가) 매우 어렵기 때문이다.

잠깐! 　**자주 틀리는 표현**

· 一个少年认为自己最大的缺点是胆小 (○) / 一个少年认为自己最大的缺点胆小 (×)
　▶ 술어인 是를 빠뜨리지 않도록 한다. 참고로 胆小가 목적어이다.

· 怎么胆小反倒成为优点了 (○) / 怎么胆小反倒变得优点了 (×)
　▶ 'A变得B'는 'A 자체가 B로 변하다'는 의미이다. 여기서 胆小와 优点은 전혀 성질이 다르며, 胆小가 优点으로 변하는 것이 아니라 胆小가 优点으로 될 수 있다는 것을 의미하므로 成为를 써줘야 한다. 또한 优点은 명사인데 变得 뒤에는 명사를 쓰지 못한다.

· 当你拥有较多的见识的时候 (○) / 当你拥有较宽阔的视野的时候 (×)
　▶ 문맥상 视野(시야)보다는 见识(식견)가 적합하다.

🎧 **021**

有一位表演大师上场前，他的弟子告诉他鞋带松了。大师马上系好鞋带，并说了声谢谢。等到弟子走后，他又将鞋带解开了。有个旁观者看到了，不解地问他为什么又把鞋带解松了。大师回答道："因为我演的是一位劳累的旅行者，鞋带松了可以表现他的劳累。但是我要保护学生的这种积极性，给他鼓励。至于为什么要把鞋带解开，可以下一次再教他啊！"

단어

表演 biǎoyǎn 동 공연하다, 연출하다 | 大师 dàshī 명 대가 | 上场 shàng chǎng 동 (배우가) 무대에 오르다 | 鞋带 xiédài 명 구두끈, 신발끈 | 松 sōng 형 느슨하다, 풀다 | 系 jì 동 묶다, 매다 | 解开 jiě kāi 동 (끈, 매듭 등을) 풀다 | 解松 jiě sōng 동 (묶였던 것을) 느슨하게 풀다 | 演 yǎn 동 연기하다 | 劳累 láolèi 형 지치다, 피로하다 | 旅行者 lǚxíngzhě 명 여행자 | 保护 bǎohù 동 보호하다 | 积极性 jījíxìng 명 적극성 | 鼓励 gǔlì 동 격려하다, 북돋우다 | 至于 zhìyú 전 ~에 관해서는

해석

　어느 공연 대가가 무대에 오르기 전, 그의 제자가 그에게 신발끈이 풀렸다고 알려주었다. 대가는 곧 신발끈을 묶고는 고맙다고 얘기했고, 제자가 떠난 후 그는 다시 신발끈을 풀었다. 옆에 있던 사람이 이 모습을 보고 이해가 되지 않아 그에게 왜 다시 신발끈을 풀었는지 물어보았다. 대가가 대답했다. "내가 연기하는 것은 피로에 지친 여행자이고, 신발끈을 푼 것으로 그의 피곤함을 표현할 수 있네. 그러나 나는 학생의 이러한 적극성을 지켜주려고, 그를 격려했네. 왜 신발끈을 푸는지에 관해서는 다음에 다시 그에게 가르칠 수 있으니까!"

이 지문에서 가장 중요한 내용은, 제자의 마음을 헤아려주기 위해 일부러 안 묶은 신발끈을 묶었다가 제자가 떠나자 다시 풀었다고 말한 부분이다. 그러므로 신발끈을 묶었다가 다시 풀었다는 내용은 반드시 다시 말해줘야 한다.

모범답안　　🎧 **022**

　有一位表演大师上场前，他的弟子告诉他鞋带松了。大师马上系好鞋带，并说了声谢谢。等到弟子走后，他又将鞋带解松了。有个旁观者问他为什么这么做，大师说鞋带松了可以表现他演的旅行者的劳累，但是他不想伤害学生的积极性，想鼓励他。至于为什么要把鞋带解开，可以下一次再教他。

어떤 공연 대가가 무대에 오르기 전, 그의 제자가 그에게 신발끈이 풀렸다고 알려주었다. 대가는 바로 신발끈을 묶었고 고맙다고 얘기했다. 제자가 떠난 후 그는 다시 신발끈을 풀었다. 옆에서 본 어떤 사람이 그에게 왜 이렇게 했는지 묻자 대가는, 신발끈이 풀린 것은 그가 연기하는 여행자의 피곤함을 보여줄 수 있지만, 학생의 적극성을 해치고 싶지 않았고 학생을 격려해주고 싶어서였으며, 왜 신발끈을 풀려고 했는지에 대해서는 다음에 다시 그에게 가르쳐줄 수 있기 때문이라고 말했다.

잠깐! 자주 틀리는 표현

- 他的弟子告诉他鞋带松了 (O) / 他的弟子告诉了他鞋带松了 (×)
  - ▶ 동사 告诉 뒤에 명사만 올 경우에는 了를 쓸 수 있지만, 他鞋带松了처럼 하나의 문장이 올 경우에는 告诉 뒤에 了를 쓸 수 없다.

- 大师马上系好鞋带，并说了声谢谢 (O) / 大师马上系好鞋带，并说了声谢谢了 (×)
  - ▶ 说了를 통해 이미 동작의 완료를 표현했기 때문에 문장 끝에 다시 了를 써줄 필요가 없다.

- 但是我要保护学生的这种积极性，给他鼓励 (O) /
  但是我要保护学生的这种积极性，给他激励 (×)
  - ▶ 한국어로 '격려하다'는 표현은 일반적으로 鼓励를 쓰면 된다. 참고로 激励는 앞에 전치사 给와 함께 쓰지 않는다.

🎧 023

예제 3

张三说：“我要跳槽，领导根本不重视我。”李四建议道：“我举双手赞成！不过你应该拼命去为自己拉一些客户，然后带着这些客户离开公司，公司才会受到重大损失。”张三觉得李四说得非常有道理，于是开始努力工作。后来他有了许多忠实的客户。他们再见面时，李四问张三打算什么时候跳槽，张三说：“老总跟我谈了，准备升我做总经理助理，我暂时不打算离开了。”

MEMO

인물	张三 / 李四
원인	张三要跳槽，领导根本不重视他
과정	李四劝他别着急，因为等他更成功以后再走，公司的损失更大
결과	张三的客户多起来了，但他决定不离开了

张三 Zhāng Sān 고유 장싼[인명] | 跳槽 tiàocáo 동 직업을 바꾸다 | 李四 Lǐ Sì 고유 리쓰[인명] | 赞成 zànchéng 동 찬성하다 | 拼命 pīnmìng 동 목숨을 걸다, 필사적으로 하다 | 拉 lā 동 당기다, 끌어당기다 | 客户 kèhù 명 고객 | 损失 sǔnshī 명 (경제적) 손실, 손해 | 忠实 zhōngshí 형 충실하다 | 升 shēng 동 올리다, 승진하다 | 助理 zhùlǐ 명 보조, 조수 | 暂时 zànshí 명 잠시, 잠시 동안

장싼이 말했다. "나 회사 옮길 거야. 사장님은 날 전혀 중요하게 생각하지 않아." 리쓰가 제안했다. "난 두 손 들고 찬성이야! 하지만 넌 반드시 너 자신을 위해 열심히 고객을 모으고, 그런 다음에 이 고객들을 데리고 회사를 떠나야 회사가 아주 큰 손해를 입게 될 거야." 장싼은 리쓰의 말이 매우 일리가 있다고 생각해서 열심히 일하기 시작했다. 나중에 그에게는 충실한 고객들이 많이 생겼다. 그들이 다시 만났을 때 리쓰는 장싼에게 언제 회사를 옮길 계획인지 물어보았고 장싼은, "사장님과 이야기해 봤는데 날 사장 보조로 승진시킬 준비를 하고 있다고 해서, 잠시 동안은 떠나지 않으려고."라고 말했다.

이 지문에서 가장 중요한 내용은, 장싼이 자신이 다니고 있는 회사를 원망하여 그만두려고 했는데 리쓰가 그에게 먼저 자신의 가치를 높이라고 일깨워 주었고, 그렇게 리쓰의 말을 듣고 열심히 일하다가 얼마 후 장싼이 승진했다는 부분이다.

 024

　　张三说自己要跳槽，因为领导不重视他。李四说自己也赞成，不过李四建议张三去为自己拉一些客户，然后带着这些客户离开公司，公司会受到更大的损失。张三觉得李四说得非常有道理，于是开始努力工作。后来他有了许多客户。他们再见面时，李四问张三打算什么时候跳槽，张三却说老总准备升他做总经理助理，所以暂时不打算离开了。

장싼이 사장님이 자신을 중요하게 생각해주지 않아서 이직할 거라고 말하자, 리쓰는 자신도 찬성한다고 말했다. 하지만 리쓰는 장싼에게 본인을 위해서 고객을 좀 더 모으고, 그런 다음 이 고객들을 데리고 회사를 떠나야만 회사가 더 큰 손해를 입을 거라고 제안했다. 장싼은 리쓰의 말이 매우 일리가 있다고 생각해서 열심히 일하기 시작했다. 나중에 그에게는 많은 고객이 생겼고, 그들이 다시 만났을 때 리쓰는 장싼에게 언제 이직할 계획인지 물어보았지만, 장싼은 사장님이 자신을 사장보조로 승진시킬 준비를 하고 있어서 잠시 동안은 떠날 계획이 없다고 말했다.

 자주 틀리는 표현

- "我要跳槽，领导根本不**重视我**。"（○） / "我要跳槽，领导根本不**重要我**。"（×）
  - ▶ 重要는 형용사이기 때문에 목적어를 가질 수 없다.

- 然后带着**这些**客户离开公司（○） / 然后带着**这**客户离开公司（×）
  - ▶ 앞 문장에서 拉一些客户라고 했으므로, 뒤에서 이를 가리킬 때도 这些라고 해야 한다.

- 张三觉得李四**说得**非常有道理（○） / 张三觉得李四**说得是**非常有道理（×）
  - ▶ 说得 뒤에는 보어가 오며 동사 是는 올 수 없다.

(4) 설명문 (说明文)

설명문은 수험생들이 가장 어려워하는 부분이다. 이야기처럼 줄거리가 없고, 앞뒤가 별로 연관성도 없을뿐만 아니라 단어 자체도 어렵기 때문이다. 따라서 한 문장 한 문장을 중요시하고 들리는 만큼은 최대한 많이 메모해두는 것이 중요하다. 즉, 자신이 메모한 것 중에서 키워드가 되는 부분을 참고하여 내용을 떠올리면서 말하면 된다. 또한 설명문을 듣고 다시 말하는 것은 매우 어렵고 단시간 내에 실력 향상이 가장 어려운 부분이므로, 다른 부분을 먼저 공부하고 난 뒤에 해도 무방하다. 실제 시험에서도 이 부분은 합격에 크게 영향을 주지 않는다.

025

冬天过去了，春天来到了，由于气温变化等原因，人们经常会觉得身体很疲劳，想睡觉，这就是我们常说的"春困"。"春困"虽然不是病，但是也会影响人们的学习和工作。不过，如果饮食合适，"春困"是可以减轻或者消失的。比如说，常吃水果、蔬菜，喝果汁儿，少吃油多的食物。

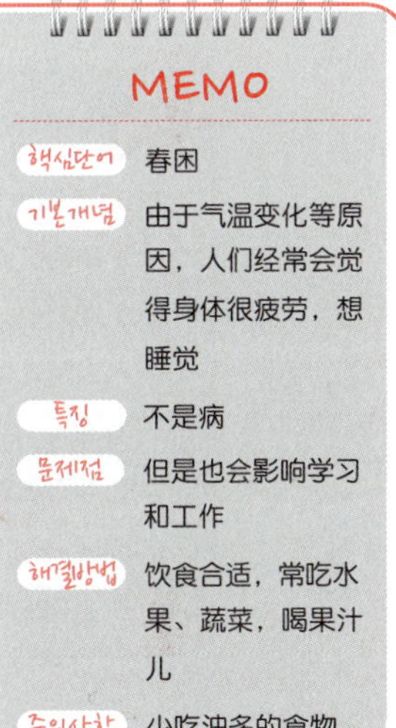

단어

疲劳 píláo 형 피곤하다 | 春困 chūnkùn 명 춘곤(봄철에 몸이 나른해지는 현상) | 饮食 yǐnshí 명 음식 | 合适 héshì 형 적당하다 | 减轻 jiǎnqīng 동 가볍게 하다 | 消失 xiāoshī 동 사라지다 | 蔬菜 shūcài 명 채소 | 果汁儿 guǒzhīr 명 과일 주스

해석

겨울이 지나가고 봄이 왔다. 기온 변화 등의 원인으로 사람들은 몸이 자주 피곤하다고 느끼며 자고 싶어 하는데, 이것이 바로 우리가 흔히 말하는 '춘곤'이다. '춘곤'은 비록 병은 아니지만 사람들의 공부와 일에 영향을 준다. 하지만 만약 음식을 적당히 먹으면, '춘곤'의 정도가 약해지거나 사라질 수 있다. 예를 들어 종종 과일이나 채소를 먹거나, 과일 주스를 마시고, 기름기 많은 음식을 적게 먹으면 된다.

이 지문에서 가장 중요한 내용은, 봄에 사람들이 자주 졸려 하는데 그 현상은 음식을 통해 조절할 수 있다는 부분이다. 100% 똑같이 말할 필요는 없으므로, 일단 들리는 대로 주요 키워드를 적어두고, 이를 보며 차근차근 말하면 된다.

　　春天来到了，由于气温变化等原因，人们经常会觉得身体很疲劳，想睡觉，这就是"春困"。"春困"虽然不是病，但是也会影响人们的学习和工作。不过，如果饮食合适，"春困"是可以减轻或者消失的。比如说，常吃水果、蔬菜，喝果汁儿，少吃油多的食物。

　　봄이 오자 기온 변화 등의 원인으로 사람들은 자주 몸이 매우 피곤하다고 느끼며 잠을 자고 싶어하는데, 이것이 바로 '춘곤'이다. '춘곤'은 비록 병은 아니지만, 사람들의 공부와 일에 영향을 준다. 하지만 만일 음식이 적당하면 '춘곤'은 약해지거나 사라질 수 있다. 예를 들어 종종 과일, 채소를 먹거나 과일 주스를 마시고, 기름기가 많은 음식을 적게 먹으면 된다.

잠깐! 자주 틀리는 표현

- 春天来到了 (○) / 来到了春天 (×)
  - ▶ 来到了 뒤에는 목적어가 올 수 없다.
- 人们经常会觉得身体很疲劳 (○) / 人们经常能觉得身体很疲劳 (×)
  - ▶ 经常과 함께 쓰여 일반적인 습관을 나타낼 때는 조동사 会를 쓴다.
- 但是也会影响人们的学习和工作 (○) / 但是也会对人们的学习和工作影响 (×)
  - ▶ 影响을 对와 함께 쓰고 싶으면 '对……产生影响'이라고 해야 한다.
- 少吃油多的食物 (○) / 少吃多油的食物 (×)
  - ▶ '기름이 많은' 이라는 표현은 한국어처럼 油多的로 쓰면 된다.

🎧 027

예제 2

　　对于全世界的华人来说，中国的新年是最重要的节日。人们也称它为春节或农历新年。春节的日期每年都在变化，但是一般都在1月1日到2月19日之间。春节期间，中国人喜欢穿红色的衣服，他们相信这会让他们在新的一年里幸福、平安。

华人 huárén 몡 중국인 | 节日 jiérì 몡 명절 | 称 chēng 동 부르다, 칭하다 | 称A为B chēng A wéi B A를 B라고 부르다 | 农历 nónglì 몡 음력

해석

전 세계 중국인들에게 있어서 중국의 새해는 가장 중요한 명절이다. 사람들도 그것을 춘절 또는 음력 새해라고 부른다. 춘절 기간은 해마다 바뀌지만, 일반적으로 (양력) 1월 1일부터 2월 19일까지이다. 춘절 기간에 중국인은 붉은색의 옷을 입기를 좋아하는데, 그들은 이것이 그들의 새로운 한 해를 행복하고 평안하게 해줄 거라고 믿는다.

이 지문에서 가장 중요한 내용은, 춘절이 언제인지 그리고 춘절에 왜 붉은 색의 옷을 입는지에 대한 이유를 소개하는 부분이다. 100% 똑같이 말할 필요는 없지만 매년 설 기간이 다르다는 것과 왜 중국인들이 설에 붉은 옷을 즐겨 입는지에 대한 두 가지의 내용은 반드시 다시 한 번 언급해줘야 한다는 것이 포인트이다.

모범답안 🎧028

对于全世界的华人来说，中国的新年是最重要的节日。人们也称它为春节或农历新年。春节的日期一般都在1月1日到2月19日之间。春节期间，中国人喜欢穿红色的衣服，他们相信这会让他们在新的一年里幸福、平安。

전세계 중국인에게 있어서 중국의 새해는 가장 중요한 명절이다. 사람들도 그것을 춘절 또는 음력 새해라고 부른다. 춘절 기간은 보통 (양력) 1월 1일부터 2월 19일까지이며, 설 기간에 중국인은 붉은색 옷을 입기를 좋아하는데, 그들은 이것이 그들의 새로운 한 해를 행복하고 평안하게 해줄 거라고 믿는다.

잠깐! 자주 틀리는 표현

- 对于全世界的华人来说，中国的新年是最重要的节日 (○) /
  对于全世界的华人，中国的新年是最重要的节日 (×)
  ▶ '对于+사람+来说'는 그 사람에 대한 관점이나 생각을 이야기할 때 사용한다. 对于는 단순히 대상만을 나타낸다.

- 人们也称它为(/将它称为)春节或农历新年 (○) / 人们也称它春节或农历新年 (×)
  ▶ 'A를 B라고 부르다'라는 표현은 '称A为B' 혹은 '将A称为B'라고 해준다. 이 때 将은 把와 같은 의미이다.

- 春节期间，中国人喜欢穿红色的衣服 (○) / 春节期间，中国人喜欢红色的衣服 (×)
  ▶ 단순히 옷 자체를 좋아하는 것이 아닌 옷을 입는 것을 좋아하는 것을 나타내기 때문에 喜欢穿이라고 해야 한다.

- 他们相信这会让他们在新的一年里幸福、平安 (○) /
  他们相信这会让他们在新的一年中幸福、平安 (×)
  ▶ '1년 중에'가 아닌 '1년 동안'이므로 里를 써줘야 한다.

예제 3

冬季室内温度和湿度不合适是造成感冒流行的重要原因。室内外温度反差太大，或者室内相对湿度过低是冬季室内环境中的普遍问题。室内外温差很大，人体难以适应，就给了感冒可乘之机。室内空气过于干燥，漂浮在空气中的细菌和病毒就会找到你。因此，保持适当的温度和湿度是远离感冒的基本对策。

MEMO

핵심단어	感冒
특징	室内空气过于干燥，漂浮在空气中的细菌和病毒就会找到你
문제점	温度和湿度不合适
해결방법	保持适当的温度和湿度

단어

反差 fǎnchā 명 차이 | 普遍 pǔbiàn 형 보편적인, 일반적인 | 适应 shìyìng 통 적응하다 | 可乘之机 kěchéng zhījī 성 발 붙일 틈, 이용할 만한 기회 | 干燥 gānzào 형 건조하다 | 漂浮 piāofú 통 떠돌다 | 细菌 xìjūn 명 세균 | 病毒 bìngdú 명 바이러스 | 对策 duìcè 명 대책, 방법

해석

　겨울철 실내온도와 습도의 부적합은 감기가 유행하게 하는 중요한 원인이다. 실내외 온도 차가 너무 크거나, 실내 상대습도가 지나치게 낮은 것은 겨울철 실내환경의 보편적인 문제이다. 실내외 온도 차가 너무 크면, 인체가 적응하기 어려워져서 감기가 걸릴 틈을 주게 된다. 실내 공기가 지나치게 건조하면, 공기 중에 떠도는 세균과 바이러스가 당신을 찾을 것이다. 따라서 적당한 온도와 습도를 유지하는 것은 감기로부터 멀어지는 기본 대책이다.

문제풀이 공략 Tip

이 지문에서 가장 중요한 내용은, 겨울철 실내온도와 습도의 부적합이 감기를 유행하게 하는 중요한 원인이 된다는 것이다. 100% 똑같이 말할 필요는 없지만 기본적으로 '온도와 습도'는 다시 한 번 언급해주는 것이 좋다.

모범답안 🎧 030

　冬季室内温度和湿度不合适是造成感冒流行的重要原因。室内外温差很大，人体难以适应，就给了感冒可乘之机。室内空气过于干燥，空气中的细菌和病毒就会找到你。因此，要想不感冒，应该保持适当的温度和湿度。

　겨울철 실내온도와 습도의 부적합은 감기가 유행하게 하는 중요한 원인이 된다. 실내외 온도 차가 매우 크면 인체가 적응하기 어려워져서 감기가 걸릴 틈을 주게 된다. 실내공기가 지나치게 건조하면, 공기 속의 세균과 바이러스가 당신을 찾을 것이다. 이 때문에, 감기에 걸리지 않으려면 적당한 온도와 습도를 유지해야 한다.

자주 틀리는 표현

- 冬季室内温度和湿度不**合适**是造成感冒流行的重要原因 (○) /
  冬季室内温度和湿度不**合理**是造成感冒流行的重要原因 (×)
  ▶ 合理는 '이치에 맞다'는 표현이므로 위 문장에서의 쓰임은 적합하지 않다.

- **室内空气**过于干燥 (○) / **在室内空气**过于干燥 (×)
  ▶ 室内空气가 주어이기 때문에 앞에 전치사 在를 쓰면 안 된다.

- 保持**适当的温度**和湿度是远离感冒的基本对策 (○) /
  保持**适合的温度**和湿度是远离感冒的基本对策 (×)
  ▶ 온도가 적당함을 나타내는 표현은 适当的温度임을 기억해 두자.

[1-3] 听后复述 🎧031

1. 🎧

□ 녹음시간 : 1분 30초~2분

2. 🎧

□ 녹음시간 : 1분 30초~2분

3. ∩

□ 녹음시간 : 1분 30초~2분

1

🎧 **032**

每天，当太阳升起来的时候，非洲大草原上的动物们就开始自由地奔跑了。狮子妈妈在教育自己的孩子："孩子，你必须跑得再快一点儿，越快越好，你要是跑不过最慢的羚羊，你就会可怜地饿死。"在另外一片场地上，羚羊妈妈也在教育自己的孩子："孩子，你必须跑得再快一点儿，越快越好，如果你不能比跑得最快的狮子还要快，那你就肯定会被他们吃掉。"

MEMO

시간	每天当太阳升起来的时候
장소	非洲大草原上
인물	狮子妈妈和孩子 / 羚羊妈妈和孩子
원인	动物们开始奔跑
과정	狮子妈妈和羚羊妈妈教育自己的孩子
결과	小狮子和小羚羊快速奔跑

단어

升起来 shēng qǐlai 떠오르다 | 非洲 Fēizhōu 고유 아프리카[나라명] | 奔跑 bēnpǎo 동 내달리다 | 狮子 shīzi 명 사자 | 跑不过 pǎo búguò 달리기로 이기지 못하다 | 羚羊 língyáng 명 영양(양의 한 종류) | 可怜 kělián 형 불쌍하다 | 饿死 èsǐ 동 굶어 죽다 | 场地 chǎngdì 명 장소 | 肯定 kěndìng 부 틀림없이

해석

매일 태양이 떠오를 때, 아프리카 대초원의 동물들은 자유롭게 내달리기 시작한다. 엄마 사자는 자신의 아이를 가르친다. "얘야, 너는 반드시 더 빨리 뛰어야 해. 빠르면 빠를수록 좋단다. 네가 만약 가장 느리게 달리는 영양을 달려서 앞지르지 못하면 너는 불쌍하게도 굶어 죽게 될 거야." 다른 장소에서 엄마 영양은 자신의 아이를 가르친다. "얘야, 너는 반드시 더 빨리 뛰어야 해. 빠르면 빠를수록 좋단다. 네가 만약 가장 빨리 달리는 사자보다 더 빠르지 못하면 너는 틀림없이 그들에게 잡아 먹힐 거야."

이 지문에서 가장 중요한 내용은, 엄마 사자와 엄마 영양이 각자 자식에게 살아남으려면 어떻게 해야 하는지를 가르친다는 것이다. 그러므로 엄마들이 자식에게 한 말을 최대한 정확하게 말해야 한다.

모범답안

🎧 **033**

每天太阳升起来的时候，非洲大草原上的动物们就开始奔跑了。狮子妈妈教育自己的孩子要跑得再快一点，因为如果跑不过最慢的羚羊，就会饿死。同时，羚羊妈妈也在教育自己的孩子要跑得再快一点，因为如果跑得慢的话，就会被狮子吃掉。

매일 태양이 떠오를 때, 아프리카 대초원의 동물들은 내달리기 시작했다. 엄마 사자는 자신의 아이한테 좀 더 빨리 뛰어야 한다고 가르쳐 주었다. 만일 가장 느린 영양을 달려서 앞지를 수 없다면 굶어 죽기 때문이다. 동시에 엄마 영양도 자신의 아이한테 좀 더 빨리 뛰어야 한다고 가르쳐 주었다. 만일 늦게 달리면 사자한테 잡아 먹힐 것이기 때문이다.

🎧 **034**

　一天，一个人去市场买鹦鹉，一只会两门语言的鹦鹉售价是二百元，另一只会四门语言的售价是四百元。他正在想该买哪只的时候，突然发现一只非常老的鹦鹉，一点儿也不漂亮，但标价却是八百元。这人赶紧将老板叫来问他这只鹦鹉是不是会说八门语言，老板说不是。这人奇怪了，又问："那为什么又老又丑，又没有能力，会值这个数呢？"老板回答："因为另外两只鹦鹉叫这只鹦鹉老板。"

MEMO

시간	一天
장소	市场
인물	一个人 / 老板
원인	买鹦鹉
과정	价格都不同，会两门语言的，售价二百元，会四门语言的，售价四百元
결과	被两只鹦鹉叫老板的鹦鹉最贵

단어

鹦鹉 yīngwǔ 몡 앵무새 | 售价 shòujià 몡 판매가 | 可爱 kě'ài 톙 귀엽다 | 拿不定主意 nábúdìng zhǔyi 생각을 정하지 못하다, 결정을 내리지 못하다 | 突然 tūrán 틘 갑자기, 문득 | 标价 biāojià 몡 표시 가격 | 赶紧 gǎnjǐn 틘 얼른, 재빨리 | 老板 lǎobǎn 몡 주인, 사장 | 丑 chǒu 톙 못생기다

해석

　어느 날, 한 사람이 앵무새를 사러 시장에 갔는데, 두 가지 언어를 할 줄 아는 앵무새의 판매가는 200위안이었고, 네 가지 언어를 할 줄 아는 다른 앵무새의 판매가는 400위안이었다. 그가 어느 새를 사야할 지 생각하는 동안, 갑자기 매우 늙은 앵무새 한 마리를 발견하였는데, 조금도 예쁘지 않았지만 표시 가격은 오히려 800위안이었다. 이 사람은 재빨리 주인을 불러서 이 앵무새가 여덟 가지 언어를 할 줄 아는지 물었고, 상점 주인은 아니라고 했다. 이 사람은 이상해하며 "그럼 왜 늙고 못생긴데다 능력도 없는데, 이런 금액이 됩니까?"라고 다시 물었고, 가게 주인은 대답했다. "다른 두 앵무새가 이 앵무새를 사장님이라고 부르거든요."

이 지문에서 가장 중요한 내용은, 가장 못생긴 앵무새가 가장 비싼 이유는 여덟 가지 언어를 할 수 있어서가 아닌, 다른 앵무새들이 이 늙은 앵무새를 사장님이라고 불러서이다. 이런 내용을 반드시 언급해주는 것이 좋으며, 다른 내용도 살려서 말할 수 있으면 더 좋다.

모범답안　🎧 **035**

　一天，一个人去市场买鹦鹉，一只鹦鹉因为会两门语言，所以卖二百元。另一只鹦鹉因为会四门语言，所以卖四百元。这人不知道买哪一只好。这时，他突然发现一只非常老的鹦鹉，一点儿也不漂亮，但是却卖八百元。这人赶紧将老板叫来问他这只老鹦鹉是不是会说八门语言，老板说不是。这人不理解，为什么又老又丑，又没有能力，会值这个数呢，老板告诉他因为另外两只鹦鹉叫这只鹦鹉老板。

　어느 날, 한 사람이 앵무새를 사러 시장에 갔는데 앵무새 한 마리는 두 가지 언어를 할 줄 알아서 200위안에 팔고, 다른 앵무새는 네 가지 언어를 할 줄 알아서 400위안에 팔고 있었다. 이 사람은 어떤 앵무새를 사야 좋을지 몰랐다. 이때, 그는 갑자기 매우 늙은 앵무새를 발견했는데, 조금도 예쁘지 않았지만 오히려 800위안에 팔고 있었다. 이 사람은 얼른 주인을 불러서 이 늙은 앵무새가 여덟 가지 언어를 할 줄 아느냐고 물었고 가게 주인은 아니라고 했다. 이 사람은, 왜 늙은데다 못생겼고 능력도 없는데 이런 금액이 되는지 이해하지 못하겠다고 하자, 가게 주인이 그에게 다른 앵무새 두 마리가 이 앵무새를 사장님이라고 부르기 때문이라고 알려주었다.

3

036

每个人的潜能都是深不可测的，问题是在平常的生活里，"平庸"的人很少爆发自己潜能因而显得平庸，"聪明"的人则会让自己的潜能像山泉一样不断地表现出来，因而不同凡响。其实，我们都可以做出不同凡响的事，因为我们的潜能就像埋藏起来的石油，一直没有得到开发。

MEMO

인물	平庸的人 / 聪明的人
원인	每个人的潜能都是深不可测的
과정	平庸的人表现不出来，聪明的人会表现
결과	其实，我们都可以做出不同凡响的事

단어

潜能 qiánnéng 몡 잠재력 | 深不可测 shēn bùkě cè 깊이를 헤아릴 수 없다 | 平庸 píngyōng 혱 평범하다 | 爆发 bàofā 동 폭발하다 | 显得 xiǎnde 동 ~해 보이다 | 山泉 shānquán 몡 산속의 샘물 | 不同凡响 bùtóng fánxiǎng 솅 평범하지 않다, 뛰어나다 | 其实 qíshí 閈 사실 | 埋藏 máicáng 동 매장되다, 묻히다 | 开发 kāifā 동 개발하다

해석

　모든 사람의 잠재력은 깊이를 헤아릴 수 없으며, 문제는 평소 생활에 있다. '평범한' 사람은 자신의 잠재력을 거의 폭발시키지 못해서 평범하게 보이는 것이고, '총명한' 사람은 자신의 잠재력을 산속의 샘물처럼 끊임없이 드러나게 해서 뛰어나 보이는 것이다. 사실 우리 모두는 뛰어난 일을 해낼 수 있다. 우리의 잠재력은 매장된 석유처럼 줄곧 개발되지 않았기 때문이다.

이 지문에서 가장 중요한 내용은, 사람의 잠재력이 굉장해서 충분히 개발하기만 하면 평범한 사람도 대단한 일을 해낼 수 있다는 내용이다. 100% 똑같이 말할 필요는 없지만, 잠재력 개발이라는 내용은 반드시 다시 한 번 언급해줘야 한다는 것이 포인트이다.

每个人都有很大的潜能，问题是在日常生活里，普通人很少发挥潜能，所以显得普通；聪明的人则会不断地发挥潜能，因此不平凡。其实，我们都可以做出不同凡响的事，只是我们的潜能一直没有得到完全的开发。

모든 사람은 매우 큰 잠재력을 가지고 있으며, 문제는 일상생활에 있다. 평범한 사람은 잠재력을 매우 적게 발휘해서 평범하게 보이는 것이고, 총명한 사람은 끊임없이 잠재력을 발휘하기 때문에 평범하지 않은 것이다. 사실 우리 모두는 평범하지 않은 일을 해낼 수 있으며, 단지 우리의 잠재력이 줄곧 완전하게 개발되지 않은 것 뿐이다.

memo

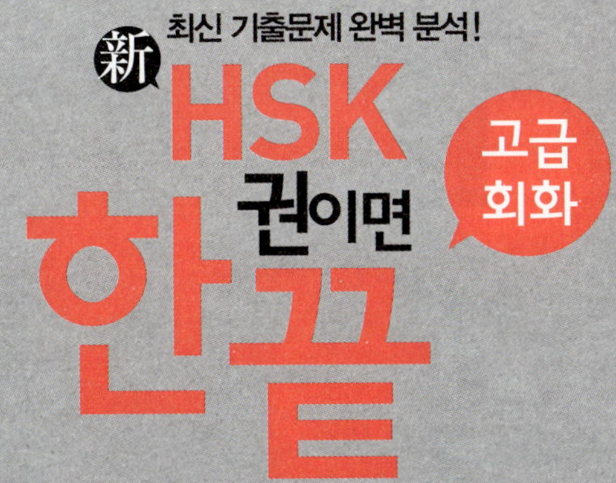

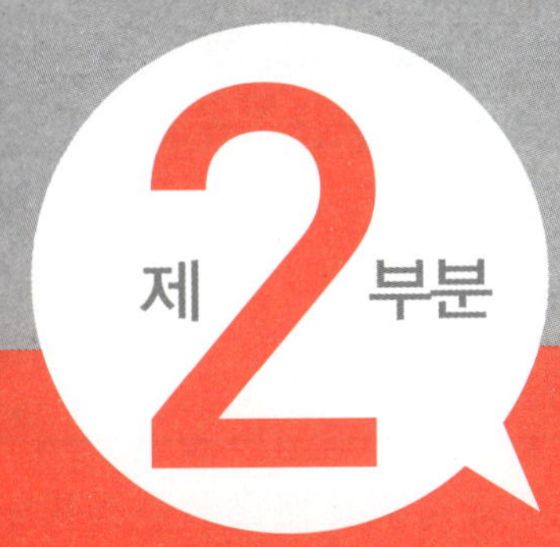

朗读

낭독

1 | 朗读

문제 유형 살펴보기

낭독(朗读)이란, 말 그대로 '소리 내어 읽기'이다. 시험에서는 짧은 단문이 주어지며 수험생은 이 단문을 읽어야 하는데, 이 때 정확한 발음과 성조, 억양, 끊어 읽기가 관건이다. 실제 시험시간은 2분이며, 준비시간은 제3부분(回答问题)과 함께 10분이 주어지는데, 낭독 준비 시간은 대략 2분 정도 배분하면 된다. 즉, 2분간 준비해서 2분간 낭독하면 된다. 무조건 빠르게 읽는 것만이 유창한 낭독 방법은 아니며 적당한 속도를 지키되, 내용을 효과적으로 전달하는데 신경을 써야 한다.

赞美别人有助于增进友谊，消除误会，还可以让自己分享到快乐。赞美是一件好事，但绝不是一件易事，赞美别人时一定要掌握技巧。赞美要因人而异，有特点的赞美比一般赞美能收到更好的效果。老年人总希望别人不忘记他年轻时的成就，同他交谈时，可多称赞他过去的成功；对年轻人不妨稍微夸张地赞扬他的才能和勇气。赞美应该是符合事实、发自内心的，这是最基本的要求。例如，对一个胖女孩说："你真苗条！"还有比这更糟糕的赞美吗？这种赞美不但不会换来好感，反而会使人厌恶。赞美宜从具体的事情入手，赞美用语越具体说明你对对方的了解、对他的长处和成绩越看重，就会让对方感到你的真挚、亲切和可信。

단어

赞美 zànměi 图 찬미하다, 칭찬하다 | 有助于 yǒuzhùyú 图 ～에 도움이 되다 | 增进友谊 zēngjìn yǒuyì 우의를 증진하다 | 消除误会 xiāochú wùhuì 오해를 풀다 | 分享 fēnxiǎng 图 함께 나누다, 함께 누리다 | 快乐 kuàilè 图 즐거움, 기쁨 | 掌握技巧 zhǎngwò jìqiǎo 테크닉을 익히다, 기술을 마스터하다 | 因人而异 yīn rén ér yì 사람에 따라 다르다 | 成就 chéngjiù 图 성과, 업적 | 交谈 jiāotán 图 이야기하다 | 称赞 chēngzàn 图 칭찬하다 | 不妨 bùfáng 图 ～해도 무방하다, 괜찮다 | 稍微 shāowēi 图 조금, 약간 | 夸张 kuāzhāng 图 과장하다 | 赞扬 zànyáng 图 찬양하다, 칭찬하다 | 符合 fúhé 图 부합하다, 일치하다 | 发自内心 fāzì nèixīn 마음에서 우러나오다 | 胖 pàng 图 뚱뚱하다 | 苗条 miáotiao 图 날씬하다 | 糟糕 zāogāo 图 엉망이다 | 厌恶 yànwù 图 혐오하다, 싫어하다 | 入手 rùshǒu 图 손을 대다, 시작하다 | 看重 kànzhòng 图 중시하다 | 真挚 zhēnzhì 图 진실한 | 亲切 qīnqiè 图 친절한 | 可信 kěxìn 图 믿음직한, 믿을만한

　남을 칭찬하는 것은 우의를 증진하고 오해를 푸는데 도움이 되며 또한 자신도 함께 기쁨을 누리게 할 수 있다. 칭찬은 좋은 일이지만 결코 쉬운 일은 아니며, 남을 칭찬할 때는 반드시 테크닉을 익혀야 한다. 칭찬은 사람에 따라 달라야 하므로, 특징 있는 칭찬이 일반적인 칭찬보다 더 좋은 효과를 거둘 수 있다. 노인은 다른 사람이 자신이 젊었을 때의 성취를 잊지 않기를 항상 바래서, 그와 이야기를 나눌 때는 그가 과거에 거둔 성공을 더 많이 칭찬하고, 젊은 사람한테는 조금 과장되게 그의 재능과 용기를 칭찬해도 무방하다. 칭찬은 마땅히 사실에 부합하고 마음에서 우러나와야 하는데, 이것이 가장 기본적인 요구이다. 예를 들어 뚱뚱한 여자아이한테 "넌 정말 날씬하구나!"하고 말한다면, 이보다 더 나쁜 칭찬이 어디 있겠는가? 이런 칭찬은 호감으로 바뀌지 못할 뿐만 아니라, 도리어 남이 싫어하게 만든다. 칭찬은 구체적인 사실로부터 시작해야 하며, 칭찬에 쓰이는 말이 구체적일수록 당신이 상대방에 대해 잘 알고 있음을 설명해주고, 상대방의 장점과 성취를 중요시할수록 상대방으로 하여금 당신의 진실함과 친절함, 믿음직함을 느끼게 할 것이다.

038

　　赞美别人 / 有助于增进友谊，消除误会，还可以 / 让自己分享到快乐。赞美 / 是一件好事，但 / 绝不是一件易事，赞美别人时 / 一定要掌握技巧。赞美 / 要因人而异，有特点的赞美 / 比一般的赞美 / 能收到更好的效果。老年人 / 总希望别人 / 不忘记他年轻时的成就，同他交谈时，可多称赞 / 他过去的成功；对年轻人 / 不妨稍微夸张地 / 赞扬他的才能和勇气。赞美 / 应该是符合事实、发自内心的，这 / 是最基本的要求。例如，对一个胖女孩说："你真苗条！"还有比这 / 更糟糕的赞美吗？这种赞美 / 不但 / 不会换来好感，反而 / 会使人厌恶。赞美 / 宜从具体的事情入手，赞美用语越具体 / 说明你对对方的了解、对他的长处和成绩 / 越看重，就会让对方 / 感到你的真挚、亲切和可信。

2 朗读
문제 공략법

(1) 끊어 읽기에 유의하며 읽자.

짧은 문장이든 긴 문장이든, 중간에 끊어 읽지 않고 줄줄이 읽어 나가면, 듣는 사람을 이해하기 어렵게 만들 수 있다. 그러므로 문장을 읽을 때는 기본적으로 끊어 읽는 습관을 들이는 것이 중요한데, 이는 상대방으로 하여금 문장에 대한 이해를 돕고 내용도 효과적으로 전달할 수 있기 때문이다. 짧은 문장은 주로 문장부호를 중심으로 끊어 읽고, 긴 문장은 주로 주어와 술어 등 문장 성분에 따라 끊어 읽는 것이 중요하다. 시험을 볼 때는 준비 시간에 끊어 읽을 부분을 미리 표시해두면 낭독할 때 도움이 된다.

- ☑ 쉼표 뒤에서는 한 박자 짧게 쉬고, 마침표 뒤에서는 두 박자 조금 길게 쉬어 준다. 참고로 문장부호 뒤에는 굳이 끊어 읽기 표시를 하지 않아도 된다. 시간만 낭비하기 때문이다.
- ☑ 주어와 술어 사이는 반 박자(/) 끊어서 읽어준다.
- ☑ 동사 뒤에 오는 한정어가 길 경우에는 동사 뒤에서 반 박자(/) 끊어 읽어주며, 한정어에 수량사가 있을 경우에는 수량사 뒤에서 반 박자(/) 끊어서 읽어준다.
- ☑ 동사 앞에서 동사를 수식해주는 부사어가 길면, 부사어와 동사 사이도 반 박자(/) 끊어서 읽어준다.

예 赞美别人 ∣ 有助于增进友谊，消除误会，还可以让自己 ∣ 分享到快乐。
남을 칭찬하는 것은 우의를 증진하고 오해를 푸는데 도움이 되며, 또한 자신도 함께 기쁨을 누릴 수 있다.

爸爸和儿子 ∣ 正在一片 ∣ 绿油油的草地上 ∣ 放风筝。
아빠와 아들이 푸르고 싱싱한 초원 위에서 연을 날리고 있다.

---

*참고 – 중국어의 기본 문장부호

중국어의 문장부호	의미	같은 의미의 한국어 문장부호
。 [句号]	사실을 설명하는 평서문에 쓰인다. 예 我吃饭了。	. [마침표]

기호	설명	한국어
， [逗号]	문장 안에서 '구'나 '절' 사이의 짧은 쉼을 나타낸다. 예 对于这本书，我不太了解。	， [쉼표]
、 [顿号]	병렬적 어휘 사이의 짧은 쉼을 나타내거나 명사를 나열할 때 써준다. 예 韩国啊、中国啊、美国啊，都去过。	
" " [引号]	다른 사람의 말을 직접 인용하거나 어떤 대상을 강조할 때 써준다. 예 "愚公移山"这句话很有名。	" " [큰 따옴표]
…… [省略号]	문장에서 생략된 말을 표시한다. 예 桌子上放着书、本子、笔……。	…… [줄임표]
: [冒号]	제시적 성격의 구나 절 뒤에서 쉼을 나타내거나 다음 문장을 이끌어 낼 때 쓰인다. 시간 표시나, 장소 혹은 절 등을 구분할 때도 써준다. 예 他对我说："我们是好朋友。"	: [쌍점, 콜론]
; [分号]	병렬된 절 사이의 짧은 쉼을 나타내거나, 복문에서 절을 구분하거나 문장을 병렬할 때 써준다. 예 西瓜，代表夏天的水果；橘子，代表冬天的水果。	; [쌍반점, 쎄미콜론]
—— [破折号]	문장 안에서 해설 또는 설명의 어구를 표시할 때 써준다. 예 我以优异的成绩考入了北京大学的热门专业——电子工程系。	
· [间隔号]	책 제목과 편 사이에 써준다. 예 三国演义·赤壁	· [가운뎃점]
? [问号]	의문문에 써준다. 예 他叫什么名字？	? [물음표]
! [叹号]	감탄문이나 어기가 강한 반문문에 써준다. 예 真漂亮！大什么啊！	! [느낌표]

(2) 정확한 발음과 성조를 지켜가며 읽자.

중국어에서 가장 중요하면서도 기본이 되는 것은 바로 발음과 성조이다. 특히 중국어에는 하나의 한자가 두 가지 이상의 발음이나 성조를 갖는 경우도 있다. 그렇기 때문에 발음이 정확하지 않거나 성조가 틀리면, 상대방은 자칫 다른 의미로 받아들일 수 있다. 그러므로 중국어를 말할 때 발음과 성조는 늘 정확하고 분명하게 읽어나가는 습관을 길러야 한다.

(3) 모르는 글자가 나오더라도 그냥 넘어가지 말자.

준비 시간이나 시험 중에, 지문에서 모르는 글자가 나오면 절대로 당황하거나 그냥 넘어가지 말고, 글자의 부수를 알면 그 부수라도 읽어야 한다. 중국어는 부수와 부수가 모여서 이루어지는데, 80% 정도가 형성(形声)자로 뜻과 음으로 나뉜다. 따라서 평소에 간단한 부수 정도는 한자책을 통해서라도 익혀두면 유용하다.

예 **驾驶** jiàshǐ 동 운전하다
- 加(음)+马(뜻) : **驾**라는 글자를 몰라도 加 [jiā]가 1성이라는 것을 안다면, 그냥 넘어가지 말고 대략 유추해서 [jiā]라도 읽어줘야 한다.
- 马(뜻)+史(음) : 史 [shǐ]와 발음과 성조가 일치한다.

薪水 xīnshui 명 월급, 급여
艹(뜻)+新(음) : 新 [xīn]과 발음과 성조가 일치한다.

---

(4) 속도는 적당해야 한다.

제1부분(听后复述), 제3부분(回答问题)에서는 내용의 효과적인 전달을 위해서 어느 정도는 감정이 드러나게끔 말할 수도 있지만, 낭독은 그것과는 성격이 다르기 때문에 되도록이면 일정한 속도로 읽어야 한다. 또한 몇몇 수험생은 발음과 성조에 너무 신경을 쓴 나머지 읽는 속도가 점차 느려지는 문제점이 나타나곤 한다. 물론 발음이나 성조를 정확히 말하는 것도 중요하지만, 그 때문에 읽는 속도가 너무 느려지면 좋은 점수를 받을 수가 없다. 그러므로 발음이나 성조가 조금은 정확하지 않더라도 일정한 속도를 유지하는 것이 중요하다. 평소 문장이나 단문을 잘 듣고 따라 읽으면서, 속도감을 익히는 연습을 하도록 하자.

(5) 큰 목소리로 자신 있게, 억양을 살려서 낭독하자.

회화는 주관식 시험이기 때문에 심사위원의 마음을 사로잡는 것이 중요하다. 따라서 목소리가 작고, 웅얼웅얼하는 식의 소리를 내거나 너무 낮은 톤으로 읽는 것은 금물이며, 큰 목소리로 자신 있게 또박또박 읽는 것이 좋다. 또한 똑같은 억양을 유지하되 딱딱하게 읽지 말고, 강약을 살려 리듬을 타면서 읽어야 한다. 무엇보다 중요한 것은 자신감이다. 모르는 단어가 많더라도 주눅들지 말고 자신 있게 읽으면 된다.

3 발음별 문제 공략법

중국어에는 아래와 같이 다음자(多音字) 및 특히 주의해야 할 몇 가지 발음이 있다. 다음자의 경우 잘못 발음하면 뜻 자체가 변하기 때문에, 상대방이 잘못 알아듣거나 오해할 수 있으므로, 상황별로 쓰이는 발음을 정확하게 알고 있어야 한다. 또한 중국어의 발음은 한자의 발음과 분명한 차이가 있으므로, 이를 잘 익히는 것도 중요하다.

(1) 상용 다음자 (常用多音字)

중국어에는 음이 두 개 이상인 글자도 있기 때문에 평소 주의를 기울여야 한다. 아래 글자들은 자주 사용하는 다음자이므로 잘 익혀두도록 한다.

背	bēi 통 업다 bèi 명 ① 등 　　　② 뒷면 　　　③ 외우다	예 **背孩子** bēi háizi 아이를 업다 예 **后背** hòubèi 명 등 ｜ **手背** shǒubèi 명 손등 예 **背面** bèimiàn 명 뒷면 예 **背课文** bèi kèwén 본문을 외우다
藏	cáng 통 (물건을) 모으다, 숨기다 zàng 명 창고, 저장소	예 **收藏** shōucáng 통 소장하다(수집하여 보존하다) 예 **宝藏** bǎozàng 명 지하 자원
差	chā 명 잘못, 실수 chāi 통 (사람을) 보내다, 파견하다 chà 형 다르다, 차이가 나다, 좋지 않다	예 **差错** chācuò 명 잘못, 실수 예 **出差** chūchāi 통 출장 가다 예 **差不多** chàbuduō 형 비슷하다, 차이가 없다
朝	cháo 전 ~를 향해서 zhāo 명 (이른) 아침	예 **那只狗朝主人摇了摇尾巴。** Nà zhī gǒu cháo zhǔrén yáole yáo wěiba. 그 개는 주인을 향해 꼬리를 흔들었다. 예 **朝发夕至** zhāofā xīzhì 성 아침에 출발해서 저녁에 도착할 수 있다
盛	chéng 통 (용기에) 담다 shèng 형 풍성하다, 성대하다	예 **盛汤** chéng tāng 국을 담다 예 **茂盛** màoshèng 형 무성하다 **盛大** shèngdà 형 성대하다

称	chēng 통 ① 칭하다, ~라고 부르다	예 称呼 chēnghu 통 부르다, 호칭하다
	② 무게를 달다	예 称体重 chēng tǐzhòng 체중을 달다
	chèn 통 적합하다, 알맞다	예 称心 chènxīn 형 마음에 들다, 만족하다
处	chǔ 통 처벌하다	예 处罚 chǔfá 통 처벌하다
	chù 명 장소, 곳	예 处所 chùsuǒ 명 장소, 곳
倒	dǎo 통 무너지다, 쓰러지다	예 摔倒 shuāidǎo 통 쓰러지다, 넘어지다
	dào 통 (액체를) 붓다, 따르다	예 倒酒 dào jiǔ 통 술을 따르다
缝	féng 통 꿰매다, 바느질하다	예 缝衣服 féng yīfu 옷을 꿰매다
	fèng 명 틈새, 갈라진 곳	예 门缝 mén fèng 문틈
给	gěi 전 ~에게	예 给他打电话。 Gěi tā dǎ diànhuà. 그에게 전화하다.
	jǐ 통 공급하다	예 供给 gōngjǐ 통 공급하다
更	gēng 통 바꾸다	예 更新 gēngxīn 통 갱신하다
	양 밤 시간을 재는 단위	예 半夜三更 bànyè sāngēng 성 한밤중
	gèng 부 더, 더욱	예 更好 gèng hǎo 더 좋다
会	huì 명 ~회, 회의	예 开会 kāi huì 통 회의를 열다
	kuài 통 통계하다, 합계하다	예 会计 kuàijì 명 회계, 회계사
假	jiǎ 형 거짓의, 가짜의	예 真假 zhēnjiǎ 형 진위(진짜와 가짜)
	jià 명 휴가, 휴일	예 假期 jiàqī 명 휴가 기간, 방학 기간
角	jiǎo 명 모서리, 구석	예 角落 jiǎoluò 명 모퉁이, 구석
	jué 명 배역, 역할	예 角色 juésè 명 배역, 역할
结	jiē 통 (열매나 씨앗을) 맺다	예 结实 jiē shí 통 열매를 맺다
		jiēshi 형 튼튼하다, 견고하다
	jié 통 맺다, 결합하다	예 结合 jiéhé 통 결합하다
卡	kǎ 명 트럭, 카드	예 卡车 kǎchē 명 트럭 ｜ 信用卡 xìnyòngkǎ 명 신용카드
	qiǎ 명 클립, 집게	예 卡子 qiǎzi 명 클립, 집게 ｜ 发卡 fàqiǎ 명 머리핀
壳	ké 명 껍데기, 껍질	예 贝壳 bèiké 명 조가비, 패갑
	qiào 명 껍데기, 껍질	예 地壳 dìqiào 명 지각
累	lěi 통 쌓다, 쌓이다	예 积累 jīlěi 통 쌓다
	lèi 형 지치다, 피곤하다	예 劳累 láolèi 형 지치다, 피곤하다

量	liáng 图 재다, 측정하다	예 **量体温** liáng tǐwēn 체온을 재다
	liàng 명 수량, 양, 한도	예 **力量** lìliang 명 힘, 역량
了	le 조 동사나 형용사 뒤에 와서 동작 또는 변화가 이미 완료되었음을 나타내며, 문장의 끝 또는 문장 중 멈추는 곳에 쓰여 감탄을 나타낸다.	예 **吃完了** chī wán le 다 먹었다 **太好了** tài hǎo le 너무 좋다
	liǎo 图 ① 끝나다, 끝내다 ② 동사 뒤에서 '……得了, ……不了' 형태로 쓰여 가능이나 불가능을 나타낸다.	예 **没完没了** méiwán méiliǎo 끝이 없다 예 **吃不了** chī bu liǎo 다 먹을 수 없다
埋	mái 图 묻다, 매장하다, 숨기다	예 **埋藏** máicáng 图 묻히다, 매장되다
	mán [단독으로 쓰일 수 없다]	예 **埋怨** mányuàn 图 불평하다, 원망하다
强	qiáng 형 (힘이) 강하다, 세다	예 **强制** qiángzhì 图 강요하다, 강압하다
	qiǎng 图 억지로 하다	예 **勉强** miǎnqiǎng 형 마지못해 (억지로) ~하다
	jiàng 형 고집스럽다	예 **倔强** juéjiàng 형 완고하다, 고집이 세다
悄	qiāo [단독으로 쓰일 수 없다]	예 **悄悄** qiāoqiāo 부 은밀히, 몰래
	qiǎo 형 근심하다, 우울하다	예 **悄然** qiǎorán 형 근심 어린 모습
撒	sā 图 마음대로 하다	예 **撒谎** sā huǎng 图 거짓말하다
	sǎ 图 엎지르다, 흘리다	예 **撒汤** sǎ tāng 图 국을 흘리다
散	sǎn 형 흩어진, 분산된	예 **散文** sǎnwén 명 산문
	sàn 图 (모여 있던 것이) 떨어지다	예 **散步** sànbù 图 산책하다, 산보하다
塞	sāi 图 막다, 막히다	예 **塞车** sāichē 图 차가 막히다
	sài 명 변방의 요새	예 **塞翁失马** sàiwēng shīmǎ 성 새옹지마
	sè 图 막다	예 **堵塞** dǔsè 图 (통로를) 막다, (교통이) 막히다
舍	shě 图 버리다, 포기하다	예 **舍不得** shěbude 图 아쉬워하다, 아까워하다
	shè 명 집, 가옥	예 **宿舍** sùshè 명 기숙사
调	tiáo 图 희롱하다, 놀리다	예 **调皮** tiáopí 형 장난스럽다, 짓궂다
	diào 图 옮기다, 이동하다, 찾다	예 **调换** diàohuàn 图 맞바꾸다, 교환하다 **调卷** diàojuàn 图 서류를 찾다(꺼내다)
踏	tā 형 태도가 성실하다	예 **踏实** tāshi 착실하다
	tà 图 밟다, 디디다	예 **脚踏车** jiǎotàchē 명 자전거

为	wéi 통 ① 하다, 행하다, 만들다	예 人为 rénwéi 형 인위적이다
	② (주로 '以……为……'로 쓰여) ~라고 여기다, ~로 삼다	예 以学习为主 yǐ xuéxí wéi zhǔ 공부를 주된 것으로 여기다
	③ ~로 변하다, ~가 되다	예 成为 chéngwéi ~가 되다
	④ ~은 ~이다	예 首尔为韩国首都。Shǒu'ěr wéi Hánguó shǒudū. 서울은 한국의 수도이다.
	전 (피동의 뜻으로 所와 함께 쓰여) ~에 의하여 ~하게 되다	예 为实践所证明 wéi shíjiàn suǒ zhèngmíng 실천에 의해 증명되다
	접미 ① 단음절 형용사 뒤에 와서, 정도·범위를 나타내는 부사를 만든다	예 深为感动 shēn wéi gǎndòng 매우 감동하다
	② 정도를 나타내는 단음절 부사 뒤에 와서 어기를 강화시킨다	예 极为严重 jí wéi yánzhòng 매우 심각하다
	wèi 전 ~를 위해서, ~때문에	예 为了 wèile ~를 위해서 │ 因为 yīnwèi ~때문에
系	xì 통 연결하다, 맺다	예 关系 guānxi 명 관계
	jì 통 매다, 묶다	예 系领带 jì lǐngdài 넥타이를 매다
鲜	xiān 형 선명하다, 신선하다	예 鲜明 xiānmíng 형 선명하다
	xiǎn 형 적다, 드물다	예 鲜为人知 xiǎnwéi rénzhī 정 사람들에게 잘 알려지지 않다
行	xíng 통 행하다, 실행하다	예 举行 jǔxíng 통 열다, 개최하다
	háng 명 직업, 분야	예 行业 hángyè 명 직업, 업종
省	xǐng 통 반성하다, 돌이켜보다	예 反省 fǎnxǐng 통 반성하다
	shěng 통 덜다, 생략하다	예 省略 shěnglüè 통 생략하다
削	xiāo 통 제거하다, 벗기다, 깎다	예 削皮 xiāo pí 통 껍질을 벗기다(깎다)
	xuē 통 빼앗다, 약탈하다	예 剥削 bōxuē 통 착취하다
载	zǎi 통 기재하다, 기록하다	예 记载 jìzǎi 통 기재하다, 기록하다
	zài 통 싣다, 적재하다	예 下载 xiàzài 통 (파일을) 다운로드 하다
扎	zā 통 묶다, 매다	예 扎头发 zā tóufa 통 머리를 묶다
	zhā 통 파고들다, 들어가다	예 扎实 zhāshi 통 (기초가) 견고하다, 튼튼하다
	zhá 통 안간힘을 쓰다	예 挣扎 zhēngzhá 통 발버둥치다, 몸부림치다
粘	zhān 통 붙이다	예 粘贴 zhāntiē 통 붙이다, 바르다
	nián 통 끈적거리다	예 年糕很粘 niángāo hěn nián (설) 떡이 매우 끈적거린다(찰지다)

涨	zhǎng 통 (수위나 물가가) 오르다 zhàng 통 팽창하다, 부풀어 오르다	예 涨价 zhǎng jià 통 가격이 오르다 예 豆子泡在水里就涨了。 Dòuzi pāo zài shuǐli jiù zhàng le. 콩을 물에 담가두니 불었다.
着	zhāo 명 계책, 방법 zháo 보어로 쓰여 동작의 결과를 나타낸다 형 느끼다 통 불이 켜지다 zhe 조 ~하고 있다 zhuó 통 갖다 대다, 붙이다	예 没着 méi zhāo 방법이 없다 예 睡着 shuì zháo 잠들다 예 着急 zháo jí 통 초조하다, 조급하다 예 着火 zháo huǒ 통 불이 나다 예 躺着 tǎngzhe 누워 있다 예 着手 zhuóshǒu 통 착수하다, 시작하다
中	zhōng 명 가운데, 중간 zhòng 통 당첨되다, 뽑히다	예 中间 Zhōngjiān 명 중간, 가운데 예 中奖 zhòng jiǎng 통 (복권에) 당첨되다
种	zhǒng 명 종, 종류 zhòng 통 심다	예 种类 zhǒnglèi 명 종류 예 种植 zhòngzhí 통 재배하다, 심다

(2) yu 발음 연습

한국어 발음 '위'와 다르다는 점에 유의해야 한다. 중국어의 '[yu]'를 발음할 때는 입을 모은 상태의 모양을 처음부터 끝까지 유지해야 한다. 한국어의 '위'를 발음할 때처럼 마지막에 입 모양을 옆으로 벌리지 않도록 주의하자.

① 단어를 통한 연습 039

黄鱼 huángyú 조기
草鱼 cǎoyú 초어
多余 duōyú 나머지의
业余 yèyú 여가
由于 yóuyú ~때문에

于是 yúshì 그래서
语音 yǔyīn 말소리
语言 yǔyán 언어, 말
语文 yǔwén 언어와 문자
语法 yǔfǎ 어법

语调 yǔdiào 억양
发育 fāyù 발육하다
德育 déyù 덕육
体育 tǐyù 체육
教育 jiàoyù 교육

* 草鱼 초어 : 잉어과 담수어로, 풀을 먹는 물고기라 하여 붙여진 이름
* 德育 덕육 : 정치사상과 도덕 인성교육

② 문장을 통한 연습 🎧040

- 这项工程预计在明年完成。 이 프로젝트는 내년에 완성될 것으로 예측한다.
- 他痴迷于网络游戏。 그는 인터넷 게임에 푹 빠졌다.
- 李先生自从失去老伴以后，一直很忧郁。 이 선생님은 부인을 잃은 후 계속 우울해한다.
- 下雨了，于是我们取消了原来的计划。 비가 와서 우리는 원래 계획을 취소했다.

연습 단어

工程 gōngchéng 명 프로젝트 | 预计 yùjì 통 예측(전망)하다 | 痴迷 chīmí 통 푹 빠지다, 몰입하다 | 网络游戏 wǎngluò yóuxì 인터넷 게임 | 老伴 lǎobàn 명 영감, 부인 | 忧郁 yōuyù 형 우울하다 | 取消 qǔxiāo 통 취소하다 | 计划 jìhuà 명 계획

沙漠里能钓鱼吗？人们一定会认为这是笑话，沙漠里连水都没有，到哪儿去钓鱼呢？但沙漠钓鱼确有其事，而且是在世界上最大的沙漠——撒哈拉沙漠。如果用普通的方法在沙漠钓鱼，哪怕是钓上一年也不会有收获的。当地的居民是在沙漠下的地下暗河中钓鱼的。有水就有鱼，暗河不是孤立存在的，当然少不了鱼。但是，在沙漠下的暗河里钓鱼不是那么容易的事。它需要超乎常人的毅力静静地等待几十个小时，甚至是几天。尽管如此，人们仍然要强迫自己坐住，因为暗河里那鲜美的鱼对人的诱惑实在是太大了。

단어

沙漠 shāmò 명 사막 | 钓鱼 diàoyú 통 낚시하다 | 笑话 xiàohua 명 우스갯소리, 유머 | 撒哈拉沙漠 Sāhālā Shāmò 고유 사하라사막[지명] | 收获 shōuhuò 통 수확하다 | 当地 dāngdì 명 현지 | 居民 jūmín 명 주민 | 暗河 ànhé 명 지하 수맥 | 少不了 shǎobuliǎo 통 빠놓을 수 없다 | 超乎 chāohū 통 뛰어넘다 | 常人 chángrén 명 평범한 사람 | 毅力 yìlì 명 굳센 의지 | 静静地 jìngjìng de 가만히, 조용히 | 等待 děngdài 통 기다리다 | 仍然 réngrán 부 여전히 | 强迫 qiǎngpò 통 강요하다 | 坐住 zuòzhù 앉아서 움직이지 않다 | 鲜美 xiānměi 형 맛이 좋다

해석

　사막에서 낚시할 수 있을까? 사람들은 틀림없이 이것을 우스갯소리라고 여길 것이다. 사막에는 물도 없는데, 어디에서 낚시를 하겠는가? 하지만 사막에서 낚시를 하는 그런 일은 확실히 존재할 뿐만 아니라 그것도 세계에서 가장 큰 사막 – 사하라 사막에 존재한다. 일반적인 방법으로 사막에서 낚시를 한다면, 설령 일년 동안 낚시를 하더라도 잡지 못할 것이다. 현지 주민은 사막의 지하 수맥에서 낚시를 한다. 물이 있으면 물고기가 있어야 하는 것처럼, 지하수맥은 홀로 존재하지 않고 당연히 물고기도 있다. 하지만 사막의 지하 수맥에서 낚시를 하는 것은 그리 쉬운 일이 아니다. 그것은 보통 사람을 뛰어넘는 굳센 의지로 몇 십 시간, 심지어는 몇 일을 조용히 기다려야 한다. 설령 이러하더라도 사람들은 여전히 스스로에게 앉아 있으라고 강요한다. 왜냐하면 지하 수맥의 맛 좋은 물고기가 사람에게 주는 유혹은 실로 매우 크기 때문이다.

　　沙漠里/能钓鱼吗? 人们/一定会认为/这是笑话，沙漠里/连水都没有，到哪儿/去钓鱼呢? 但/沙漠钓鱼/确有其事，而且/是在世界上/最大的沙漠——撒哈拉沙漠。如果用普通的方法/在沙漠钓鱼，哪怕是钓上一年/也不会有收获的。当地的居民/是在沙漠下的地下暗河中/钓鱼的。有水/就有鱼，暗河/不是孤立存在的，当然/少不了鱼。但是，在沙漠下的暗河里钓鱼/不是那么容易的事。它需要超乎常人的毅力/静静地等待/几十个小时，甚至/是几天。尽管如此，人们仍然要/强迫自己坐住，因为暗河里/那鲜美的鱼/对人的诱惑/实在是太大了。

(3) yue 발음 연습

혀를 아랫니에 대고 입술은 모아서 앞으로 내밀어 '위'라고 발음한 상태에서 (이 때 입술모양은 그대로 유지한다) 신속히 '에'를 발음해준다.

① 단어를 통한 연습 [042]

公约 gōngyuē 공약	交响乐 jiāoxiǎngyuè 교향악	乐队 yuèduì 밴드, 그룹
合约 héyuē 계약, 협의	奏乐 zòuyuè 음악을 연주하다	月饼 yuèbing 월병
制约 zhìyuē 제약하다	乐师 yuèshī 악사	月初 yuèchū 월초
哀乐 āiyuè 슬픈 음악	乐团 yuètuán 악단	月底 yuèdǐ 월말
民乐 mínyuè 민속악	乐曲 yuèqǔ 악곡	月份 yuèfèn 월, 달

② 문장을 통한 연습 [043]

· 同学们都跃跃欲试，希望在这次考试中取得好成绩。
  학생들은 모두 이번 시험에서 좋은 성적을 거두길 간절히 희망한다.

· 很多表达方式都是约定俗成的，没有特别的理由。
  많은 표현 방식은 오랜 기간에 걸쳐 형성된 것이며, 특별한 이유는 없다.

· 现在的孩子们生活条件都非常优越。　요즘 아이들의 생활조건은 매우 우수하다.

· 我喜欢听悠扬的音乐。　나는 은은한 음악을 감상하길 좋아한다.

跃跃欲试 yuèyuè yùshì 성 간절히 해보고 싶다 | 成绩 chéngjì 명 성적 | 表达 biǎodá 동 표현하다 | 方式 fāngshì 명 방식, 방법 | 约定俗成 yuēdìng súchéng 성 사람들에 의해 오랜 기간에 걸쳐 실천되고 형성되다 | 优越 yōuyuè 형 (조건이) 우수하다, 뛰어나다 | 悠扬 yōuyáng 형 은은하다 | 音乐 yīnyuè 명 음악

음乐与人的生活情趣、审美情趣、言语、行为、人际关系等等，有一定的关联。音乐是人们抒发感情、表现感情、寄托感情的艺术，不论是唱、奏或听，都内涵着人们丰富情感的因素。为什么音乐能表达人们的感情呢？因为音与音之间联接或重叠，就产生了高低、疏密、强弱、浓淡、明暗、刚柔、起伏、断连等，它会与人的感情起伏产生共鸣，特别对人的心理起着不能用言语形容的影响作用。音乐的形式越来越丰富，越来越具个性，虽然对它的定义仍存在着激烈的争议，但有一种很有趣的定义是：音乐就是好听的"杂音"。

단어

情趣 qíngqù 명 정취 | 审美 shěnměi 동 심미적이다 | 人际关系 rénjì guānxi 인간관계 | 关联 guānlián 동 관련 있다 | 抒发 shūfā 동 (감정을) 토로하다, 나타내다 | 寄托 jìtuō 동 (감정을) 걸다, 담다 | 奏 zòu 동 연주하다 | 内涵 nèihán 명 내포, 의미 | 联接 liánjiē 동 연결하다 | 重叠 chóngdié 동 중첩하다 | 疏密 shūmì 밀도가 고르다, 성기고 빽빽하다 | 浓淡 nóngdàn 명 농담(짙음과 옅음) | 刚柔 gāng róu 강한 것과 부드러운 것 | 起伏 qǐfú 동 기복을 이루다 | 断连 duàn lián 끊어지고 이어지다 | 共鸣 gòngmíng 동 공명하다, 공감하다 | 个性 gèxìng 명 개성 | 激烈 jīliè 형 격렬하다 | 争议 zhēngyì 명 이견, 다른 의견

해석

　음악은 사람의 생활 정취, 심미 정취, 언어, 행위, 인간관계 등과 일정한 연관이 있다. 음악은 사람들이 감정을 나타내고 감정을 표현하고 감정을 담는 예술로, 노래를 하든지 연주를 하거나 듣든지에 상관없이 모두 사람의 풍부한 감정 요소를 담고 있다. 어째서 음악은 사람의 감정을 표현할 수 있는 걸까? 음악과 음악 사이의 연결 및 중첩은 고저, 밀도의 고름, 강약, 농도, 명암, 강하고 부드러움, 기복, 끊어지고 이어짐 등을 생기게 하고, 그것은 사람의 감정 기복에 공감을 일으키기 때문인데, 특히 사람의 마음에 말로는 형용할 수 없는 영향이 작용한다. 음악의 형식이 갈수록 풍부해지고 갈수록 개성을 갖게 되어 비록 음악의 정의에 대해서는 여전히 격렬한 논쟁이 존재하지만, 매우 재미있는 정의도 하나 존재하는데, 음악은 바로 듣기 좋은 '잡음'이라는 것이다.

모범답안　🎧 044

　音乐/与人的生活情趣、审美情趣、言语、行为、人际关系等等，有一定的关联。音乐/是人们/抒发感情、表现感情、寄托感情的艺术，不论是唱、奏或听，都内涵着/人们丰富情感的因素。为什么/音乐能表达/人们的感情呢？因为音与音之间/联接或重叠，就产生了/高低、疏密、强弱、浓淡、明暗、刚柔、起伏、断连等，它/会与人的感情起伏/产生共鸣，特别对人的心理/起着不能用言语形容的/影响作用。音乐的形式/越来越丰富，越来越具个性，虽然/对它的定义/仍存在着/激烈的争议，但/有一种很有趣的定义是：音乐/就是好听的"杂音"。

(4) z–zh, c–ch, s–sh 발음 연습

z, c, s 발음은 혀끝을 아랫니 뒤쪽에 붙이고 입김을 강하게 내뿜으면서 각각 '쯔, 츠, 쓰'라고 발음해주면 되고, zh, ch, sh 발음은 혀를 입천장에 닿지 않게 깊이 말아 올려 넣은 후, 혀와 입천장 사이로 공기를 빼주면서 각각 '즈, 츠, 스'라고 발음해주면 된다.

① 단어를 통한 연습 045

资本 zīběn 자본	思考 sīkǎo 사고하다	差别 chābié 차별
足够 zúgòu 충분하다	俗话 súhuà 속담	迟到 chídào 지각하다
子孙 zǐsūn 자손	洒水 sǎ shuǐ 물을 뿌리다	产量 chǎnliàng 생산량
自主 zìzhǔ 자주적이다	比赛 bǐsài 경기	衬衣 chènyī 와이셔츠
猜测 cāicè 추측하다	知识 zhīshi 지식	老师 lǎoshī 선생님
裁判 cáipàn 심판	竹子 zhúzi 대나무	什么 shénme 무엇
采访 cǎifǎng 인터뷰하다	值班 zhíbān 당직을 맡다	审判 shěnpàn 심판하다
灿烂 cànlàn 찬란하다	住房 zhùfáng 주택	上班 shàngbān 출근하다

② 문장을 통한 연습 046

- 箱子里放了好多东西，最上层放的是衣服。
  상자 안에 많은 물건을 두었는데, 제일 위에 놓은 것은 옷이다.

- 处理事情一定要慎重。 일을 처리하는 하는 데는 반드시 신중해야 한다.

- 请按时办理登机手续。 제때에 탑승수속을 해주세요.

- 工作有主次之分，别把首要的工作给忘了。
  일은 주된 것과 부차적인 것을 나누되, 가장 중요한 일을 잊어버려서는 안 된다.

예제

1920年，一个美国小男孩儿踢足球时，不小心打碎了邻居家的玻璃。邻居向他索赔12美元。在当时，12美元是一笔不小的数目，足足可以买100只母鸡！闯了大祸的男孩儿向父亲承认了错误，父亲让他对自己的过失负责。男孩儿为难地说："我哪有那么多钱赔人家？"父亲拿出12美元说："这是我借给你的，但一年后要还我。"从此，男孩儿开始了艰苦的打工生活。经过半年的努力，终于挣够了12美元，并还给了父亲。这个男孩儿就是前美国总统罗纳德·里根。他在回忆这件事时说："通过自己的劳动来承担过失，使我懂得了什么叫责任。"只有勇敢地承担责任的人，才会成为一个成功的人。

踢足球 tī zúqiú 축구를 하다 | 打碎 dǎsuì 圄 깨뜨리다 | 玻璃 bōli 圀 유리 | 索赔 suǒpéi 圄 변상을 요구하다 | 数目 shùmù 圀 금액 | 母鸡 mǔjī 圀 암탉 | 闯大祸 chuǎng dà huò 크코다치다, 큰일을 당하다 | 承认 chéngrèn 圄 인정하다 | 过失 guòshī 圀 잘못, 과실 | 负责 fùzé 圄 책임지다 | 为难 wéinán 圄 난처하다 | 艰苦 jiānkǔ 圀 고생스럽다 | 终于 zhōngyú 閆 마침내, 결국 | 还给 huán gěi ~에게 돌려주다 | 总统 zǒngtǒng 圀 대통령 | 罗纳德·里根 Luónàdé·lǐgēn 고유 로널드 레이건[인명] | 回忆 huíyì 圄 회상하다 | 承担 chéngdān 圄 책임지다

　　1920년, 어느 미국인 남자아이가 축구를 하다가, 실수로 이웃집의 유리를 깼다. 이웃은 그에게 12달러를 변상해 달라고 했다. 당시 12달러는 적지 않은 금액으로, 암탉 100마리를 사기에도 충분했다! 큰 일을 당한 아이는 아버지에게 잘못을 시인했고, 아버지는 아이에게 스스로 잘못을 책임지라고 했다. 아이는 난처해하며 말했다. "제가 그들에게 변상할 그 많은 돈이 어디 있겠어요?" 아버지는 12달러를 내주며 말했다. "이건 내가 너에게 빌려주는 것이고, 일년 후에 내게 갚아야 한다." 이때부터 아이는 고생스럽게 아르바이트 생활을 시작했다. 반년간의 노력으로 마침내 12달러를 벌었고, 곧바로 아버지에게 돌려 드렸다. 이 아이가 바로 전 미국대통령 로널드 레이건이었다. 그는 이 일을 회상하며 "자신의 노동을 통해 잘못을 책임짐으로써, 무엇을 책임이라고 하는지를 알게 되었습니다."라고 말했다. 용감하게 책임을 지는 사람만이 비로소 성공하는 사람이 될 수 있다.

　　1920年，一个美国小男孩儿踢足球时，不小心打碎了邻居家的玻璃。邻居向他索赔12美元。在当时，12美元是一笔不小的数目，足足可以买100只母鸡！闯了大祸的男孩儿向父亲承认了错误，父亲让他对自己的过失负责。男孩儿为难地说："我哪有那么多钱赔人家？"父亲拿出12美元说："这是我借给你的，但一年后要还我。"从此，男孩儿开始了艰苦的打工生活。经过半年的努力，终于挣够了12美元，并还给了父亲。这个男孩儿就是前美国总统罗纳德·里根。他在回忆这件事时说："通过自己的劳动来承担过失，使我懂得了什么叫责任。"只有勇敢地承担责任的人，才会成为一个成功的人。

(5) r 발음 연습

혀가 입천장에 닿지 않도록 깊이 말아 올려 넣은 후 그 상태에서 '얼'하고 발음해주면 된다.

① 단어를 통한 연습　048

人心 rénxīn 양심	日常 rìcháng 일상적인	热情 rèqíng 열정적이다
人民 rénmín 국민	日语 Rìyǔ 일본어	热心 rèxīn 적극적이다
人口 rénkǒu 인구	日记 rìjì 일기	认可 rènkě 허락하다
人类 rénlèi 인류	热爱 rè'ài 사랑하다	认识 rènshi 알다
日期 rìqī 날짜	热闹 rènao 번화하다	认真 rènzhēn 진지하다

② 문장을 통한 연습 🎧049

- 这种苦**日子**我可过不了。　나는 이런 고생스러운 날들을 보낼 수 없다.

- 参加工作后，他的性格**仍然**没有改变。　일에 참가한 후에도 그의 성격은 여전히 변하지 않았다.

- 我**认为**我可以**胜任**这个工作。　나는 내가 이 일을 감당할 수 있다고 생각한다.

예제

　　有位孤独的老人，无儿无女，又体弱多病。他决定搬到养老院去。老人宣布出售他漂亮的房子。购房者闻讯蜂拥而至。房子底价8万英镑，但人们很快就将它炒到了10万英镑。价钱还在不断上涨。老人深陷在沙发里，很忧郁。是的，要不是健康情形不行，他是不会卖掉这栋陪他度过大半生的房子的。一个衣着朴素的青年来到老人面前，弯下腰，低声说："先生，我也好想买这套房子，可我只有1万英镑。可是，如果您把房子卖给我，我保证会让您仍然生活在这里，和我一起喝茶，读报，散步，天天都快快乐乐的——相信我，我会用整颗心来照顾您！"老人面带微笑，把房子以1万英镑的价钱卖给了他。

단어

孤独 gūdú 웹 고독하다, 외롭다 ┃ 养老院 yǎnglǎoyuàn 圈 양로원 ┃ 宣布 xuānbù 통 선포하다, 선언하다 ┃ 出售 chūshòu 통 팔다 ┃ 购房者 gòufángzhě 圈 주택 구매자 ┃ 闻讯 wénxùn 통 소식을 듣다 ┃ 蜂拥而至 fēngyōng ér zhì 벌떼처럼 몰려오다 ┃ 底价 dǐjià 圈 최저가격 ┃ 英镑 yīngbàng 양 파운드 ┃ 炒 chǎo 통 (투기를 목적으로) 매매하다 ┃ 价钱 jiàqian 圈 가격 ┃ 上涨 shàngzhǎng 통 (가격이) 오르다 ┃ 深陷 shēn xiàn 깊이 빠지다, 파묻히다 ┃ 沙发 shāfā 圈 소파 ┃ 忧郁 yōuyù 웹 우울하다 ┃ 要不是 yàobúshì 쥅 (만약) ~가 아니었다면 ┃ 情形 qíngxing 圈 상태, 상황 ┃ 栋 dòng 양 동, 채(건물을 세는 단위) ┃ 度过 dùguò 통 보내다, 지내다 ┃ 大半 dàbàn 쥅 절반 이상, 대부분 ┃ 衣着朴素 yīzhuó pǔsù 옷차림이 소박하다 ┃ 弯下腰 wān xià yāo 허리를 굽히다 ┃ 读报 dú bào 신문을 보다 ┃ 面带微笑 miàn dài wēixiào 얼굴에 미소를 머금다

해석

　　한 외로운 노인이 있었는데 아들 딸이 없고, 몸이 약해 병도 많았다. 그는 양로원으로 가기로 결정했다. 노인은 자신의 아름다운 집을 팔겠다고 선언했고, 주택 구매자들은 소식을 듣고는 벌떼처럼 몰려왔다. 집은 최저가격이 8만 파운드였지만, 사람들은 아주 빠르게 집 가격을 10만 파운드까지 올려놓았다. 가격은 여전히 계속해서 오르고 있었다. 노인은 소파에 파묻혀서는 매우 우울해했다. 그렇다, 건강상태가 나쁘지 않았다면 그는 자신과 더불어 반평생을 보낸 집을 팔아버리려 하지 않았을 것이다. 옷차림이 소박한 한 청년이 노인 앞에 와서, 허리를 굽히고는 낮은 목소리로 말했다. "선생님, 저도 이 집을 사고 싶지만, 전 1만 파운드밖에 없습니다. 하지만 만일 선생님이 집을 제게 파신다면, 전 선생님이 변함없이 이곳에서 생활하시도록 책임져 드리겠습니다. 저와 함께 차를 마시고, 신문을 보고, 산책하면서, 매일이 즐겁도록 말이에요. 저를 믿어주세요. 제가 온 마음을 다해 선생님을 보살펴 드릴게요!" 노인은 얼굴에 미소를 머금고는 집을 1만 파운드의 가격으로 그에게 팔았다.

🎧050

有位／孤独的老**人**，无儿无女，又体**弱**多病。他决定／搬到养老院去。老**人**宣布／出售他漂亮的房子。购房者闻讯／蜂拥而至。房子底价／8万英镑，但**人**们／很快就将它／炒到了10万英镑。价钱／还在不断上涨。老**人**／深陷在沙发里，很忧郁。是的，要不是健康情形不行，他是不会卖掉／这栋陪他度过大半生的／房子的。一个衣着朴素的青年／来到老**人**面前，弯下腰，低声说：“先生，我也好想／买这套房子，可我／只有1万英镑。可是，**如**果您／把房子卖给我，我保证／会**让**您／**仍然**生活在这里，和我一起喝茶，读报，散步，天天都快快乐乐的——相信我，我会用整颗心／来照顾您！”老**人**／面带微笑，把房子／以1万英镑的价钱／卖给了他。

(6) 儿 발음 연습

혀끝을 뒤 쪽으로 말아 올려준 후 힘을 주어 '르'하고 발음해주면 된다. [1]운모 자체 또는 운모 끝이 a, e, o, u로 끝나며 儿화 해줄 때는 본래의 운모는 변하지 않은 채 바로 儿을 발음해주고, [2]운모가 i 또는 u로 끝나면 儿화 해줄 때는 맨 끝의 본래 운모의 발음은 생략되면서 끝에 儿을 발음해준다. [3]운모 끝이 두 개 이상의 운모로 구성된 '-(운모+)i, -(운모+)n'의 형태인 경우 儿화 해줄 때는 본래의 두 운모 발음은 생략되면서 본래의 발음에서 儿을 발음해준다. [4]'-(운모+)ng' 형태인 경우 儿화 해줄 때는 비음 소리를 내주며, [5]성모 'z, c, s, zh, ch, sh'와 운모 i가 만나 儿화 해줄 때는 본래 운모의 발음은 상실되고 儿을 발음해준다.

① 단어를 통한 연습 🎧051

[1]哪儿 nǎr 어디
[1]歌儿 gēr 노래
[1]猫儿 māor 고양이
[2]书皮儿 shūpír 책 표지

[2]小曲儿 xiǎoqǔr 소곡
[3]小孩儿 xiǎoháir 어린 아이
[3]香味儿 xiāng wèir 향기
[3]脸蛋儿 liǎndànr 얼굴

[4]小胡同儿 xiǎo hútòngr 작은 골목
[4]鸡蛋黄儿 jīdàn huángr 노란 계란
[5]生词儿 shēngcír 단어
[5]果汁儿 guǒzhīr 과일 주스

② 문장을 통한 연습 🎧052

• 你替我给他带个**信儿**。 당신은 제 대신 그에게 소식 좀 전해주세요.

• 王科长是我们的**头儿**。 왕 과장님은 우리의 대장이다.

• 这个**小孩儿**真可爱。 이 아이는 정말 귀엽다.

　　从前有一棵大树，它很喜欢一个男孩儿。男孩儿每天会跑到树下跟大树玩儿，他也常常爬上树干，在树枝儿上荡秋千，吃树上结的苹果。累了的时候，就在树下睡觉。小男孩儿爱这棵树，大树也很快乐。但是时光流逝，孩子逐渐长大，不怎么来找大树玩儿了，大树感到很孤寂。有一天孩子来看大树，大树说：“来吧，孩子，来跟我玩儿吧！”男孩儿却说：“我已经大了，没空儿跟你玩儿了，我想买些好玩儿的东西，我需要钱。”大树为了让男孩儿开心，让他把自己身上的苹果卖了换钱，然后去买好玩儿的东西，男孩儿听了，立刻把树枝儿上的苹果都摘下来，然后头也不回地走了。

树干 shùgàn 명 나무줄기 │ 树枝 shùzhī 명 나뭇가지 │ 荡秋千 dàng qiūqiān 그네를 타다 │ 时光流逝 shíguāng liúshì 세월이 유수와 같다 │ 逐渐 zhújiàn 부 점점, 점차 │ 孤寂 gūjì 형 외롭고 쓸쓸하다 │ 好玩儿 hǎowánr 형 재미있다 │ 换钱 huàn qián 동 (물건을) 돈으로 바꾸다 │ 摘 zhāi 동 (열매를) 따다

　　옛날에 큰 나무 한 그루가 있었는데 그 나무는 남자아이를 좋아했다. 남자아이는 매일 큰 나무 아래로 뛰어와서 큰 나무와 놀았는데, 자주 큰 나무 줄기로 기어올라가 나뭇가지 위에서 그네를 타며 큰 나무에 열린 사과를 먹었고, 피곤해지면 나무 밑에서 잠들었다. 남자아이는 이 큰 나무를 사랑했고 큰 나무도 매우 즐거워했다. 하지만 세월이 유수같이 흐르고 남자아이도 점차 자라서 큰 나무를 찾아와 별로 잘 놀지 않자, 큰 나무는 외롭고 쓸쓸함을 느꼈다. 어느 날 아이가 큰 나무를 보러 오자 큰 나무가 말했다. “어서 와, 얘야, 나랑 놀자!” 그러나 남자아이는 말했다. “나는 이미 다 커서 너랑 놀 틈이 없어. 재미있는 물건들을 사고 싶은데 돈이 필요해.” 큰 나무는 남자아이를 기쁘게 해주기 위해서 아이에게 자신의 몸 위에 달린 사과를 팔아 돈으로 바꾼 다음 가서 재미있는 물건을 사라고 하였고, 남자아이는 (이 말을) 듣고 나서 곧바로 나뭇가지 위의 사과를 전부 딴 후에 고개도 돌리지 않고 떠나버렸다.

　　从前/有一棵大树，它很喜欢/一个男孩儿。男孩儿/每天会跑到树下/跟大树玩儿，他也常常/爬上树干，在树枝儿上/荡秋千，吃树上结的苹果。累了的时候，就在树下睡觉。小男孩儿/爱这棵树，大树也很快乐。但是/时光流逝，孩子/逐渐长大，不怎么来找大树玩儿了，大树/感到很孤寂。有一天/孩子/来看大树，大树说：“来吧，孩子，来跟我玩儿吧！”男孩儿却说：“我已经大了，没空儿/跟你玩儿了，我想买些/好玩儿的东西，我需要钱。”大树/为了让男孩儿开心，让他/把自己身上的苹果/卖了换钱，然后/去买好玩儿的东西，男孩儿听了，立刻/把树枝儿上的苹果/都摘下来，然后/头也不回地/走了。

4 朗读 성조별 문제 공략법

중국어의 특징인 성조는 한국인들이 틀리기 쉽기 때문에, 단어와 문장 속의 단어를 충분히 반복하여 읽어보면서 자연스레 익히는 것이 중요하다. 한국인의 경우 일반적으로 중국어의 성조를 세게 소리낸다. 하지만 1성의 경우에는 너무 세게 발음하면 4성처럼 들릴 수 있다. 또한 반3성이나 3성의 경우에는 아래로 내려주는 소리를 세게 발음하기도 하는데, 살짝 내려준다는 느낌으로 가볍게 발음해줘도 정확하게 발음할 수 있다. 그러므로 위의 세 성조는 특히 주의하여 발음하도록 하고 고급 회화시험을 준비하고 있더라도 중국어의 기본이 되는 성조는 꾸준히 연습해 나가도록 하자.

(1) 1성 연습

1성은 단독으로 읽을 때는 잘 안 틀리는데, 다른 단어나 문장 속에 나오는 경우의 1성은 종종 4성으로 잘못 읽는 경우가 많다. 1성을 정확하게 발음하는 요령은 높은 음을 조금 길게 끌어주면 된다. 노래를 부를 때 높게 '아~' 하듯 소리내면 되는데, 1성 소리를 짧게 내고 여기에 강세를 주면 4성처럼 들릴 수 있으므로 반드시 이에 주의해야 한다.

① 단어를 통한 연습 🎧 054

方针 fāngzhēn 방침	优点 yōudiǎn 장점	老师 lǎoshī 선생님
方便 fāngbiàn 편리하다	司机 sījī 운전기사	消费 xiāofèi 소비하다
开始 kāishǐ 시작하다	医院 yīyuàn 병원	辛苦 xīnkǔ 고생스럽다
湿度 shīdù 습도	起飞 qǐfēi 이륙하다	知道 zhīdao 알다
时间 shíjiān 시간	天下 tiānxià 천하, 온 세상	提供 tígōng 공급하다

② 문장을 통한 연습 🎧 055

- 勇于负责一向是他的优点。 용감하게 책임지는 것은 줄곧 그의 장점이다.
- 我也有我自己的一套学习汉语的方法。 나도 나 자신만의 중국어 학습방법이 있다.
- 家庭的开支也要精打细算。 가정의 지출도 면밀하게 계획해야 한다.
- 北京冬天的气候特别干燥。 베이징의 겨울 기후는 특히 건조하다.

　　一个妇女看到三位老人还没吃饭，想请他们到家中吃饭。老人们说：“我们分别是‘财富、成功和爱’，我们不可以一起进去。”妇女回到家中，告诉丈夫。丈夫说：“那就请‘财富’进来吧。”妇女不同意：“我们何不邀请‘成功’呢？”儿子建议说：“请‘爱’进来不是更好吗？”夫妻俩决定听儿子的。于是，妇女去叫‘爱’进屋，‘爱’起身进屋时，另外两位也跟着他一起进屋了。妇女感到很奇怪：“我只邀请‘爱’，怎么你们也一起进来了？”三位老人齐声说道：“如果你邀请‘财富’或‘成功’，另外两个人都不会跟进来。而你邀请‘爱’的话，无论‘爱’走到哪里，我们都会跟着他。”

妇女 fùnǚ 圐 여성 ｜ 财富 cáifù 圐 부, 재산 ｜ 成功 chénggōng 圐 성공 ｜ 同意 tóngyì 圐 동의하다 ｜ 何不 hébù 囲 왜 ~하지 않느냐? ｜ 邀请 yāoqǐng 圐 초대하다 ｜ 决定 juédìng 圐 결정하다 ｜ 跟着 gēnzhe 圐 뒤따르다, 따라가다 ｜ 奇怪 qíguài 圐 이상하다 ｜ 齐声 qíshēng 囲 일제히, 한 목소리로

　　한 여성은 노인 세 명이 아직 식사를 하지 않은 것을 보고는 집으로 초대하여 식사를 대접하고 싶어했다. 노인들은 말했다. “우리는 각각 ‘부’와 ‘성공’과 ‘사랑’으로 나뉘어 있어서 함께 들어갈 수 없소.” 그녀는 집에 돌아와서 남편에게 알렸고, 남편은 “그럼 ‘부’에게 들어오라고 해요.”라고 말했다. 그녀는 “우리는 왜 ‘성공’을 초대하지 않는 거죠?”라며 반대했다. 아들이 건의하며 말했다. “‘사랑’을 들어오게 하는 게 더 좋지 않을까요?” 부부는 아들의 말을 듣기로 결정했고, 그래서 그녀는 ‘사랑’을 집에 들어오라고 했다. ‘사랑’이 일어나 집에 들어올 때 다른 둘도 ‘사랑’을 따라 함께 집으로 들어왔고, 그녀는 궁금했다. “저는 ‘사랑’만 초대했는데, 왜 여러분도 함께 들어오는 거죠?” 노인 세 명이 일제히 말했다. “만일 당신이 ‘부’나 ‘성공’을 초대했다면 다른 둘은 모두 따라 들어가지 않았을 겁니다. 하지만 당신이 ‘사랑’을 초대한다면, ‘사랑’이 어디를 가든지 우리는 그를 따라갈 거예요.”

　　一个妇女∣看到三位老人∣还没吃饭，想请他们∣到家中吃饭。老人们说：“我们分别是‘财富、成功和爱’，我们∣不可以∣一起进去。”妇女∣回到家中，告诉丈夫。丈夫说：“那就∣请‘财富’进来吧。”妇女∣不同意：“我们何不∣邀请‘成功’呢？”儿子∣建议说：“请‘爱’进来∣不是更好吗？”夫妻俩∣决定听儿子的。于是，妇女∣去叫‘爱’进屋，‘爱’∣起身进屋时，另外两位∣也跟着他∣一起进屋了。妇女∣感到很奇怪：“我只邀请‘爱’，怎么∣你们也∣一起进来了？”三位老人∣齐声说道：“如果你邀请‘财富’或‘成功’，另外两个人∣都不会跟进来。而你∣邀请‘爱’的话，无论∣‘爱’走到哪里，我们都会∣跟着他。”

(2) 반3성 연습

반3성이란, 앞 글자는 3성이고, 뒤에 오는 글자가 1성, 2성, 4성일 때, 앞의 3성 발음을 내려가는 음까지만 발음해주는 것을 말한다. 원래 3성은 소리가 내려갔다가 다시 올라가야 하지만, 반3성은 소리가 내려갔다가 그 상태에서 끊고 다음 글자의 성조로 넘어간다.

① 단어를 통한 연습 🔊 057

厂家 chǎngjiā 공장
广告 guǎnggào 광고
感激 gǎnjī 감격하다
感觉 gǎnjué 느끼다
感受 gǎnshòu 느낀 바, 인상

倒霉 dǎoméi 재수없다
导师 dǎoshī 지도교수
捣乱 dǎo luàn 소란을 피우다
养育 yǎngyù 양육하다
场地 chǎngdì 장소

总之 zǒngzhī 요컨대
比如 bǐrú 예를 들면
等待 děngdài 기다리다
果实 guǒshí 과실, 성과
许多 xǔduō 매우 많다

② 문장을 통한 연습 🔊 058

- 看了这本书，我的感受很多。 이 책을 보고 나는 느낀 바가 많았다.
- 人们对他怀有一种特殊的好感。 사람들은 그에게 특별한 호감을 갖고 있다.
- 我以前来过这个场地。 나는 예전에 이 곳에 와봤다.
- 今天的天气很暖和。 오늘 날씨가 매우 따뜻하다.

1984年，在东京国际马拉松赛中，并不出名的日本选手出人意料地夺得了世界冠军。当记者采访他时，他告诉了众人一个成功的秘诀：我以前参加比赛时，总是把我的目标定在40公里外终点线的那面旗上，结果我跑到十几公里时就疲惫不堪，我被前面的遥远的路程给吓倒了。后来，我改变了做法。每次比赛前，我都要把比赛的路线仔细地看一遍，并把沿线比较醒目的标志画下来，比如第一个标志是银行，第二个标志是一棵大树，第三个标志是一座红房子……。这样比赛开始后，我就奋力向第一个目标冲去，到达第一个目标后，我又以同样的速度向第二个目标冲去。40公里的赛程就这样被我分解成这么几个小目标轻松地跑完了。

단어

马拉松赛 mǎlāsōngsài 명 마라톤 대회 | 出名 chūmíng 형 유명하다 | 出人意料 chūrén yìliào 성 예상 밖이다 | 夺 duó 동 빼앗다, 차지하다 | 冠军 guànjūn 명 1등, 우승 | 采访 cǎifǎng 동 인터뷰하다 | 秘诀 mìjué 명 비결 | 终点线 zhōngdiǎn xiàn 명 결승점, 결승선 | 疲惫不堪 píbèi bùkān 탈진하다, 견디지 못할 정도로 피곤하다 | 遥远 yáoyuǎn 형 아득

히 멀다 | **路程 lùchéng** 명 길, 총 노선 거리(출발점에서 종착점까지 거친 총 길이) | **吓倒 xiàdǎo** 동 놀라 자빠지다 | **仔细 zǐxì** 형 자세히, 세세히 | **沿线 yánxiàn** 노선을 따라 | **醒目 xǐngmù** 형 눈에 띄다 | **奋力 fènlì** 동 전력을 다하다 | **冲去 chōngqù** 동 돌진하다 | **赛程 sàichéng** 명 코스, 경주 거리 | **分解 fēnjiě** 동 나누다, 분해하다

　　1984년, 동경 국제 마라톤 대회에서 별로 유명하지 않은 일본 선수가 예상 밖으로 세계 1위를 차지했다. 당시 기자가 그를 인터뷰할 때, 그는 사람들에게 성공의 비결을 말해주었다. "나는 예전에 시합에 참가할 때 항상 나의 목표를 40km 밖의 결승점 깃발로 정했었는데, 결과적으로 십 몇 킬로 미터밖에 못 뛰고 바로 탈진해 버렸습니다. 내 앞의 아득히 먼 길에 놀랐기 때문입니다. 그 후 저는 방법을 바꾸었습니다. 매번 시합 전에 저는 시합 코스를 자세히 한 번 살펴보고 코스를 따라 눈에 잘 뜨이는 표시를 그렸습니다. 예를 들어 첫 번째 표시는 은행이었고, 두 번째 표시는 큰 나무였으며, 세 번째 표시는 붉은색 집이었고…… 이렇게 시합을 시작하면, 저는 전력을 다해서 첫 번째 목표를 향해 돌진했고, 첫 번째 목표에 도달하면 저는 또 같은 속도로 두 번째 목표를 향해 돌진했습니다. 40km 코스를 이렇게 몇 개의 작은 목표로 나누어 가볍게 완주하였습니다."

모범답안　　🎧059

　　1984年，在东京国际马拉松赛中，并不出名的日本选手出人意料地夺得了世界冠军。当记者采访他时，他告诉了众人一个成功的秘诀：我以前参加比赛时，总是把我的目标定在40公里外终点线的那面旗上，结果我跑到十几公里时就疲惫不堪，我被前面的遥远的路程给吓倒了。后来，我改变了做法。每次比赛前，我都要把比赛的路线仔细地看一遍，并把沿线比较醒目的标志画下来，比如第一个标志是银行，第二个标志是一棵大树，第三个标志是一座红房子……。这样比赛开始后，我就奋力向第一个目标冲去，到达第一个目标后，我又以同样的速度向第二个目标冲去。40公里的赛程就这样被我分解成这么几个小目标轻松地跑完了。

(3) 3성 연습

3성이 단어 또는 문장 끝에 있는 경우에는 완전한 3성으로 발음하면 되는데, 이 때 학생들이 특히 잘 범하는 실수는 내려가는 소리를 확실하게 내주지 않는다는 것이다. 내려가는 부분을 너무 짧게 소리 내고 또 금방 올려주니 2성처럼 들리고 어색하다. 따라서 3성 단어를 읽을 때는 내려가는 부분은 확실하게 바닥까지 내려주고, 다시 올라가는 부분은 2성처럼 너무 길게 올리지 말고 1성처럼 살짝 소리 내줘야 한다.

① 단어를 통한 연습 🎧060

知己 zhījǐ 자신을 알다
悲惨 bēicǎn 비참하다
欢喜 huānxǐ 기쁘다
局长 jú zhǎng 국장
民主 mínzhǔ 민주
骑马 qí mǎ 말을 타다

好转 hǎozhuǎn 호전되다
祈祷 qídǎo 기도하다
稳妥 wěntuǒ 온당하다
问好 wèn hǎo 안부를 묻다
物体 wùtǐ 물체
要好 yàohǎo 사이가 좋다

理想 lǐxiǎng 이상적이다
汉语 Hànyǔ 중국어
发展 fāzhǎn 발전하다
获取 huòqǔ 얻다
购买 gòumǎi 구입하다
如此 rúcǐ 이와 같다

② 문장을 통한 연습 🎧061

- 老师向同学们招了招手，大家就都聚过来了。　선생님이 학생들에게 손짓하자 모두 모여들었다.

- 他的病情有了明显的好转。　그의 병이 눈에 띄게 호전되었다.

- 看一个人不能只看外表。　사람을 볼 때는 외모만 보면 안 된다.

- 今天下午有雨，别忘了带伞。　오늘 오후에 비가 온다니까 우산 가져가는 거 잊지 마라.

예제

　　有一个农夫，每天在田地里劳动。有一天，这个农夫正在地里干活，突然一只野兔从草丛中跑出来。它拼命地奔跑，一下子撞到农夫地头的一个树桩子上，折断脖子死了。农夫放下手中的农活，走过去捡起死兔子。他非常庆幸自己的好运气。第二天，农夫照旧到地里干活，可是他再也不像以往那么专心了。他干一会儿就朝草丛里瞄一瞄、听一听，希望再有一只兔子跑出来撞在树桩上。可是直到天黑也没见到有兔子出来，他很不甘心地回家了。第三天，农夫来到地边，已完全无心干活儿。他把农具放在一边，自己则坐在树桩旁边，专门等待野兔子跑出来。可是又白白地等了一天。后来，农夫每天祈祷，希望再捡到兔子，然而他始终没有再得到。而农夫地里的野草却越长越高，把他的庄稼都淹没了。

단어

农夫 nóngfū 명 농부 │ 田地 tiándì 명 논밭 │ 劳动 láodòng 명 일, 노동 │ 干活 gànhuó 동 일하다 │ 突然 tūrán 부 갑자기, 문득 │ 野兔 yětù 명 산토끼 │ 草丛 cǎocóng 명 풀숲 │ 拼命 pīnmìng 동 죽을 힘을 다하다 │ 奔跑 bēnpǎo 동 질주하다, 뛰다 │ 撞 zhuàng 동 부딪치다 │ 地头 dìtóu 명 밭두렁 │ 树桩 shùzhuāng 명 그루터기 │ 折断 zhéduàn 동 꺾다, 부러뜨리다 │ 脖子 bózi 명 목 │ 捡 jiǎn 동 줍다 │ 庆幸 qìngxìng 동 축하할 만하다, 기뻐하다 │ 运气 yùnqi 명 운 │ 照旧 zhàojiù 동 예전대로 따르다(하다) │ 专心 zhuānxīn 명 전심전력하다, 전념하다 │ 瞄 miáo 동 노려보다, 겨누다 │ 不甘心 bù gānxīn 기분이 안 좋다, 달갑지 않다 │ 无心 wúxīn 동 아무 생각 없이 하다 │ 农具 nóngjù 명 농기구 │ 白白 báibái 부 헛되이, 공연히 │ 祈祷 qídǎo 동 기도하다, 빌다 │ 始终 shǐzhōng 부 내내, 줄곧 │ 野草 yěcǎo 명 들풀, 잡초 │ 庄稼 zhuāngjia 명 농작물 │ 淹没 yānmò 동 물에 잠기다

한 농부가 매일 밭에서 일을 하였다. 어느 날, 이 농부가 밭에서 일을 하고 있는데 갑자기 산토끼 한 마리가 풀숲에서 뛰어나왔다. 토끼는 죽을 힘을 다해 뛰다가 갑자기 농부의 밭 두렁에 있는 나뭇가지에 부딪쳐서 목이 부러져 죽었다. 농부는 하던 일을 멈추고 걸어가서 죽은 토끼를 주웠다. 그는 자신의 운이 아주 좋다며 매우 기뻐했다. 다음 날, 농부는 여느 때처럼 밭에서 일을 했지만 더 이상 예전만큼 그렇게 전념하지 않았다. 그는 잠깐 일을 하다가 풀숲을 힐끔거리기도 하고 (소리도) 들어보며, 다시 토끼 한 마리가 뛰어나와 나뭇가지에 부딪치기를 바랐다. 그러나 날이 저물어도 토끼는 나오지 않았고, 그는 실망하여 집으로 돌아갔다. 셋째 날, 농부는 논 가장자리로 왔는데 이미 일할 생각은 없어졌고, 농기구를 한쪽에 두고 자신은 나무 옆으로 가서 앉아 오로지 산토끼가 뛰어나오기만을 기다렸다. 그러나 또 헛되이 하루를 보냈다. 그 후, 농부는 매일 기도하며 다시 토끼를 줍길 바랐지만 내내 다시는 토끼를 얻지 못했다. 반면에 농부 밭의 잡초는 나날이 자랐고 그의 농작물은 모두 물에 잠겼다.

🎧 062

有一个农夫，每天|在田地里劳动。有一天，这个农夫|正在地里干活，突然|一只野兔|从草丛中|跑出来。它|拼命地奔跑，一下子|撞到农夫地头的|一个树桩子上，折断脖子|死了。农夫|放下手中的农活，走过去|捡起死兔子。他非常庆幸|自己的好运气。第二天，农夫照旧|到地里干活，可是|他再也不像以往|那么专心了。他干一会儿|就朝草丛里|瞄一瞄、听一听，希望|再有一只兔子|跑出来|撞在树桩上。可是直到天黑|也没见到|有兔子出来，他很不甘心地|回家了。第三天，农夫|来到地边，已完全|无心干活儿。他把农具|放在一边，自己|则坐在|树桩旁边，专门|等待野兔子|跑出来。可是|又白白地|等了一天。后来，农夫|每天祈祷，希望|再捡到兔子，然而|他始终没有|再得到。而农夫地里的野草|却越长越高，把他的庄稼|都淹没了。

[1－3] 朗读

1.　　茶是中国人的传统饮料，茶叶几乎是每个家庭都必备的。中国人讲究品茶，喝茶不只是解渴，而且是一种享受。中国茶的种类五花八门，常见的有绿茶、红茶、花茶、乌龙茶等。近年来流行用茶袋泡茶，方便是方便，然而这对讲究喝茶的人来说绝不是好方法。就像会喝咖啡的人不喝速溶咖啡，非得用刚磨好的咖啡来煮不可，讲究喝茶的人不但重视泡茶的方式、时间、次数，而且对茶具也十分讲究。各式各样的茶杯茶壶，除了实用以外，还有非常高的艺术价值。今天的中国，虽然不少人开始享受喝咖啡的乐趣，但在中国人的心目中，茶还是最佳饮料。古色古香的茶馆也很适合一个人品茶看书或是和三两好友喝茶聊天。

□ 준비시간 : 2분
□ 녹음시간 : 2분

2.　　跑步是一项对健康非常有益的运动。跑步不仅能保护现有脑细胞，而且还能促进其新细胞的生长，从而使人们的记忆力得到改善。但喜欢跑步的人要注意：跑步虽然健脑，但最好别独自进行。因为单独跑步者在途中往往会产生孤独感，这种孤独感对身体没有什么好处。所以人在做体育运动，特别是跑步时，最好是几个人结伴进行。单独跑步与结伴跑步对大脑的影响完全不同。单独跑步会使大脑产生不良的物质，妨碍脑细胞的生长；结伴跑步却能改善脑组织的空间结构，增强脑细胞之间的联系，从而促进产生新的脑细胞，所以跑步的时候，还是找个伴儿好。

□ 준비시간 : 2분
□ 녹음시간 : 2분

3.　　　面条儿最适合中午吃，面条儿含有丰富的碳水化合物，能提供足够的能量，而且在煮的过程中，会吸收大量的水。能让人产生较强的饱腹感。此外，面条儿能刺激人的思维活动，人的大脑和神经系统，需要一种碳水化合物占50%的实体，面条儿就是这种有利的燃料。所以中午吃一碗营养搭配合理的面条儿，是不错的选择。早上应该吃些蛋白含量较高的食品；晚上吃面，则不利于消化吸收。中午吃面，才符合中国俗语里说的"早吃好，午吃饱，晚吃少"的原则。面条儿会使人发胖吗？相对于一些高热量高脂肪的食品来说，它不是脂肪性食物，但它能给人饱腹感，所以每天摄入适量的面条儿，并不会有发胖的风险。

□ 준비시간 : 2분
□ 녹음시간 : 2분

1

모범답안 🎧063

　茶丨是中国人的丨传统饮料，茶叶丨几乎是丨每个家庭丨都必备的。中国人丨讲究品茶，喝茶丨不只是丨解渴，而且是丨一种享受。中国茶的种类丨五花八门，常见的有丨绿茶、红茶、花茶、乌龙茶等。近年来丨流行用茶袋泡茶，方便是方便，然而丨这对讲究喝茶的人来说丨绝不是好方法。就像会喝咖啡的人丨不喝速溶咖啡，非得用丨刚磨好的咖啡丨来煮不可，讲究喝茶的人丨不但重视丨泡茶的方式、时间、次数，而且丨对茶具丨也十分讲究。各式各样的丨茶杯茶壶，除了实用以外，还有非常高的丨艺术价值。今天的中国，虽然丨不少人开始享受丨喝咖啡的乐趣，但丨在中国人的心目中，茶丨还是丨最佳饮料。古色古香的茶馆丨也很适合丨一个人丨品茶看书丨或是丨和三两好友丨喝茶聊天。

단어

必备 bìbèi 동 반드시 구비하다 | **讲究** jiǎngjiu 동 중시하다, 따지다 | **品茶** pǐnchá 동 차의 맛을 즐기다, 차의 맛을 음미하다 | **不只** bùzhǐ 접 ~뿐만 아니라 | **解渴** jiěkě 동 갈증을 풀다 | **享受** xiǎngshòu 동 누리다, 즐기다 | **五花八门** wǔhuā bāmén 성 각양각색이다, 다양하다 | **乌龙茶** wūlóngchá 명 우롱차(오룡차) | **茶袋** chádài 명 티백 | **泡茶** pàochá 동 뜨거운 물을 부어 차를 우리다 | **绝不是** jué bú shì 결코 ~가 아니다 | **咖啡** kāfēi 명 커피 | **速溶** sùróng 형 빠르게 녹다(용해되다) | **速溶咖啡** sùróng kāfēi 인스턴트 커피 | **非得** fēiděi 부 반드시 ~해야 한다 | **磨** mò 동 갈다, 빻다 | **煮** zhǔ 동 삶다, 끓이다 | **重视** zhòngshì 동 중시하다, 중요시하다 | **次数** cìshù 명 횟수, 차례 | **茶具** chájù 명 다기, 다구(차를 마실 때 쓰는 도구) | **各式各样** gèshì gèyàng 성 각양각색이다 | **茶杯** chábēi 명 찻잔 | **茶壶** cháhú 명 차 주전자 | **价值** jiàzhí 명 가치 | **乐趣** lèqù 명 즐거움, 재미 | **最佳** zuìjiā 형 가장 좋다 | **古色古香** gǔsè gǔxiāng 성 고풍스러운 색채나 정조가 가득하다 | **茶馆** cháguǎn 명 다방, 찻집

해석

　차는 중국인들의 전통음료이며 차 잎은 거의 모든 가정마다 구비되어 있다. 중국인은 차를 음미하는 것을 중시하는데, 차를 마시는 것은 갈증을 해소해줄 뿐만 아니라 일종의 즐거움이다. 중국 차의 종류는 다양하며 흔히 볼 수 있는 건 녹차, 홍차, 꽃차, 우롱차 등이다. 최근에는 티백으로 차를 우리는 것이 유행인데, 편하긴 하지만 차 마시는 걸 중시하는 사람들에겐 절대 좋은 방법이 아니다. 마치 커피를 즐기는 사람이 인스턴트 커피는 안 마시고, 반드시 갓 갈아 놓은 커피를 끓여 마시는 것과 같다. 차 마시는 것을 중시하는 사람들은 차를 우리는 방식, 시간, 횟수를 중시할 뿐만 아니라 다구도 매우 중시한다. 각양각색의 찻잔과 차 주전자들은 실용적이면서도 아주 높은 예술적 가치가 있다. 오늘날 중국은 비록 많은 사람이 커피 마시는 즐거움을 누리기 시작했지만, 중국 사람들의 마음속에서 차는 여전히 가장 좋은 음료이다. 고풍스러운 색채와 정조가 가득한 찻집은 홀로 차의 맛을 음미하며 책을 읽거나 또는 친한 친구들과 삼삼오오 차를 마시며 이야기하기에도 적합하다.

2

모범답안

　　跑步 | 是一项 | 对健康非常有益的运动。跑步 | 不仅能保护 | 现有脑细胞，而且还能 | 促进其新细胞的生长，从而 | 使人们的记忆力 | 得到改善。但 | 喜欢跑步的人 | 要注意：跑步 | 虽然健脑，但 | 最好别独自进行。因为 | 单独跑步者 | 在途中 | 往往会产生孤独感，这种孤独感 | 对身体 | 没有什么好处。所以 | 人在做体育运动，特别是跑步时，最好是 | 几个人结伴进行。单独跑步与结伴跑步 | 对大脑的影响 | 完全不同，单独跑步 | 会使大脑 | 产生不良的物质，妨碍脑细胞的生长；结伴跑步 | 却能改善脑组织的空间结构，增强脑细胞之间的联系，从而促进 | 产生新的脑细胞，所以 | 跑步的时候，还是 | 找个伴儿好。

단어

跑步 pǎobù 图 달리다, 구보하다 ｜ 健康 jiànkāng 圆 건강 ｜ 有益 yǒuyì 圈 유익하다, 이롭다 ｜ 保护 bǎohù 图 보호하다 ｜ 脑细胞 nǎoxìbāo 圆 뇌세포 ｜ 促进 cùjìn 图 촉진하다 ｜ 生长 shēngzhǎng 图 성장하다, 자라다 ｜ 记忆力 jìyìlì 圆 기억력 ｜ 得到 dé dào 图 얻다, 획득하다 ｜ 改善 gǎishàn 图 개선하다 ｜ 健脑 jiàn nǎo 두뇌를 건강하게 하다 ｜ 独自 dúzì 图 홀로, 혼자서 ｜ 单独 dāndú 图 단독으로, 홀로 ｜ 途中 túzhōng 圆 도중 ｜ 孤独感 gūdúgǎn 圆 고독감, 외로움 ｜ 结伴 jiébàn 图 짝을 짓다, 동반하다 ｜ 物质 wùzhì 圆 물질 ｜ 妨碍 fáng'ài 图 방해하다 ｜ 结构 jiégòu 圆 구조, 조직 ｜ 增强 zēngqiáng 图 강화하다 ｜ 联系 liánxì 圆 연계, 연결 ｜ 找个伴儿 zhǎo ge bànr 짝을 찾다

해석

　　달리기는 건강에 매우 유익한 운동이다. 달리기는 기존의 뇌세포를 보호해줄 뿐만 아니라 또한 그 뇌세포의 성장을 촉진하여 사람들의 기억력을 개선해준다. 하지만 달리기를 좋아하는 사람이 주의해야 할 것이 있는데, 달리기는 비록 두뇌를 건강하게 해주지만 혼자서는 하지 않는 것이 가장 좋다는 것이다. 혼자 달리기를 하는 사람은 도중에 종종 외로움을 느끼는데 이런 외로움이 몸에는 전혀 좋지 않다. 그래서 스포츠 운동 특히 달리기를 할 때는, 몇 사람이 짝을 지어서 달리는 것이 가장 좋다. 혼자 달리기와 짝지어 달리기는 대뇌에 끼치는 영향이 완전히 다르다. 혼자 달리는 것은 대뇌에 나쁜 물질이 생기게 하여 뇌세포의 성장을 방해하고, 짝지어 달리는 것은 뇌조직의 공간구조를 개선하고 뇌세포간의 연계를 강화해서 새로운 뇌세포의 생성을 촉진한다. 그래서 달리기를 할 때는 짝을 찾는 것이 좋다.

 065

　　面条儿|最适合中午吃，面条儿|含有丰富的|碳水化合物，能提供|足够的能量，而且|在煮的过程中，会吸收|大量的水。因此，能让人产生|较强的饱腹感。此外，面条儿|能刺激人的思维活动，人的大脑|和神经系统，需要一种碳水化合物|占50%的实体，面条儿|就是这种|有利的燃料。所以|中午吃一碗|营养搭配合理的面条儿，是不错的选择。早上|应该吃些|蛋白含量较高的食品；晚上吃面，则不利于|消化吸收。中午吃面，才符合|中国俗语里说的"早吃好，午吃饱，晚吃少"的原则。面条儿|会使人发胖吗？相对于一些|高热量|高脂肪的食品来说，它不是|脂肪性食物，但|它能给人饱腹感，所以|每天摄入|适量的面条儿，并不会有|发胖的风险。

단어

面条儿 miàntiáor 몡 국수 | 适合 shìhé 통 적합하다, 적절하다 | 含有 hányǒu 통 함유하다 | 碳水化合物 tànshuǐ huàhéwù 몡 탄수화물 | 提供 tígōng 통 제공하다 | 足够 zúgòu 톙 충분한 | 能量 néngliàng 몡 에너지 | 煮 zhǔ 삶다 | 过程 guòchéng 몡 과정 | 吸收 xīshōu 통 흡수하다 | 饱腹感 bǎofùgǎn 포만감 | 刺激 cìjī 통 자극하다 | 思维 sīwéi 몡 사유, 생각 | 神经系统 shénjīng xìtǒng 신경계통 | 占 zhàn 통 차지하다 | 燃料 ránliào 몡 연료 | 碗 wǎn 그릇, 공기 | 营养 yíngyǎng 몡 영양 | 搭配合理 dāpèi hélǐ 골고루 갖추다 | 蛋白含量 dànbái hánliàng 단백질 함량 | 消化吸收 xiāohuà xīshōu 소화흡수 | 符合 fúhé 통 부합하다, 일치하다 | 原则 yuánzé 몡 원칙 | 发胖 fāpàng 통 살찌다 | 高脂肪 gāo zhīfáng 고지방 | 摄入 shèrù 통 섭취하다 | 适量 shìliàng 톙 적당량의, 적정의 | 风险 fēngxiǎn 몡 위험

해석

　　국수는 점심에 먹는 것이 가장 적합하다. 국수는 풍부한 탄수화물을 함유하고 있어서 충분한 에너지를 제공해주고 또한 삶는 과정에서 많은 물을 흡수한다. 그래서 사람에게 더 많은 포만감이 생기게 한다. 이 외에도, 국수는 사람의 사유 활동을 자극하는데, 사람의 대뇌와 신경계통은 탄수화물이 50%를 차지하는 실체를 필요로 하며, 국수는 바로 이것에 있어 유리한 연료이다. 그래서 점심에 영양이 골고루 갖춰진 국수를 먹는 것은 괜찮은 선택이다. 아침에는 단백질 함량이 비교적 높은 식품을 먹어야 하며 저녁에 국수를 먹는 것은 소화흡수에 이롭지 않다. 점심에 국수를 먹는 것이야말로, 중국 속담에서 말하는 '아침에는 잘 챙겨먹고, 점심에는 배부르게, 저녁에는 적게 먹는다'는 원칙에 부합한다. 국수는 사람을 살찌게 할까? 일부 고열량·고지방 식품과 비교하면 국수는 지방성 음식은 아니지만 사람에게 포만감을 준다. 그래서 매일 적당량의 국수를 섭취하면 결코 살찌는 위험이 생기지 않을 것이다.

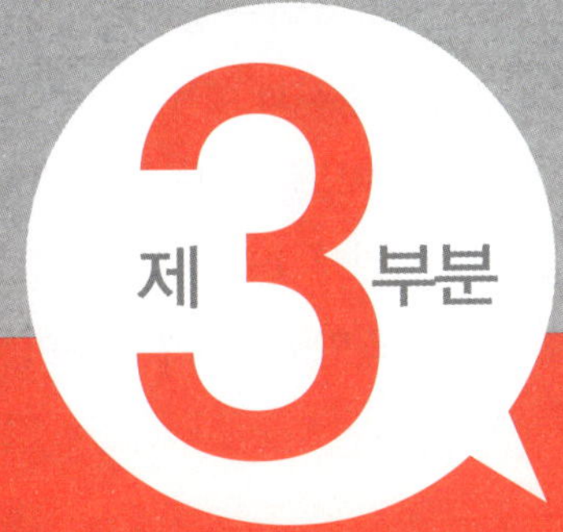

回答问题

질문에 답하기

1 回答问题
문제 유형 살펴보기

질문에 대답하기(回答问题)란, 말 그대로 '주어진 질문에 대답하는' 문제이다. 총 2문제가 주어지며, 대답은 한 문제당 2분 30초 동안 녹음해야 한다. 하지만 이 시간을 무조건 다 채워서 말할 필요는 없으며 제한된 시간 내에 마치기만 하면 되므로, 적당히 말하되 일부러 길게 말을 끌 필요는 없다. 이 부분은 주로 신변잡기적인 문제 위주로 출제되며 사회 이슈와 관련된 문제도 출제된다. 준비 시간은 제2부분(朗读)을 포함해 총 10분이 주어지므로, 제3부분(回答问题)은 1문제당 4분씩 준비하면 된다. 또한 문제에 답할 때는 항상 첫 머리에 下面我开始回答第5题(/第6题)라는 말로 시작하고, 대답이 끝나면 这个问题回答完了라고 마무리 해주는 것이 좋다.

문제 엿보기

说一件让你最难忘的事。

문제

당신이 잊을 수 없는 일에 대해 말해보세요.

모범답안 🎧 066

下面我开始回答第5/6题。

在我的脑海里，蕴藏着许许多多的事，其中有一件事让我至今难忘。

还记得那是一个冬天的早晨，我到邮局去寄信，一个年轻人东张西望，不知所措的样子引起了我的注意。我觉得他不太像韩国人，所以故意走到他身边一看，才发现原来他是中国人。

我急忙问他：“你有什么事吗？我可以帮你！”我用不太流利的汉语问他。他看到我会说汉语，好像遇见了救星似的，赶紧向我求助。原来他要往中国寄包裹，可是不知道该去哪个窗口，也不知道需要什么手续，所以一直左顾右盼等着有人来帮他。

　　虽然我的汉语水平也不太高，但是跟他沟通还没什么大问题的。我比较顺利地帮他寄了包裹，他连声向我表示感谢，还说以后如果他看到别人需要帮助的话，他也一定会像我一样主动帮助别人。他的话深深地触动了我。直到现在我还是对那件事情记忆犹新，我永远也不会忘记那一天。

　　这个问题回答完了。

나는 다음 5번/6번 문제에 대한 대답을 시작하겠다.

내 머릿속에는 수많은 일을 간직하고 있다. 그 중 한 가지 일은 지금까지도 잊기 힘들다.

어느 겨울 아침, 나는 우체국에 편지를 부치러 갔는데, 한 젊은 사람이 여기저기 두리번거리며 어찌할 바를 몰라 하는 모습이 내 시선을 끌었다. 나는 그가 한국인 같지 않아서 일부러 그의 옆으로 가서 보았는데, 그제서야 그가 중국인임을 알게 되었다.

나는 그에게 다급하게 물었다. "무슨 일 있으세요? 제가 도와드릴게요!" 나는 서툰 중국어로 그에게 물었다. 그는 내가 중국어를 할 줄 아는 것을 보고는 마치 구세주를 만난듯, 서둘러 내게 도움을 청했다. 원래 그는 중국으로 소포를 보내려고 했는데, 어느 창구로 가야 할지도 몰랐고, 어떤 수속을 밟아야 할지도 몰라서 계속 좌우를 두리번거리며 다른 사람이 자기를 도와주기만을 기다리고 있었던 것이었다.

비록 내 중국어 실력이 그리 좋지 않았지만, 그 사람과 의사 소통하는 데에는 큰 문제가 없었다. 나는 비교적 순조롭게 그가 소포 부치는 것을 도와주었고, 그는 계속해서 나에게 감사하다고 말하며, 자기도 나중에 도움을 필요로 하는 사람을 만나게 되면, 나처럼 능동적으로 다른 사람을 도와주겠다고 했다. 그의 말은 나를 깊이 감동시켰다. 지금까지도 나는 그 일에 대한 기억이 생생하고, 영원히 그 날을 잊지 못할 것이다.

이 문제에 대한 대답을 마쳤다.

단어

脑海 nǎohǎi 몡 머리, 뇌리 │ 蕴藏 yùncáng 통 간직하다 │ 至今 zhìjīn 뷔 지금까지 │ 难忘 nánwàng 혱 잊기 어렵다 │ 记得 jìde 통 기억하고 있다 │ 早晨 zǎochén 몡 (이른) 아침 │ 邮局 yóujú 몡 우체국 │ 寄信 jì xìn 통 편지를 부치다 │ 年轻人 niánqīngrén 몡 젊은이 │ 东张西望 dōngzhāng xīwàng 솅 여기저기 두리번거리다 │ 不知所措 bùzhī suǒcuò 솅 어쩔 줄을 모르다 │ 样子 yàngzi 몡 모습, 모양 │ 引起 yǐnqǐ 통 (주의를) 끌다 │ 故意 gùyì 혱 일부러, 고의로 │ 身边 shēnbiān 몡 곁, 신변 │ 急忙 jímáng 뷔 빠르게, 급히 │ 救星 jiùxīng 몡 구세주 │ 赶紧 gǎnjǐn 뷔 재빨리, 서둘러 │ 求助 qiúzhù 통 도움을 청하다 │ 包裹 bāoguǒ 몡 소포 │ 左顾右盼 zuǒgù yòupàn 솅 두리번거리다, 힐끔 쳐다보다

2 回答问题
문제 공략법

(1) 공식에 맞춰 대답하자.

기본적으로 '서론—본론—결론'의 구조로 답하는 것이 좋다. 질문의 유형에 따라 서론과 결론의 공식은 거의 고정되어 있는데, 본 교재의 '주제별 문제 공략법' 부분에 서론 및 결론의 공식이 잘 정리되어 있으니 확실히 암기해서 활용하면 된다. 본론은 주제에 따라 본인이 말하고 싶은 내용을 두, 세 가지 내용으로 나누고 각 내용당 두 문장씩 정도만 만들어서 말하면 된다.

(2) 두 가지 이상의 상황을 나열하거나 대구법 형식을 사용하는 것이 좋다.

알찬 내용을 만들려면 종류별로 또는 여러 가지 상황에 따라 나눠서 말하는 것이 좋다. 예를 들면 스트레스를 푸는 방법에 대해 말해보라는 문제의 경우, 서론에서는 사람에 따라 스트레스를 푸는 방법이 다 다르다는 여러 상황을 간단하게 언급한 후, 본론에서는 스트레스를 푸는 자신만의 방법을 여러 가지로 나눠서 소개하면 조리 있어 보이면서도 알찬 내용을 만들 수 있다. 또한 두 개 이상의 비슷한 문장을 가지고 말하는 대구법을 이용하는 것도 좋은 방법이다.

> **예** **春天可以去踏青；夏天可以去海边；秋天可以去爬山；冬天可以去滑雪。**
> 봄에는 봄놀이를 갈 수 있고, 여름에는 해변에 갈 수 있고, 가을에는 등산하러 갈 수 있고, 겨울에는 스키를 타러 갈 수 있다.

(3) 본 교재에 나온 좋은 표현을 많이 암기해 두자.

新HSK 회화시험의 목적은 수험생의 생각을 물어보는 것 외에도, 수험생이 중국어로 얼마만큼 자신의 생각을 잘 표현해내는지에 대한 테스트를 하는 것이다. 따라서 자신의 생각을 두서없이 말하면 안 되고, 가능한 한 쉽고 유창하게 표현해야 한다. 또한 자신의 생각을 너무 억지로 짜내거나 일부러 어렵게 표현하려 하지 않아야 한다. 본 교재에 나온 좋은 표현들을 잘 응용한다면 고득점은 문제없다.

(4) 무조건 많이 말해야 한다는 편견은 버리자.

제3부분에서는 한 문제당 대략 2분 30초가 주어진다. 조리 있고 정확한 성조와 발음으로 틀린 문장 없이 유창하게 말하는 것이 가장 중요하며, 무조건 2분 30초를 다 채워야 한다는 부담감은 버리고, 대략 2분 이상 말하면 된다. 일부러 길게 말하여 지루한 느낌을 주지 않도록 하고, 자신감을 갖고 최대한 자연스럽게 답하도록 하자.

3 回答问题
주제별 문제 공략법

제3부분은 두 문제를 주고 각 문제에 대한 자신의 견해를 밝히는 형태로 출제된다. 그러므로 우선 문제를 정확하게 이해하고, 어떤 식으로 답을 전개해나갈지에 대한 전체적인 개요를 미리 짜보는 것이 좋다. 준비 시간에 자신의 생각이나 견해를 병음이나 한국어 등 스스로 편한 방법을 이용하여 미리 메모해 놓는 것도 하나의 좋은 방법이 될 수 있다. 자신의 견해를 밝히는 문제이므로 자신의 논점을 확실히 나누어 말하는 것이 좋으며, 단조로운 어조보다는 자신있고 분명한 어조로 말하는 것이 좋다.

(1) 일상생활 (日常生活)

① 문제 유형

일상생활 문제에는 주로 우리 생활에서 흔히 접할 수 있는 문제가 많이 출제된다. 그러므로 평소 아무리 사소한 에피소드라도 시간이나 사건 등 전반적인 상황을 잘 기억해두었다가, 시험에서 비슷한 유형의 문제가 나오면 자신의 경험을 소재로 하여 간략히 언급해보는 것도 좋은 방법이 될 수 있다.

② 서술방법 및 주의사항

- 일상생활에 관련된 모든 것이 소재이다. 예제에도 제시한 것처럼, 친구나 가족 등에 대한 이야기도 시험 문제로 출제될 가능성이 높으므로 평소 가족이나 친구의 특징에 대해 잘 생각해두었다가, 누군가에게 소개하듯 혼자 말해보는 연습을 해보는 것도 좋다. 또한 자신의 주위에서 일어나는 여러 가지 사건을 기억해두었다가 하나의 단문으로 정리해보는 습관을 갖다보면 자연스럽게 시험을 대비할 수 있다.
- 이 주제에 대한 견해는 사람에 따라 다르기 때문에 자신의 의견이 무조건 옳다고 주장하며 상대방을 설득하려는 듯 말하지 말고, 평범한 어투로 말하는 것이 좋다.
- 지나치게 자극적이거나 듣기 거북한 이야기보다는 편하게 말할 수 있는 소재를 선택하도록

한다.

- 중국어 시험인만큼 중국으로 여행이나 유학을 갔을 때 겪었던 에피소드를 이야기하는 것도 좋도, 한국문화와 중국문화를 비교하는 이야기 방식도 좋다. 즉, 채점관이 공감할 수 있는 이야기가 가장 좋다.

你喜欢交什么样的朋友? 交朋友时应该注意哪些问题? (2.5分钟)

문제

당신은 어떤 친구와 사귀는 것을 좋아하나요? 친구를 사귈 때 어떤 점들을 주의해야 할까요?

개요짜기

어떤 유형의 친구를 좋아하는지, 친구를 사귈 때 어떤 점에 주의해야 하는지를 묻는 문제이다. 그러므로 자신의 경험에 비추어 어떤 유형의 친구를 좋아한다는 식으로 이야기를 시작하고, 본론에서는 친구를 사귈 때 주의해야 할 점이라고 생각하는 부분을 대략 2~3가지 정도의 이유를 들어 나열하는 식으로 말하면 된다.

▶ 녹음 첫 부분에는 꼭 下面我开始回答第5/6题라고 말하고, 마지막에는 "以上我简单地说了说………，这个问题回答完了。"라고 말하며 끝내는 습관을 기른다.

▶ 어떤 문제에 대한 내용을 열거할 때는 第一，第二，第三 대신에 首先，其次，再次를 쓰는 것이 좋다. 세 번째에 대한 사항을 이야기할 때는 再次 대신에 另外，此外 또는 除此以外 등을 쓸 수 있다.

예

下面我开始回答第5/6题。

你喜欢和什么样的人交朋友呢? 这个问题因人而异。有人喜欢……，有人喜欢……，当然也有人喜欢……。对我来说，……。

交朋友的时候我们应该注意哪些问题呢? 这个问题也是仁者见仁，智者见智的。我认为交朋友的时候，首先要……其次要……再次要……，交朋友要……。

以上我简单地说了说我喜欢的朋友和交朋友时应该注意的问题，这个问题回答完了。

관련 단어

知己 zhījǐ 몡 지기, 절친한 친구

坦诚 tǎnchéng 혱 솔직하고 성실하다

谈得来 tándelái 동 말이 서로 통하다, 마음을 털어놓다

尊重 zūnzhòng 동 존경하다, 존중하다

忘年交 wàngniánjiāo 망년지교(나이, 항렬 등과 관계없이 맺어진 친구)

真诚 zhēnchéng 혱 진실하다, 참되다

合得来 hédelái 동 마음이 맞다, 성격이 맞다

共同语言 gòngtóng yǔyán 공통언어, 공통된 생각

관련 성어

仁者见仁，智者见智 rénzhě jiànrén, zhìzhě jiànzhì 사람에 따라 다르다

예 对于这个问题的看法每个人都仁者见仁，智者见智。 이 문제에 대한 견해는 보는 사람에 따라 다르다.

坦诚相见 tǎnchéng xiāngjiàn 서로 솔직하게 대하다

예 彼此不能坦诚相见的话，关系是不能长久的。 서로가 솔직하게 대하지 못하면, 그 관계는 오래 갈 수 없다.

真心真意 zhēnxīn zhēnyì 진심으로

예 我们交朋友时，要真心真意地对待。 우리는 친구를 사귈 때 진심으로 상대방을 대해야 한다.

青梅竹马 qīngméi zhúmǎ 죽마고우(어렸을 적부터 의좋게 지낸 사이)

예 我们是青梅竹马的好朋友。 우리는 죽마고우 같은 좋은 친구이다.

无话不谈 wúhuà bùtán 하지 못 할 말이 없다, 무슨 말이든 다하다

예 我们是无话不说的好朋友。 우리는 못 할 말이 없을 만큼 친한 친구야.

形影不离 xíngyǐng bùlí 형체와 그림자처럼 떼어놓을 수 없다, 항상 함께하다

예 张三和李四每天形影不离。 장싼과 리쓰는 매일 붙어 다닌다.

古往今来 gǔwǎng jīnlái 고대에서 현재까지, 옛날부터 지금까지

예 古往今来我们是好朋友了。 옛날부터 지금까지 우리는 좋은 친구이다.

因人而异 yīnrén éryì 사람에 따라 다르다

예 人们交朋友时，注意哪些问题是因人而异。 사람들이 친구를 사귈 때, 어떤 점들에 주의하는지는 사람에 따라 다르다.

관련 속담

有福同享，有难同当 yǒufú tóngxiǎng, yǒunàn tóngdāng 복이 있으면 같이 누리고, 어려움이 있으면 같이 이겨나간다

近朱者赤，近墨者黑 jìn zhūzhě chì, jìn mòzhě hēi 인주와 가까이 있으면 붉어지고, 먹물과 가까이 있으면 검어진다

在家靠父母，出门靠朋友 zài jiā kào fùmǔ, chūmén kào péngyou
집에서는 부모에게 의지하고, 외출하면 친구에게 의지한다

多一个朋友多一条路 duō yí ge péngyou duō yì tiáo lù 친구 한 명이 많아지면 길도 하나 더 생긴다

物以类聚，人以群分 wù yǐ lèi jù, rén yǐ qún fēn 물건은 종류로 분류되고, 사람은 무리로 분류된다. 유유상종

1 문제를 보고 자신이 말하고 싶은 내용을 4분 내로 중국어나 한국어로 써 보세요.

2 이제 녹음을 시작합니다. 시간은 2분 30초가 주어집니다.

3 녹음을 듣고 스스로를 평가해본 후, 자신의 문제점을 짚어보세요.

모범답안 🎧067

　下面我开始回答第5/6题。

　你喜欢和什么样的人交朋友呢？这个问题因人而异。有人喜欢和性格活泼开朗的人交朋友，有人喜欢和知识丰富的人交朋友，当然也有人喜欢和有钱人交朋友。对我来说，朋友应该能和我"有福同享，有难同当"，应该能和我坦诚相见。在我失落的时候，他会陪在我的身边倾听我诉苦；在我快乐的时候，他会真心真意地分享我的快乐；在我遇到困难时，他会毫不犹豫地向我伸出援助之手；在我需要他时，不管多远，只要我一个电话，就会在第一时间赶来。

　交朋友的时候我们应该注意哪些问题呢？这个问题也是仁者见仁，智者见智的。我认为交朋友的时候，首先要互相尊重，其次就是要和有上进心、生活态度乐观向上的人交朋友，俗话说"近朱者赤，近墨者黑"嘛！再次，交朋友要多站在对方的角度看问题，不能斤斤计较。

　以上我简单地说了说我喜欢的朋友和交朋友时应该注意的问题，这个问题回答完了。

나는 다음 5번/6번 문제에 대한 대답을 시작하겠다.

당신은 어떤 사람과 친구로 사귀고 싶은가? 이 문제는 사람마다 다르다. 어떤 사람은 성격이 활발하고 밝은 사람과 사귀길 원하고, 어떤 사람은 지식이 풍부한 사람과 사귀길 원한다. 물론 돈이 많은 사람과 사귀길 원하는 사람도 있을 것이다. 내 경우에, 친구는 마땅히 '복이 있으면 같이 누리고, 어려운 일이 있으면 같이 이겨낼 수 있어야 하며, 나에게 솔직하고 진실하게 대할 수 있어야 한다. 내가 낙담했을 때는 내 곁에서 내 하소연을 들어주고, 내가 즐거울 때는 그 즐거움을 진심으로 나와 함께 누려야하며, 내게 어려운 일이 생기면 망설임 없이 도움의 손길을 내밀어주고, 내가 그를 필요로 할 때는 얼마나 멀리 있든지 전화 한 통이면 바로 달려와 줄 수 있는 사람이어야 한다.

친구를 사귈 때 우리는 어떤 점들을 주의해야 하는가? 이 질문도 사람에 따라 다르다. 나는 친구를 사귈 때는 우선 서로 존중해야 한다고 생각한다. 그 다음으로 진취적이고 생활태도가 낙관적인 사람과 교제해야 한다. '인주(印朱)와 가까이 있으면 붉어지고, 먹물과 가까이 있으면 검어진다'는 속담도 있다! 그리고 친구 사귈 때는 상대방의 입장에서 생각해야 하고, 너무 이것저것 따지면 안 된다.

이상으로 나는 내가 좋아하는 친구와 친구를 사귈 때 주의해야 할 문제에 대해 간단히 답하였고, 이 문제에 대한 대답을 마쳤다.

단어

活泼 huópo 형 활발하다 | **开朗 kāilǎng** 형 명랑하다, 밝다 | **失落 shīluò** 동 낙담하다, 풀이 죽다 | **倾听 qīngtīng** 동 귀 기울여 듣다, 경청하다 | **诉苦 sùkǔ** 동 하소연하다 | **分享 fēnxiǎng** 동 함께 누리다 | **毫不 háo bù** 부 조금도 ~하지 않다 | **犹豫 yóuyù** 동 주저하다, 망설이다 | **伸出 shēn chū** 내밀다 | **援助 yuánzhù** 동 도와주다, 원조하다 | **乐观 lèguān** 형 낙관적이다 | **斤斤计较 jīnjīn jìjiào** 성 (중요하지도 않은 일을) 시시콜콜 따지다

잠깐! 표현 UP 중작 연습

· **就算/即使······也······, 何况是······ (呢)?** 설령 ~할지라도 ~한데, 하물며 ~는?

01 아무리 독립적인 사람이라도 친구가 필요한데, 하물며 일반 사람들이야!

→ ______________________________

02 설령 모르는 사람일지라도 도움을 줄 수 있는데, 하물며 친구들이야!

→ ______________________________

· **从······的角度······** ~의 입장(각도)에서 ~하다

03 친구를 사귈 때는 상대방의 입장에서 출발하여 문제를 봐야 한다.

→ ______________________________

04 우리는 서로 다른 입장에서 문제를 보는 법을 배워야 한다.

→ ______________________________

☞ 정답은 173페이지에서 확인하세요.

你喜欢什么样的礼物？谈谈你的理由。(2.5分钟)

당신은 어떤 선물을 좋아하나요? 그 이유도 말해보세요.

개요짜기

어떤 선물을 좋아하는지 또 그 이유는 무엇인지에 대해 말하는 문제이다. 우선 자신이 좋아하는 선물을 구체적으로 제시하고 좋아하는 이유를 하나 둘씩 나열해 나가는 것이 좋다. 사람마다 선물을 좋아하는 이유는 다양하므로 본론에 들어갈 내용도 비교적 다양하게 제시할 수 있다. 또한 이런 유형의 문제에 대한 답은 개인에 따라 다르므로 딱 떨어진 결론을 내리기 힘들다. 그러므로 본론에 들어갈 내용을 충실하게 채우는 것이 좋다.

▶ 어떤 화제에 대해 언급할 때는, '提起……, 说起……'라고 말하는 것이 좋다

▶ 이유를 말하기 전에, 먼저 理由如下라고 말한 다음, 그 이유를 제시하면 된다.

예 下面我开始回答第5/6题。

提起礼物，我们并不陌生。每个人喜欢的礼物都不同，有的人喜欢……，有的人喜欢……，有的人喜欢……。其实对我来说，只要是礼物，我都喜欢，不过非要我说的话，我还是喜欢……，理由如下：

首先，……。

其次，……。

再次，……。

以上我简单地说了说我喜欢的礼物，这个问题回答完了。

관련 단어

祝贺 zhùhè 图 축하하다	鲜花 xiānhuā 图 생화
贵贱 guìjiàn 图 가격(값)의 비싸고 저렴함	心意 xīnyì 图 (사람에 대한) 성의, 마음
收到 shōudào 图 받다, 얻다	特别 tèbié 图 특별하다, 다르다 图 매우, 특히
真情 zhēnqíng 图 진실한 마음	象征 xiàngzhēng 图 상징하다
永恒 yǒnghéng 图 영원히 변지지 않다, 영원하다	实惠 shíhuì 图 실속이 있다
化妆品 huàzhuāngpǐn 图 화장품	商品券 shāngpǐnquàn 图 상품권
保健品 bǎojiànpǐn 图 건강식품	实惠 shíhuì 图 실속이 있다
浪漫 làngmàn 图 낭만적이다	收藏价值 shōucáng jiàzhí 소장가치
纪念意义 jìniàn yìyì 기념적 의의	打发 dǎfa 图 시간을 보내다(허비하다)
长期 chángqī 图 장기간, 오래	保存 bǎocún 图 보존하다

스스로 써보기

1 문제를 보고 자신이 말하고 싶은 내용을 4분 내로 중국어나 한국어로 써 보세요.

2 이제 녹음을 시작합니다. 시간은 2분 30초가 주어집니다.

3 녹음을 듣고 스스로를 평가해본 후, 자신의 문제점을 짚어보세요.

모범답안

下面我开始回答第5/6题。

提起礼物，我们并不陌生。生日、纪念日、逢年过节等等，我们都会互送礼物表示祝贺，分享喜悦。每个人喜欢的礼物都不同，有的人喜欢鲜花，有的人喜欢宝石，有的人喜欢钱。其实对我来说，只要是礼物，我都喜欢，我认为礼物不在于贵贱，关键在于心意，不是说"礼轻情义重"嘛！不过非要我说的话，我还是喜欢书，理由如下：

首先，和别的礼物相比，书的价格一般不太贵，收到这样的礼物时，既有特别的意义，又不会给送礼的人带来太大的经济负担。

其次，书是我们的良师益友。看书可以陶冶我们的情操，让我们修身养性，充实我们的精神世界。

再次，礼物中包含着朋友对我们的真情，当然是可以保存得越久越好。如果收到一本让人百看不厌的书，每次翻开书，都可以让我们想起我们的朋友，还有比这更好的礼物吗？

以上我简单地说了说我喜欢的礼物，这个问题回答完了。

나는 다음 5번/6번 문제에 대한 대답을 시작하겠다.

선물하면, 우리는 결코 낯설지 않다. 생일, 기념일, 설 명절을 보낼 때, 우리는 서로 선물을 보내 축하를 나타내고 기쁨을 함께 나누곤 한다. 사람들이 좋아하는 선물은 모두 다른데, 어떤 사람은 꽃을 좋아하고, 어떤 사람은 보석을 좋아하며 또 어떤 사람은 돈을 좋아한다. 사실 나는 선물이라면 다 좋아한다. 나는 선물은 비싸고 싸고는 중요하지 않으며, 중요한 것은 마음에 있다고 생각한다. '선물은 작지만 마음이 중요하다'라는 말이 있지 않은가! 하지만 굳이 말해야 한다면, 나는 그래도 책을 좋아하는데 그 이유는 다음과 같다.

우선, 다른 선물과 비교했을 때, 책 가격은 일반적으로 별로 비싸지 않고, 이러한 선물을 받았을 때는 특별한 의미가 있을 뿐만 아니라 선물하는 사람이 갖게 되는 경제적인 부담도 그리 크지 않다.

다음으로, 책은 우리의 좋은 스승이자 유익한 친구이다. 책을 읽는 것은 우리의 마음을 갈고 닦게 해주고 심신을 수양하고 교양을 쌓게 해주어 우리의 정신 세계를 풍부하게 해준다.

그다음으로, 선물은 친구의 우리에 대한 진실한 마음을 담고 있으므로 딩연히 오래 보관할수록 좋다. 만약 아무리 봐도 질리지 않는 책을 빌났다면, 매번 책을 펼칠 때마다 우리의 친구를 다시금 떠올릴 수 있으니, 이보다 더 좋은 선물이 또 어디 있겠는가?

이상으로 나는 내가 좋아하는 선물에 대해 간단히 말하였고, 이 문제에 대한 대답을 마쳤다.

단어

陌生 mòshēng 휑 생소하다, 낯설다 ┃ 逢年过节 féngnián guòjié 휑 설이나 명절을 맞다 ┃ 分享 fēnxiǎng 동 함께 누리다 ┃ 喜悦 xǐyuè 휑 즐겁고 상쾌하다 ┃ 关键 guānjiàn 명 관건, 포인트 ┃ 陶冶 táoyě 동 (인격을) 수양하다, 갈고 닦다 ┃ 情操 qíngcāo 명 정조, 정서 ┃ 充实 chōngshí 휑 풍부하다, 넘치다 ┃ 包含 bāohán 동 포함하다, 내포하다

- **关键在于……** 핵심은 ~에 있다, ~이 중요하다

  01 선물이 비싸고 싸고는 중요하지 않으며, 진심이 중요하다.

  → ____

  02 선물은 마음이 중요하다.

  → ____

- **和……相比，我更喜欢……** ~에 비해, 나는 ~을 더 좋아한다

  03 다른 선물에 비해, 나는 화장품을 더 좋아한다.

  → ____

  04 돈 주고 사는 선물에 비해, 나는 손으로 직접 만든 작은 선물을 더 좋아한다.

  → ____

- **还有什么比……更……的(呢)?** ~보다 더 ~한 것이 뭐가 있겠는가?

  05 진심보다 더 소중한 것이 뭐가 있겠는가?

  → ____

  06 이 세상에서 이보다 더 좋은 선물이 뭐가 있겠는가?

  → ____

☞ 정답은 173페이지에서 확인하세요.

介绍一下你的家庭。(2.5分钟)

문제

당신의 가정을 소개해 보세요.

개요짜기

자신의 가정을 소개하는 문제로, 서론에서는 자신의 가정의 전체적인 모습이나 분위기 등을 간결하게 언급하는 것이 좋다. 이런 주제의 문제가 나오면 수험생들은 일반적으로 자신의 부모님이나 형제, 자매에 대해 소개하는데, 이 때 가족 한 사람 한 사람에 대한 내용을 비교적 충실히 서술해나가는 것이 성의있는 대답으로 비춰질 수 있다. 가정에 대한 자신의 감정을 충분히 담아 이야기하는 것도 좋으며, 부정적이거나 나쁜 이야기보다는 긍정적이거나 좋은 이야기, 화목한 분위기로 이야기의 방향을 이끌어나가는 것도 높은 점수를 받을 수 있는 방법 중 하나가 될 수 있다.

▶ 보통 감정을 표현할 때는 '感到……'라고 하는 것이 좋다. 예를 들면 我很幸运보다는 我感到很幸运이라고 하는 것이 더 좋다. 왜냐하면 感到는 서면어 혹은 발표하는 느낌을 더해주기 때문이다.

例 下面我开始回答第5/6题。

我的家庭是……的家庭，我的父母是……的父母，我们一家三口的感情非常和睦，互相关心，我在这样的家庭环境下长大，我感到很幸运。

我的爸爸……。

我的妈妈……。

我……。

以上我简单地介绍了我的家庭情况，这个问题回答完了。

관련 단어

大富大贵 dàfù dàguì 매우 부유하다	平凡 píngfán 형 평범하다, 보통이다
和睦 hémù 형 화목하다	支持 zhīchí 동 지지하다, 응원하다
幸运 xìngyùn 명 행운	负责 fùzé 동 책임지다
保守 bǎoshǒu 형 보수적이다	代沟 dàigōu 명 세대 차
开放 kāifàng 동 개방적이다	会计师 kuàijìshī 명 회계사
典型 diǎnxíng 형 전형적인	榜样 bǎngyàng 명 본보기, 모범
照顾 zhàogù 동 보살피다, 돌보다	抱怨 bàoyuàn 동 불평하다, 투덜거리다
提醒 tíxǐng 동 일깨우다, 깨우치다	勤奋 qínfèn 형 근면하다, 매우 부지런하다
从事 cóngshì 동 ~에 종사하다	富有 fùyǒu 동 충분히 가지다 형 부유하다
贫穷 pínqióng 형 가난하다, 빈곤하다	普通 pǔtōng 형 보통이다, 일반적이다
平凡 píngfán 형 평범하다, 보통이다	公务员 gōngwùyuán 명 공무원
教授 jiàoshòu 명 교수	教师 jiàoshī 명 교사
企业家 qǐyèjiā 명 기업가	工程师 gōngchéngshī 명 엔지니어, 기술자
医生 yīshēng 명 의사	律师 lǜshī 명 변호사
工人 gōngrén 명 노동자	农民 nóngmín 명 농민
上班族 shàngbānzú 명 직장인, 샐러리맨	家庭主妇 jiātíng zhǔfù 명 가정주부
外向 wàixiàng 형 (성격이) 외향적이다	内向 nèixiàng 형 (성격이) 내성적이다
开朗 kāilǎng 형 (성격이) 명랑하다, 활달하다	活泼 huópō 형 (성격이) 활발하다
大方 dàfang 형 (언행이) 시원시원하다, 대범하다	善良 shànliáng 형 선량하다, 착하다
勤劳 qínláo 형 부지런히 일하다, 근면하다	能力 nénglì 명 능력

贤妻良母 xiánqī liángmǔ 현모양처
예 我的妈妈是典型的贤妻良母。 우리 엄마는 전형적인 현모양처이다.

以身作则 yǐshēn zuòzé (어떤 일에) 앞장서서 모범을 보이다, 솔선수범하다
예 父母教育孩子的时候应该以身作则。 부모가 아이를 교육할 때는 솔선수범해야 한다.

无微不至 wúwēi búzhì 사소한데까지 신경을 쓰다, 아무리 작은 것이라도 미치지 않은 것이 없다
예 妈妈总是无微不至地照顾我。 엄마는 나를 늘 세심하게 보살펴준다.

品学兼优 pǐnxué jiānyōu 품행과 학문이 모두 뛰어나다
예 我的哥哥是一个品学兼优的学生。 내 오빠는 품행과 학문이 모두 뛰어난 학생이다.

温柔体贴 wēnróu tǐtiē 온화하며 자상하다
예 我的女朋友总是对我温柔体贴。 내 여자친구는 늘 나에게 온화하며 자상하다.

善解人意 shànjiě rényì 이해심이 많다
예 我的妈妈非常善解人意。 우리 엄마는 이해심이 매우 많다.

家和万事兴 jiā hé wànshì xīng 집안이 화목하면 만사가 흥성한다, 가화만사성

1 문제를 보고 자신이 말하고 싶은 내용을 4분 내로 중국어나 한국어로 써 보세요.

2 이제 녹음을 시작합니다. 시간은 2분 30초가 주어집니다.

3 녹음을 듣고 스스로를 평가해본 후, 자신의 문제점을 짚어보세요.

모범답안

下面我开始回答第5/6题。

我的家庭不是什么大富大贵的家庭，我的父母是非常平凡的父母，但是我们一家三口的感情非常和睦、互相关心、互相理解、互相支持，我在这样的家庭环境下长大，我感到很幸运。

我的爸爸在一家汽车公司工作，负责日本方面的业务工作。我的爸爸年轻的时候非常努力学习，所以获得了政府奖学金，去日本留过学，因此他不像一般的中国父母那么保守，比较理解我，和我没有什么代沟。受到爸爸的影响，我从小就对外国文化比较感兴趣，思想也比较开放。

我的妈妈是会计师，她是典型的贤妻良母，她在我的面前总是以身作则。她从来不要求我做这做那，而是用实际行动给我做榜样。她每天工作很辛苦，回到家还是无微不至地照顾我和爸爸，从来不抱怨。受到妈妈的影响，我也总是提醒自己要做一个勤奋的人。

我现在是中文系的大学生，我希望将来从事和中国有关的工作，成为连接中国和韩国的桥梁。

以上我简单地介绍了我的家庭情况，这个问题回答完了。

나는 다음 5번/6번 문제에 대한 대답을 시작하겠다.

우리 집은 무슨 큰 부잣집도 아니고, 부모님은 매우 평범하시다. 그러나 우리 세 식구는 아주 화목하며 서로 관심을 가지고, 서로 이해하며, 서로 지지해준다. 나는 이러한 가정환경 아래서 자랐고 큰 행운이라고 생각한다.

내 아버지는 자동차 회사에서 일하시고, 일본과 관련된 업무를 맡고 계신다. 아버지는 젊었을 때 매우 열심히 공부하셔서, 정부에서 장학금을 받아 일본으로 유학을 간 경험이 있으시다. 그래서 평범한 중국인 부모처럼 그렇게 보수적이지 않고 비교적 나를 많이 이해해주시며, 나와 그 어떤 세대 차도 없다. 아버지의 영향을 받아 나는 어려서 외국문화에 관심이 많았고, 생각도 비교적 개방적이다.

내 어머니는 회계사이다. 어머니는 전형적인 현모양처로 내 앞에서 늘 솔선수범하신다. 어머니는 단 한 번도 내게 이거 해라 저거 해라 시키지 않으셨고, 실제적인 행동으로서 내게 모범이 되신다. 매일 힘들게 일하시지만 집에 돌아오시면 세심하게 나와 아버지를 보살펴주시고 불평도 전혀 안 하신다. 어머니의 영향을 받아 나도 부지런한 사람이 되어야 겠다고 늘 나 자신을 일깨운다.

나는 지금 중문과 대학생이고, 앞으로 중국과 관련된 일을 하면서 중국과 한국을 연결하는 매개체 역할을 하고 싶다.

이상으로 나의 가족상황을 간단히 소개하였고, 이 문제에 대한 대답을 마쳤다.

단어

理解 lǐjiě 통 알다, 이해하다 ｜ **业务** yèwù 명 업무 ｜ **获得** huòdé 통 획득하다, 얻다 ｜ **奖学金** jiǎngxuéjīn 명 장학금 ｜ **辛苦** xīnkǔ 형 수고하다, 고생스럽다 ｜ **提醒** tíxǐng 통 일깨우다, 깨우치다 ｜ **连接** liánjiē 통 이어지게 하다, 잇닿게 하다 ｜ **桥梁** qiáoliáng 명 다리, 매개체

• **负责……方面的工作** ~와 관련된 업무를 책임지다

01 난 판매와 관련된 업무를 책임지고 있다.

→ ______________________________

02 내 언니는 홍보와 관련된 업무를 책임지고 있다.

→ ______________________________

• **不像…… 那么……** ~처럼 그렇게 ~하지 않다

03 난 언니처럼 그렇게 명랑하지 않다.

→ ______________________________

04 동생은 언니처럼 그렇게 똑똑하지 않다.

→ ______________________________

• **从小就……** 어려서부터 ~하다

05 난 어릴 때부터 중국어에 관심이 많았다.

→ ______________________________

06 엄마는 어릴 때부터 남을 돕기를 좋아했다.

→ ______________________________

☞ 정답은 173페이지에서 확인하세요.

(2) 자녀교육 (子女教育)

① 문제 유형

자녀교육 문제는 주로 교육방식에 대한 어떤 주제에 대해 자신의 견해를 밝히도록 하는 문제가 대부분이다. 그러므로 평소 교육방식에 대해 논리적으로 생각해보는 습관을 기르고, 조리 있게 답하는 것이 중요하다. 최소 2~3가지의 이유를 들어 말해야 문제에 대한 충분한 답변을 할 수 있는데, 짧은 시간 안에 2~3가지의 이유를 열거하며 말하는 것은 다소 어려울 수 있으므로 자신 또는 주변 사람들의 실제 상황을 예로 들어 말하는 것도 좋은 방법이 될 수 있다.

② 서술방법 및 주의사항

- 자녀교육과 관련된 소재로는 주로 조기 유학, 훈육 방식 등이 있으며 평소 이에 대한 자신의 의견을 정리해보는 것이 좋다.
- 문제에 대한 찬성이나 반대의 의견을 제시할 때는, 확실한 어조로 자신감 있게 자신의 의견을 어필하는 것이 좋다.
- 자녀교육 문제는 아이의 특징이나 집안 환경에 따라 다를 수 있기 때문에 무조건 딱 잘라서 찬성 혹은 반대의 의견을 주장하기 힘들다. 그러므로 구체적으로 몇 가지 상황을 제시하고 나서 자신의 견해를 밝히는 것이 좋다.

谈谈你对早期留学的看法。(2.5分钟)

조기유학에 대한 당신의 견해를 말해보세요.

조기 유학에 대한 자신의 견해를 말하는 문제로, 감정적으로 말하기 보다는 이성적으로 이야기를 해나가는 것이 좋다. 또한 이처럼 찬성이나 반대 등 양면성을 가진 주제의 문제가 나오면 논리적인 어투로 말하는 것이 좋으며, 이와 관련된 어휘를 적절히 사용하면 보다 유창해보이는 답변이 될 수 있다. 마지막으로 결론에서 자신의 의견을 한 번 더 피력해준다면 자신의 입장을 보다 더 확실히 나타낼 수 있다.

▶ 양면성이 있는 문제의 경우, 서론에서 사람들의 관점이 각각 다르다는 말을 넣어주면 좋은데, 예를 들면 아래와 같은 말들이 있다.

仁者见仁，智者见智，……。

众说纷纭，……。

因人而异，……。

서론의 마지막 부분에서는, 다음 표현을 이용하여 자신의 관점을 밝힌다.

▶ 긍정적으로 생각하는 경우에는 다음 표현을 이용해 보자.

我同意……。

我支持……。

我对……持支持的态度。

▶ 부정적으로 생각하는 경우에는 다음 표현을 이용해 보자.

我不同意……。

我反对……。

我对……持否定的态度。

예

찬성하는 경우,

下面我开始回答5/6题。

对于早期出国留学的看法众说纷纭，就我个人而言，我对早期留学持支持的态度。

首先，……。

其次，……。

另外（此外/除此以外/再次），……。

总之，我认为早期留学的好处非常多，它的利远远大于它的弊。因此，我支持早期留学。

这个问题回答完了。

반대하는 경우,

下面我开始回答5/6题。

对于早期出国留学的看法众说纷纭，就我个人而言，我对早期留学持否定的态度。

首先，……。

其次，……。

另外（此外/除此以外/再次），……。

总之，我认为早期留学弊大于利，我坚决反对早期留学。

这个问题回答完了。

관련 단어

融入 róngrù 图 녹아 들다

陪读 péidú 图 함께 공부하다

培养 péiyǎng 图 양성하다, 키우다

经不起 jīngbuqǐ 图 견딜 수 없다

自卑 zìbēi 图 열등감을 갖다

陌生 mòshēng 图 낯설다

走弯路 zǒu wānlù (길을) 돌아서 가다, 시행착오를 겪다

适应 shìyìng 图 적응하다

开阔 kāikuò 图 (시야를) 넓히다, 트이다

主见 zhǔjiàn 图 주관적 견해

语言关 yǔyán guān 언어의 장벽(난관)

趋于 qū yú 图 ～로 향하다, ～로 기울어지다

圈子 quānzi 图 테두리

尽早 jǐnzǎo 图 되도록 일찍, 조속히

自立 zìlì 图 자립하다

经历 jīnglì 图 경험

孤立 gūlì 图 고립하다, 따로 떨어지다

分辨能力 fēnbiàn nénglì 분별 능력

低龄化 dīlínghuà 图 저령화

环境 huánjìng 图 환경

视野 shìyě 图 시야

母语 mǔyǔ 图 모국어

全球一体化 quánqiú yìtǐhuà 글로벌화 되다

开拓 kāituò 图 개척하다, 확장하다

관련 성어

众说纷纭 zhòngshuō fēnyún 여러 사람의 의견이 분분하다

예 关于早期留学的看法，还是众说纷纭。조기 유학에 대한 견해는 아직도 여러 사람의 의견이 분분하다.

一举两得 yìjǔ liǎngdé 한 가지 일로 두 가지 이익을 얻다

예 不但可以学外语，还可以了解外国文化，真是一举两得！

　　외국어도 배우고 또 외국문화도 알 수 있으니, 정말 일거양득이다!

风吹雨打 fēngchuī yǔdǎ 온갖 풍상을 겪다, 세상의 온갖 시련

예 他的性格太脆弱，经不起一点风吹雨打。그의 성격은 너무 여려서, 사소한 어려운 일도 견뎌내지 못한다.

不堪设想 bùkān shèxiǎng 결과를 상상조차 할 수 없다

예 如果出了错，后果不堪设想。만약 문제가 생기면 결과는 상상조차 할 수 없을 것이다.

或多或少 huòduō huòshǎo 어느 정도, 많거나 적거나

예 我们都或多或少受到环境的影响。우리는 모두 어느 정도는 환경의 영향을 받는다.

관련 속담

学坏容易学好难 xué huài róngyì xué hǎo nán 나쁜 것은 쉽게 배우고, 좋은 것은 배우기 어렵다

树不剪不直 shù bù jiǎn bù zhí 나무는 잘라주지 않으면 곧게 자라지 않는다

环境造就人 huánjìng zàojiù rén 환경이 사람을 만든다

1 문제를 보고 자신이 말하고 싶은 내용을 4분 내로 중국어나 한국어로 써 보세요.

2 이제 녹음을 시작합니다. 시간은 2분 30초가 주어집니다.

3 녹음을 듣고 스스로를 평가해본 후, 자신의 문제점을 짚어보세요.

모범답안　　　　　　　　　　　　　　　찬성하는 경우　🎧 070

下面我开始回答第5/6题。

对于早期出国留学的看法众说纷纭。就我个人而言，我对早期留学持支持的态度。

首先，有研究证明：人在儿童时期学习语言的能力是最强的，而且可以在较短的时间里融入到外国人的圈子里。相对而言，年纪稍大的青少年，要掌握一门语言就不是那么容易的了，语言关阻挡了很多人的留学梦。

其次，如果父母有条件进行陪读，可以共同前往的话，不仅可以解决孩子独自生活的困难，又可以让孩子从小就接受两国的文化，学习两种语言，可谓一举两得。

另外，早期留学最大的优点是可以尽早地培养孩子的自立能力。现在的孩子，大多从小在父母这棵大树的庇护下长大，就像温室里的花草，经不起风吹雨打，完全没有自立能力，遇到一点困难就容易灰心，容易放弃。但是留学经历可以让他们更快地成熟起来，坚强起来，独立起来。

总之，我认为早期留学的好处非常多，它的利远远大于它的弊。因此，我支持早期留学。

这个问题回答完了。

나는 다음 5번/6번 문제에 대한 대답을 시작하겠다.

조기 유학에 대한 관점은 사람마다 다르지만, 나는 개인적으로 조기유학을 찬성하는 입장이다.

우선, 연구에서 증명하길, 사람은 아동기에 언어를 학습하는 능력이 가장 뛰어날 뿐 아니라 비교적 짧은 시간 내에 외국인들에 동화될 수 있다고 한다. 상대적으로 나이가 좀 많은 청소년의 경우, 하나의 언어를 마스터하기란 그리 쉽지 않고, 언어 장벽이 많은 사람의 유학의 꿈을 가로막는다.

다음으로, 만약 부모가 아이와 함께 공부할 여건이 되어 같이 유학 길에 오르면, 아이가 혼자 생활하는 어려움을 해결해줄 뿐만 아니라 아이로 하여금 어려서부터 양국의 문화를 접하게 해주고, 두 가지 언어를 배우게 해주니, 일거양득이라 할 수 있다.

이 밖에도, 조기 유학의 가장 큰 장점은 최대한 빨리 아이의 자립능력을 길러줄 수 있다는 것이다. 요즘 아이들은 대부분 어려서부터 부모라는 커다란 나무의 보호 하에 자라서, 마치 온실 속의 화초와 같아, 온갖 풍파를 견뎌내지 못하고 자립능력이라고는 전혀 없으며, 조그마한 어려움에 부딪혀도 쉽게 실망하고 쉽게 포기하고 만다. 그렇지만 유학의 경험은 그런 아이들을 더 빨리 성숙하게 하고, 씩씩하게 하며, 독립적이게 한다.

결론적으로, 나는 조기 유학의 장점은 정말 많고 그것의 장점은 단점보다 훨씬 많다고 생각한다. 그래서 나는 조기유학을 찬성한다.

이 문제에 대한 대답을 마쳤다.

研究 yánjiū 图 연구하다 | **掌握 zhǎngwò** 图 장악하다, 파악하다 | **阻挡 zǔdǎng** 图 가로막다, 저지하다 | **可谓 kěwèi** 图 ~라 할만하다 | **庇护 bìhù** 图 감싸다, 덮어주다 | **温室 wēnshì** 图 온실 | **灰心 huīxīn** 图 용기를 잃다, 낙심하다 | **成熟 chéngshú** 图 성숙하다

모범답안　　　　　　　　　반대하는 경우　🎧 071

下面我开始回答第5/6题。

对于早期出国留学的看法众说纷纭。就我个人而言，我对早期留学持否定的态度。

首先，早期出国留学的孩子，由于年龄太小，在生活中会遇到很多意想不到的困难。孩子毕竟是孩子，他们的处事能力是有限的。一旦离开父母独自生活，很可能因为遇到一些困难而受到挫折，失去自信，甚至变得自卑。如果被同学们孤立的话，后果不堪设想。

其次，环境的改变也会成为大问题。别说是孩子，就算是成年人，周围环境变了的话，也会受到或多或少的影响。学坏容易学好难，小孩子到了一个陌生的环境，没有分辨能力，很容易学坏。

另外，常言道：“树不剪不直”。每个孩子在成长过程中都会犯很多错误，会走弯路，如果身边没有父母的纠正和教导，那将是多么可怕的事！如果让孩子自己过早地去留学的话，我认为这不是造就人才，而是毁掉希望。

总之，我认为早期留学弊大于利，我坚决反对早期留学。

这个问题回答完了。

나는 다음 5번/6번 문제에 대한 대답을 시작하겠다.

조기 유학에 대한 관점은 사람마다 다르지만, 나는 개인적으로 조기 유학을 반대하는 입장이다.

우선, 조기유학을 떠나는 아이들은 나이가 너무 어려서 생활 중 많은 예기치 못한 어려움을 겪게 된다. 아이는 결국은 아이이기 때문에 아이들의 일을 처리하는 능력에는 한계가 있다. 일단 부모를 떠나 혼자 생활하게 되면, 많은 어려움을 겪게 되면서 좌절하게 되고, 자신감을 잃게 되며, 심지어는 열등감을 갖게 되기도 한다. 만약 학교 친구들로부터 고립되면, 그 결과는 상상조차 할 수 없을 것이다.

다음으로, 환경의 변화도 큰 문제가 될 수 있다. 어린 아이뿐만 아니라 성인이라도 주위환경이 변하면 크고 작은 영향을 받게 된다. 나쁜 것은 쉽게 배우고, 좋은 것은 배우기 어렵다고 하는데, 아이가 낯선 환경에 처하게 되면 사리분별 능력이 떨어져서 나쁜 길로 빠지기 쉽다.

이 밖에도 '나무는 자르지 않으면, 곧게 자라지 않는다'는 속담이 있다. 모든 아이는 성장과정 중에 많은 잘못을 저지르고 시행착오를 겪곤 한다. 만약 곁에 부모의 교정과 지도가 없다면, 그 얼마나 끔찍한 일인가! 만약 아이를 너무 빨리 유학을 보낸다면, 나는 이것이 인재를 만드는 것이 아니라 희망을 파괴하는 것이라고 생각한다.

결론적으로, 나는 조기유학의 단점이 장점보다 더 많다고 생각하며, 조기유학을 반대하는 입장이다.

이 문제에 대한 대답을 마쳤다.

단어

否定 fǒudìng 통 부정하다, 부인하다 | 毕竟 bìjìng 분 그래도, 어쨌든 | 处事 chǔshì 통 일을 처리하다 | 有限 yǒuxiàn 형 한계가 있다 | 挫折 cuòzhé 명 좌절, 실패 | 失去 shīqù 통 잃다, 잃어버리다 | 周围 zhōuwéi 명 주위, 주변 | 犯 fàn 통 위반하다, 어기다 | 错误 cuòwù 명 잘못, 실수 | 纠正 jiūzhèng 통 바로잡다, 고치다 | 教导 jiàodǎo 통 지도하다 | 可怕 kěpà 형 두렵다, 무섭다 | 毁掉 huǐdiào 통 부숴버리다, 망치다

잠깐! 표현 UP 중작 연습

· 融入到……中   ~속으로 녹아 들어 가다

01 어떻게 해야 비로소 되도록 빨리 새로운 환경에 녹아들 수 있을까?

→ ____

02 아이가 외국인의 생활권 속으로 녹아 들어가는 것은 매우 어렵다.

→ ____

· 别说A，就算B也……   A는 말할 것도 없고, 설령 B라도 ~하다

03 외국인은 물론이고, 설령 중국인이라도 모르는 한자가 많다.

→ ____

04 아이는 물론이고, 설령 성인이라도 많은 어려움을 만나곤 한다.

→ ____

☞ 정답은 173페이지에서 확인하세요.

有人说，父母应该帮孩子解决各种困难，也有人认为应该让孩子自己解决问题。请就此谈谈你的看法。(2.5分钟)

문제

어떤 사람은 부모가 마땅히 아이를 도와 어려움을 해결해야 한다고 하고, 또 어떤 사람은 아이가 스스로 문제를 해결하도록 해야 한다고 말합니다. 이에 대한 당신의 견해를 말해보세요.

개요짜기

부모가 아이에게 닥친 어려운 문제를 직접 나서서 해결해주는 것이 좋은지 나쁜지에 대한 견해를 밝히는 문제이다. 서론에서는 사람마다 생각이나 의견의 차이가 존재한다는 방식으로 이야기를 시작하는 것이 좋으며, 본론에서는 자신의 생각을 말하는 것이 좋다. 한 가지 이유보다는 2~3가지 정도의 이유를 들어 말하는 것이 좋으며, 결론에서는 반드시 자신의 의견을 다시 한 번 밝히는 것이 좋다.

▶ 본인의 의견이나 관점을 말할 때는 다음 표현을 이용해 보자.

我觉得……。

我认为……。

就我个人而言，……。

▶ 결론을 말할 때는 다음 표현을 이용해 보자.

总之，……。

总而言之，……。

综上所述，……。

一言以蔽之，……。

▶ 결론에서 반대의 입장으로 답할 때는, 서론에서처럼 反对라고 말하기보다는, 부사 坚决를 붙여서 坚决反对라고 다르게 표현하는 것이 좋다.

예

찬성하는 경우,

下面我开始回答第5/6题。

遇到困难的时候，父母是否应该帮孩子解决困难呢？对于这个问题的看法是仁者见仁，智者见智的。就我个人而言，我对父母帮助孩子解决困难的做法持支持的态度，理由如下：

首先，……。

其次，……。

반대하는 경우,

관련 단어

援助 yuánzhù 图 돕다

片面 piànmiàn 图 일방적이다, 단편적이다

难关 nánguān 图 난관, 어려움

坚强 jiānqiáng 图 굳세다, 꿋꿋하다

溺爱 nì'ài 图 지나치게 사랑하다

坎坷 kǎnkě 图 힘든 시기

困难 kùnnan 图 어려움, 곤란

克服 kèfú 图 극복하다

放弃 fàngqì 图 포기하다

懦弱 nuòruò 图 연약하다, 여리다

处世 chǔshì 图 처세하다(사회적으로 다른 사람들과 왕래하다)

度过 dùguò 图 (나날을) 보내다, 지내다

依赖 yīlài 图 의지하다, 기대다

爱心 àixīn 图 사랑하는 마음, 아끼는 마음

娇惯 jiāoguàn 图 버릇없이 기르다

遇到 yùdào 图 만나다, 맞닥뜨리다

解决 jiějué 图 해결하다

挑战 tiǎozhàn 图 도전하다 图 도전

依赖 yīlài 图 의지하다, 기대다

脆弱 cuìruò 图 연약하다, 나약하다

관련 성어

自然而然 zìrán érrán 자연히, 저절로

예 父母用实际行动帮孩子解决的话，孩子会自然而然地学会解决问题的方法。

부모가 실제 행동으로 아이가 해결하는 것을 돕는다면, 아이는 자연히 문제해결 방법을 배우게 될 것이다.

知恩图报 zhī'ēn túbào 은혜를 알고 보답하다

예 孩子应该对父母知恩图报。아이는 마땅히 부모의 은혜를 알고 보답해야 한다.

一事无成 yíshì wúchéng 한 가지 일도 이루지 못하다

예 什么都帮孩子解决的话，孩子长大了也会一事无成。

무슨 일이든 아이가 해결하는 것을 돕는다면, 아이는 자라서 한 가지 일도 이루지 못하게 될 것이다.

一帆风顺 yìfān fēngshùn 모든 일이 순조롭다

@ 人生不可能一帆风顺。 인생은 모든 일이 순조로울 수가 없다.

言传身教 yánchuán shēnjiào 말과 행동으로 모범을 보이다

@ 父母应该言传身教。 부모는 말과 행동으로 모범을 보여야 한다.

寸步难行 cùnbù nánxíng 한 걸음도 옮길 수 없다, 첩첩 산중이다

@ 什么事都依靠父母的孩子，一旦离开父母就寸步难行。

　　무슨 일이든 부모에게 의지하는 아이는, 일단 부모를 떠나면 역경에 처하게 된다.

力所能及 lìsuǒ néngjí 자신의 능력으로 해내다, 힘이 닿는 데까지

@ 孩子力所能及的事情应该让孩子自己做。

　　아이가 자신의 능력으로 해낼 수 있는 일은 아이 스스로 하게 해야 한다.

一朝一夕 yìzhāo yìxī 하루 아침 혹은 하루 저녁, 매우 짧은 시간

@ 养孩子不是一朝一夕的事。 아이를 기르는 것은 하루아침에 이루어지는 일이 아니다.

관련 속담

榜样的力量是无穷的 bǎngyàng de lìliang shì wúqióng de 본보기의 힘은 무궁무진하다

帮得了一时，帮不了一世 bāngdeliǎo yìshí, bāngbùliǎo yíshì 한 때는 도울 수 있어도 평생은 도울 수 없다

饭来张口，衣来伸手 fànlái zhāngkǒu, yīlái shēnshǒu
밥이 오면 입을 벌리고 옷이 오면 손을 내밀다, 아무 것도 할 줄 모르다

子不教，父之过 zǐ bú jiào, fù zhī guò 아들을 교육하지 않는 건 아버지의 잘못이다

스스로 써보기

1 문제를 보고 자신이 말하고 싶은 내용을 4분 내로 중국어나 한국어로 써 보세요.

2 이제 녹음을 시작합니다. 시간은 2분 30초가 주어집니다.

3 녹음을 듣고 스스로를 평가해본 후, 자신의 문제점을 짚어보세요.

　　下面我开始回答第5/6题。

　　遇到困难的时候，父母是否应该帮孩子解决困难呢？对于这个问题的看法是仁者见仁，智者见智的。就我个人而言，我对父母帮助孩子解决困难的做法持支持的态度，理由如下：

　　首先，孩子毕竟是孩子，需要父母的援助之手。孩子的处世经验很少，看问题比较片面。因此，孩子遇到困难的时候，是需要父母的帮助来度过难关的。

　　其次，在帮助孩子的过程中可以培养孩子独立解决问题的能力。俗话说："榜样的力量是无穷的"。孩子遇到困难时，父母用实际行动帮孩子解决的话，孩子会自然而然地学会解决问题的方法。

　　另外，帮孩子解决问题可以让孩子学会知恩图报。人是社会动物，我们在遇到困难时都需要别人的帮助。帮助孩子解决困难，可以让孩子知道人是应该互相帮助的，还可以让孩子知道接受了别人的帮助是应该知恩图报的。

　　总之，我认为孩子遇到困难的时候，父母应该帮他解决。

　　这个问题回答完了。

나는 다음 5번/6번 문제에 대한 대답을 시작하겠다.

어려움에 직면했을 때, 부모는 아이를 도와 어려움을 해결해야 할까? 이 문제에 대한 견해는 보는 사람에 따라 다르다. 나는 개인적으로 부모가 아이를 도와 어려움을 해결하는 방법을 찬성하는 입장이고, 그 이유는 다음과 같다.

우선, 아이는 어쨌든 아이이기 때문에 부모의 도움의 손길이 필요하다. 아이의 처세 경험은 매우 적어서 문제를 보는 것이 비교적 단편적이다. 이 때문에 아이가 어려움에 직면했을 때는, 부모의 도움으로 난관을 극복하는 것이 필요하다.

다음으로 아이를 돕는 과정에서 아이가 홀로 문제를 해결하는 능력을 기를 수 있게 해준다. 속담에서 말하길, '본보기의 힘은 무궁하다'라고 하였다. 아이가 어려움에 직면했을 때, 부모가 실제로 행동하여 아이를 도와 (문제를) 해결한다면, 아이는 자연히 문제 해결 방법을 배우게 될 것이다.

이외에도, 아이를 도와 문제를 해결하는 것은 아이로 하여금 은혜를 알고 보답하는 것을 배우게 해준다. 인간은 사회적 동물이며, 우리는 어려움에 부딪쳤을 때 다른 사람의 도움을 필요로 한다. 아이를 도와 어려움을 해결하는 것은 아이에게 사람은 서로 도와야 한다는 것을 알게 해주고, 또한 다른 사람의 도움을 받으면 그 베풀어준 은혜에 보답해야 한다는 것도 알게 해준다.

요컨대, 나는 아이가 어려움에 부딪쳤을 때, 부모는 아이를 도와 (문제를) 해결해야 한다고 생각한다.

이 문제에 대한 대답을 마쳤다.

做法 zuòfǎ 몡 방법 ｜ **毕竟** bìjìng 뮈 어쨌든, 결국 ｜ **经验** jīngyàn 몡 경험, 체험 ｜ **榜样** bǎngyàng 몡 모범, 본보기 ｜ **无穷** wúqióng 혱 무궁하다, 끝이 없다 ｜ **实际** shíjì 혱 실제적인, 구체적인

下面我开始回答第5/6题。

遇到困难的时候，父母是否应该帮孩子解决困难呢？对于这个问题众说纷纭。就我个人而言，我对父母帮助孩子解决困难的做法持否定的态度，理由如下：

首先，帮孩子不利于培养孩子的独立性。父母帮助孩子是帮得了一时，帮不了一世。如果什么事情都帮孩子的话，容易让孩子养成依赖父母的心理，有什么事先找父母，将来可能会一事无成。

其次，俗话说："授之以鱼，不如授之以渔"。人生的道路不可能是一帆风顺的，我们总会遇到或大或小的困难，这些困难最终要靠自己的力量去解决。因此父母该做的是教给孩子如何独立解决困难的方法。

再次，让孩子独立解决困难，不但可以让孩子变得更坚强，更独立，还能增加孩子自信。

总之，我坚决反对帮孩子解决困难的做法。

这个问题回答完了。

나는 다음 5번/6번 문제에 대한 대답을 시작하겠다.

어려움에 직면했을 때, 부모는 아이를 도와 어려움을 해결해야 할까? 이 문제에 대한 견해는 보는 사람에 따라 다르다. 나는 개인적으로 부모가 아이를 도와 어려움을 해결하는 방법을 반대하는 입장이고, 그 이유는 다음과 같다.

우선, 아이를 돕는 것은 아이의 독립성을 기르는 데 좋지 않다. 부모가 아이를 돕는 것은 한 때는 가능하지만 한 평생은 불가능하다. 만약 무슨 일이든지 아이를 돕는다면, 아이가 부모에게 의지하는 심리를 길러주어 무슨 일이 있으면 먼저 부모를 찾게 되고, 미래에는 아무 이루지 못 할 것이다.

다음으로, 속담에서 말하길 '물고기를 주는 것보다, 물고기 잡는 법을 가르치는 것이 낫다'라고 하였다. 인생을 살아가는 길은 순조로울 수만은 없으며, 우리는 늘 크고 작은 어려움에 부딪치는데 이런 어려움은 결국에는 자신의 능력에 의지하여 해결해야 한다. 그래서 부모가 해야 할 일은 아이에게 어떻게 혼자서 어려움을 해결할 수 있는지에 대한 방법을 가르치는 것이다.

그다음으로, 아이로 하여금 독립적으로 어려움을 해결하도록 하는 것은, 아이를 더욱 강인하게 해주고 더더욱 독립적이 되게 하며 또한 자신감도 높여준다.

요컨데, 나는 아이를 도와 어려움을 해결하는 방법을 단호히 반대한다.

이 문제에 대한 대답을 마쳤다.

단어

不利于 bú lìyú 이롭지 않다, 불리하다 ┃ **一时 yìshí** 명 잠시, 한 때 ┃ **一世 yíshì** 명 일생, 한평생 ┃ **最终 zuìzhōng** 형 결국, 최종의

- **借鉴**　본보기로 삼다

  01 이것은 매우 본보기로 삼을 만한 자녀교육 방법이다.

  →

  02 우리는 선진국의 이 방면에서의 경험을 본보기로 삼아야 한다.

  →

- **并不等于……**　~와 결코 동일하지 않다

  03 좋아하는 것과 사랑하는 것은 결코 동일하지 않다.

  →

  04 아이를 때리는 것은 아이를 교육하는 것과 결코 동일하지 않다.

  →

- **不乏**　적지 않다

  05 아이를 때리는 가장 중에는, 아이에게 화풀이 하는 가장이 적지 않다.

  →

  06 이 문제에 있어서 선례가 적지 않다.

  →

☞ 정답은 173페이지에서 확인하세요.

在教育孩子的过程中，到底应不应该打孩子呢？请就这个问题谈谈你的看法。(2.5分钟)

문제

아이를 교육하는 과정에서 아이를 때려야 할까요, 때리지 말아야 할까요? 이에 대한 당신의 견해를 말해보세요.

개요짜기

아이를 교육할 때 아이를 체벌해도 되는지, 그렇지 않은지에 대한 자신의 견해를 밝히는 문제이다. 자신의 의견을 바로 말하는 것도 좋지만, 다른 사람이나 다른 국가의 경우에는 어떠한지도 가볍게 비교해가며 이야기를 시작하는 것도 좋은 방법이다.

속담이나 격언 등을 이용하면 내용이 유창하게 느껴질 수 있다. 본론에서는 다른 문제와 마찬가지로 본인의 생각을 말하는 것이 좋으며, 논리적으로 이유를 하나하나 제시해나가는 것이 좋다.

▶ 속담을 인용할 때 쓰이는 몇 가지 표현을 알아두자.

俗话说，……。

俗话说得好，……。

中国有句俗 话叫……。

我相信那句俗话，……。

不是说“……”嘛！

▶ 본인의 생각을 말할 때는 我认为, 我觉得, 我还是认为, 我还是觉得 등의 표현을 이용하는 것이 좋으므로, 이러한 표현들은 꼭 알아두도록 하자. 여기서 还是는 '역시, 아무래도'의 의미를 지닌다.

예

찬성하는 경우,

下面我开始回答第5/6题。

在教育孩子的过程中，到底应不应该打孩子呢？对于这个问题，仁者见仁，智者见智。但是就我个人而言，我赞成该打的时候就要打，理由如下：

首先，……。

其次，……。

再次，……。

总之，俗话说得好，“打是亲，骂是爱”。父母打孩子，都是为了孩子的将来。只要注意体罚的方式，我觉得孩子还是要打的。

这个问题回答完了。

반대하는 경우,

下面我开始回答第5/6题。

在教育孩子的过程中，到底应不应该打孩子呢？对于这个问题，仁者见仁，智者见智。但是就我个人而言，我对打孩子的做法持否定态度，理由如下：

首先，……。

其次，……。

再次，……。

总之，我认为打不是教育孩子的好方法。我坚决反对教育孩子的过程中打孩子。

这个问题回答完了。

관련 단어

难免 nánmiǎn 휑 피하기 어렵다

错误 cuòwù 몡 실수, 잘못

惩罚 chéngfá 동 처벌하다, 징벌하다

纠正 jiūzhèng 동 바로잡다, 고치다

责怪 zéguài 동 책망하다, 원망하다

说谎 shuōhuǎng 동 거짓말하다

助长 zhùzhǎng 동 조장하다

融洽 róngqià 휑 (서로의) 사이가 좋다, 조화롭다

欺骗 qīpiàn 동 속이다, 사기 치다

批评 pīpíng 동 꾸짖다, 나무라다

侥幸心理 jiǎoxìng xīnlǐ 요행심리

愤怒 fènnù 동 분노하다, 성내다

动不动 dòngbudòng 튄 걸핏하면, 툭하면

犯 fàn 동 어기다, 저지르다

严厉 yánlì 휑 심하다, 엄하다

体罚 tǐfá 동 체벌하다

溺爱 nì'ài 동 지나치게 사랑하다

检讨 jiǎntǎo 동 반성하다

挨打 ái'dǎ 동 매 맞다, 두들겨 맞다

暴力倾向 bàolì qīngxiàng 폭력적 성향

撒谎 sāhuǎng 동 거짓말하다

逃学 táoxué 동 무단결석하다

沟通 gōutōng 동 소통하다, 의견을 나누다

讲道理 jiǎng dàolǐ 이치를 따지다, 도리를 가르치다

拿……出气 ná … chūqì ~을 가지고 화풀이하다

관련 성어

风吹雨打 fēngchuī yǔdǎ 비바람을 맞다, 고난을 겪다

예 风吹雨打能让孩子更坚强。 고난을 겪는 것은 아이를 더 강하게 해준다.

以身作则 yǐshēn zuòzé 앞장서서 모범을 보이다, 솔선수범하다

예 父母以身作则是最好的教育方法。 부모가 솔선수범하는 것은 가장 좋은 교육 방법이다.

事倍功半 shìbèi gōngbàn 들인 노력은 크지만 얻은 성과는 적다

예 打孩子会让孩子产生逆反心理，结果容易事倍功半。
아이를 때리는 것은 아이한테 반항심이 생기게 하여, 결국 들인 노력은 크지만 얻은 성과는 적어지기 쉽다.

久而久之 jiǔ'ér jiǔzhī 오랜 세월이 지나다, 긴 시간이 지나다

예 经常打孩子的话，久而久之，孩子也会有暴力倾向。
자주 아이를 때리면, 오랜 시간이 지나서 아이도 폭력적인 성향을 갖게 될 것이다.

误入歧途 wùrù qítú 남에게 꼬드김을 당하여 잘못된 길로 들어서다

예 如果不严厉地教训孩子，孩子容易误入歧途。
만일 아이를 엄하게 가르치지 않으면, 아이는 남에게 꼬드김을 당해서 나쁜 길로 들어서기 쉽다.

관련 속담

棍棒底下出孝子 gùnbàng dǐxià chū xiàozǐ 몽둥이로 때려야 효자가 된다

打是亲，骂是爱 dǎ shì qīn, mà shì ài 꾸짖고 때리는 것은 애정이 있어서이다, 귀한 자식 매 한 대 더 때린다

睁一只眼，闭一只眼 zhēng yì zhī yǎn, bì yì zhī yǎn 눈 감아주다, 모르는 체하다

不打不成器 bù dǎ bù chéngqì 매를 들지 않으면 인재가 되지 않는다

可怜天下父母心 kělián tiānxià fùmǔ xīn 자녀를 걱정하는 세상 부모들의 마음

君子动口不动手 jūnzǐ dòngkǒu bú dòngshǒu 군자(君子)는 말로 하지 손을 쓰지 않는다

玉不琢，不成器 yù bù zhuó, bù chéngqì 사람이 아무리 재능이 있어도 제대로 교육 받지 못하면 대업을 이룰 수 없다

1 문제를 보고 자신이 말하고 싶은 내용을 4분 내로 중국어나 한국어로 써 보세요.

2 이제 녹음을 시작합니다. 시간은 2분 30초가 주어집니다.

3 녹음을 듣고 스스로를 평가해본 후, 자신의 문제점을 짚어보세요.

모범답안 ・ 찬성하는 경우 ∩074

下面我开始回答第5/6题。

在教育孩子的过程中，到底应不应该打孩子呢？对于这个问题，仁者见仁，智者见智。但是就我个人而言，我赞成该打的时候就要打，理由如下：

首先，学坏容易学好难。一个孩子在成长的道路上，难免做一些坏事，犯一些错误，如果不严厉地惩罚，孩子就会误以为做坏事没什么大不了的。只有用打的方式，才能给孩子留下深刻的印象，让孩子知道做坏事的后果。

其次，打孩子可以增强孩子的心理承受能力。现在的孩子就像温室里的花草一样，经不起一点风吹雨打。孩子犯了严重的错误时，适当的体罚，不但可以纠正孩子的错误，而且对孩子今后的成长也有帮助，可以让孩子变得更坚强。

再次，不是说："棍棒底下出孝子"嘛！过分溺爱孩子，他们长大以后不但不会感谢父母，反而会责怪父母没有严厉地教育自己。

总之，俗话说得好，"打是亲，骂是爱"。父母打孩子，都是为了孩子的将来。只要注意体罚的方式，我觉得孩子还是要打的。

这个问题回答完了。

나는 다음 5번/6번 문제에 대한 대답을 시작하겠다.

아이를 교육하는 과정에서 도대체 아이를 때려야 할까, 때리지 말아야 할까? 이 문제는 사람마다 생각이 다르다. 하지만 나는 개인적으로 때려야 할 때는 때려야 한다는 것에 찬성하는 입장이며, 그 이유는 다음과 같다.

우선, 나쁜 것은 쉽게 배우고 좋은 것은 배우기 어려운 법이다. 아이가 성장하는 과정에서 몇몇 나쁜 일이나 잘못을 저지르는 것은 피하기 어려운데, 만약 호되게 꾸짖지 않으면 아이는 잘못된 일을 하는 것을 그리 대수롭게 생각하지 않게 될 것이다. 체벌 방식을 써야만 아이에게 깊은 인상을 심어주어, 아이로 하여금 나쁜 짓을 저질렀을 때의 안 좋은 결과를 알게 해준다.

다음으로, 아이를 때리는 것은 아이가 심리적으로 감당해낼 수 있는 능력을 강화해준다. 요즘 아이들은 온실 속의 화초와 같아서 조그마한 세상의 온갖 시련과 어려움도 견뎌내지 못한다. 아이가 중대한 잘못을 저질렀을 때 (가해지는) 적절한 체벌은, 아이의 잘못을 바로잡아 줄 뿐만 아니라 앞으로의 아이 성장에도 도움을 주어 아이를 더욱 강인하게 해준다.

그다음으로, '몽둥이로 때려야 효자가 된다'는 말도 있지 않는가! 아이를 지나치게 귀여워하다 보면 아이는 커서도 부모님에게 감사해하지 않을 뿐 아니라 오히려 부모가 자신을 엄격하게 교육하지 않았다며 원망할 것이다.

요컨대, 속담에서 '욕하고 때리는 것은 애정이 있어서이다'라고 말한다. 부모가 아이를 때리는 것은 모두 아이의 장래를 위해서이며, 체벌 방식에만 주의한다면 아이는 때리는 것이 낫다고 생각한다.

이 문제에 대한 대답을 마쳤다.

坏事 huàishì 몡 나쁜 일 | 误以为 wù yǐwéi ~라고 잘못 생각하다 | 没什么大不了的 méi shénme dàbuliǎo de 별일 아니다 | 后果 hòuguǒ 몡 (좋지 않은) 결과 | 承受 chéngshòu 동 받아들이다, 감당하다 | 经不起 jīngbuqǐ 감당하지 못하다, 견뎌내지 못하다 | 适当 shìdàng 형 적절하다, 알맞다 | 坚强 jiānqiáng 형 굳세다, 꿋꿋하다 | 过分 guòfèn 동 지나치다, 과분하다

  075

下面我开始回答第5/6题。

在教育孩子的过程中，到底应不应该打孩子呢？对于这个问题，仁者见仁，智者见智。但是就我个人而言，我对打孩子的做法持否定态度，理由如下：

首先，在孩子成长的道路上，父母是孩子最好的榜样。当孩子犯错误的时候，父母应该先检讨自己，有没有很好地以身作则。不要动不动就打孩子，这样的体罚事倍功半。

其次，打孩子会使孩子养成说谎的坏习惯。为了逃避挨打，孩子往往会选择说谎。久而久之，孩子就养成了说谎的坏习惯，这显然有悖于父母打孩子的初衷。

再次，打孩子会助长孩子的暴力倾向，误导孩子以为暴力可以解决一切问题，孩子不懂得用对话来解决问题，以后长大了也很难形成融洽的人际关系。

　　总之，我认为打不是教育孩子的好方法。我坚决反对教育孩子的过程中打孩子。

　　这个问题回答完了。

나는 다음 5번/6번 문제에 대한 대답을 시작하겠다.

아이를 교육하는 과정에서 도대체 아이를 때려야 할까, 때리지 말아야 할까? 이 문제는 사람마다 생각이 다르다. 하지만 나는 개인적으로 아이를 때리는 방법에 반대하는 입장이며, 그 이유는 다음과 같다.

우선, 아이가 성장하는 과정에서 부모는 아이의 가장 좋은 본보기이다. 아이가 잘못을 저질렀을 때, 부모는 먼저 자신이 좋은 본보기가 되었는지를 스스로 반성해봐야 한다. 걸핏하면 아이를 때려서는 안 되며, 이러한 체벌은 노력에 비해 그 성과가 적다.

다음으로, 아이를 때리는 것은 아이에게 거짓말을 하는 나쁜 습관을 길러지게 할 수 있다. 맞는 것을 피하기 위해 아이는 종종 거짓말을 선택하게 될 것이다. 오랜 시간이 지나 아이가 거짓말을 하는 나쁜 습관이 길러지면, 부모가 아이를 때리는 처음의 뜻과는 명백히 어긋나게 된다.

그다음으로, 아이를 때리는 것은 아이의 폭력적인 성향을 조장할 수 있으며, 자칫하면 아이에게 폭력이 모든 문제를 해결할 수 있다는 생각을 갖게 할 수 있다. 아이는 대화로써 문제를 해결하는 방법을 모르기 때문에, 나중에 커서도 원만한 인간관계를 형성하기 힘들다.

결론적으로, 나는 때리는 것이 아이를 교육하는 좋은 방법은 아니라고 생각한다. 나는 아이를 교육하는 과정에서 아이를 때리는 것에 단호하게 반대한다.

이 문제에 대한 대답을 마쳤다.

단어

动不动 dòngbúdòng 用 걸핏하면, 툭하면 | **逃避 táobì** 동 도피하다 | **显然 xiǎnrán** 형 명백하다, 뚜렷하다 | **有悖 yǒu bèi** ~과(와) 상반되다 | **初衷 chūzhōng** 명 초심, 원래의 마음 | **误导 wùdǎo** 동 그릇된 길로 이끌다 | **一切 yíqiè** 대 전부, 모두

잠깐! **표현 UP 중작 연습**

- **就A(사람)而言** A에게 있어서

  01 나는 개인적으로, 때리는 교육방식을 찬성하지 않는다.

  → ____

  02 부모에게 있어서, 어떻게 자녀와의 관계를 잘 해결하는지를 배우는 것이 가장 필요하다.

  → ____

- **A被B视为C** A를 B는 C라고 생각한다

  03 아이를 때리는 것을, 많은 사람은 자녀교육의 비법이라고 생각한다.

  → ____

  04 아이를 때리는 것을, 아이를 교육하는 기본 방식으로 여긴다.

  → ____

☞ 정답은 173페이지에서 확인하세요.

(3) 개인의 선택 (个人选择)

① 문제 유형

이 주제에 속하는 문제는 말 그대로 개인이 어떤 문제에 부딪혔을 때, 어떤 선택을 할지, 왜 그런 선택을 하는지에 대한 의견을 묻는 유형이다. 그러므로 중립적인 입장에서 이야기를 이끌어나가는 것은 좋지 않은 답변이 될 수 있으며, 상반된 두 상황에서 자신의 선택이 어느 쪽인지를 확실히 밝히는 것이 좋은 방법이 될 수 있다. 한가지 주의해야 할 점은 자신이 선택한 것은 무조건 좋은 것이고, 자신이 선택하지 않은 것은 무조건 나쁘다는 식의 흑백논리를 펼치는 것은 피하는 것이 좋다. 참고로 본론에서 자신의 입장을 말할 때 간단한 예를 들어 말하는 것도 좋은 방법이 될 수 있다.

② 서술방법 및 주의사항

- 주어진 문제에 소재가 나와 있으므로 이 소재를 벗어나지 않도록 하는 것이 좋다.
- 자신의 선택과 그 이유에 대해 말하는 상황이므로 감정적으로 호소하는 것은 결코 좋지 않으며, 논리적이면서도 객관적인 어투를 유지하도록 해야 한다.
- 너무 장황하게 말하려고 하다보면 자칫 주제를 벗어날 수 있으므로, 하고자 하는 말은 간결하게 표현하는 것이 좋으며, 두 가지 소재를 너무 무리하게 비교하지 않도록 한다.

过程与结果哪个更重要呢？ 有人说结果更重要， 有人说过程更重要， 谈谈你的看法。(2.5分钟)

문제

과정과 결과 중에 어느 것이 더 중요한가요? 어떤 사람은 결과가, 어떤 사람은 과정이 더 중요하다고 합니다. 당신의 견해에 대해 말해보세요.

개요짜기

과정이 중요한지 결과가 중요한지에 대한 문제는 개인의 선택을 물어볼 때 비교적 많이 나오는 문제이다. 과정과 결과는 모두 중요하므로, 어느 것이 더 중요한지에 대해 얼마나 설득력 있게 주장하는지가 관건이 될 수 있다. 그러므로 평소 자신이 생각해왔던 생각을 논리적으로 정리해놓으면, 시험 시 말할 때 비교적 유창해 보일 수 있을 것이다.

또한 평소 익숙하고 많이 생각해봤던 문제의 경우에는 어려운 표현을 이용하기보다는 자연스럽고 정확하게 자신의 의사를 표현하는 것이 가장 중요하다.

▶ 상반된 두 가지 상황을 비교하면서 말하되 어느 한 쪽을 강조하고자 하는 경우에는, 则를 사용하여 "A……, B则……"의 형태로 써주는 것이 좋다.

▶ 때로는 본론에서 세 가지 정도의 이유가 생각나지 않을 때가 많다. 이럴 때는 구체적인 예를 곁들여 설명하는 것도 좋은 방법이다. 이 때 比如说 또는 아래와 같은 표현을 이용해 보는 방법도 있다.

就……而言，……。
我们不妨来举个例子，比如说……。
事实胜于雄辩，我想给大家举个例子，比如说……。

예

결과를 더 중시할 경우,

下面我开始回答第5/6题。

对于过程与结果的重要性的看法是因人而异的。一些人认为……，另一些人则认为……。就我个人而言，我还是认为相对于过程，结果更重要。理由如下：

首先，……。

其次，……。

再次，……。

总之，我相信一切过程都是为结果服务。我们的一切付出，都是为了得到一个好的结果。所以，结果的意义要远远大于过程。

这个问题回答完了。

과정을 더 중시할 경우,

下面我开始回答第5/6题。

对于过程与结果的看法是因人而异的。一些人认为我们不该过分重视结果，另一些人则认为结果的意义大于过程。就我个人而言，我认为过程的重要性远远大于结果的重要性。理由如下：

首先，……。

其次，……。

我们不妨来举个例子，比如说……。

总之，我认为过程比结果更重要，结果固然重要，但是如果我们在过程中尽力而为了的话，那就足够了。

这个问题回答完了。

관련 단어

金牌 jīnpái 명 금메달		银牌 yínpái 명 은메달
铜牌 tóngpái 명 동메달		高考 gāokǎo 명 대입 시험
寒窗 hánchuāng 명 차가운 창가, 힘든 학업 조건		苦读 kǔdú 동 어렵게 공부하다
拼命 pīnmìng 동 죽기살기로 하다, 온 힘을 다하다		升职 shēngzhí 동 승진하다
不容 bùróng 동 불허하다, 용납하지 않다		付出 fùchū 동 (대가, 노력 등을) 지불하다
远远 yuǎnyuǎn 부 훨씬, 상당히		回避 huíbì 동 회피하다
经验 jīngyàn 명 경험		失败 shībài 동 실패하다
成功 chénggōng 동 성공하다		积累 jīlěi 동 (경험을) 쌓다, 누적되다
丰富 fēngfù 동 풍부하게 하다 형 풍부하다		阅历 yuèlì 동 경험하다, 체험하다 명 경험, 체험
坚持 jiānchí 동 (행동을) 꾸준히 하다		努力 nǔlì 동 노력하다
奋斗 fèndòu 동 (목적을 위해) 매우 노력하다		收获 shōuhuò 동 수확하다 명 수확, 성과
报答 bàodá 동 보답하다		成就 chéngjiù 명 성과, 업적
挑战 tiǎozhàn 동 도전하다		不妨 bùfáng 부 무방하다, 괜찮다

관련 성어

水到渠成 shuǐdào qúchéng 조건이 구비되면 일이 자연스럽게 이루어지다

예 只要重视过程，有好结果是水到渠成的事。
과정을 중시하기만 하면, 좋은 결과를 낳는 것은 조건이 구비되면 자연스럽게 이루어지는 일이다.

酸甜苦辣 suāntián kǔlà 세상의 온갖 고초

예 人生的酸甜苦辣都尝试一下也不是坏事。 인생의 온갖 고초를 한 번 경험해보는 것 또한 나쁜 일이 아니다.

尽力而为 jìnlì érwéi 온 힘을 기울여서 하다, 전력을 다하다

예 只要尽力而为就够了，结果并不重要。 최선을 다하기만 하면 되며, 결과는 결코 중요하지 않다.

口口声声 kǒukou shēngshēng 입만 열면, 말끝마다

예 很多人口口声声说结果不重要，我觉得那都是骗人的。
많은 사람은 입만 열면 결과는 중요하지 않다고 말하지만, 나는 그것이 남을 속이는 것이라고 생각한다.

自欺欺人 zìqī qīrén 자기도 속이고 남도 속이다

예 不在乎过程的人都是自欺欺人。 과정에 개의치 않는 사람들은 모두 스스로를 기만하고 남도 속인다.

十之八九 shízhī bājiǔ 열 가운데 여덟이나 아홉이 그러하다, 십중팔구

예 重视过程的人十之八九也会有好结果。 과정을 중시하는 사람도 십중팔구 좋은 결과가 있을 것이다.

관련 속담

重在参与 zhòng zài cānyù 참여하는 것이 중요하다

吃不到葡萄说葡萄酸 chībúdào pútao shuō pútao suān 배 아파서 하는 소리이다

竹篮打水一场空 zhúlán dǎshuǐ yì chǎng kōng 대나무 바구니로 물을 푸다, 헛수고를 하다

1 문제를 보고 자신이 말하고 싶은 내용을 4분 내로 중국어나 한국어로 써 보세요.

2 이제 녹음을 시작합니다. 시간은 2분 30초가 주어집니다.

3 녹음을 듣고 스스로를 평가해본 후, 자신의 문제점을 짚어보세요.

모범답안

🎧076

下面我开始回答第5/6题。

对于过程与结果的重要性的看法是因人而异的。就我个人而言，我还是认为相对于过程，结果更重要。理由如下：

首先，人们常说"重在参与"，而我却认为这句话仅仅是对失败者的安慰。就拿奥运会来说吧，如果真的是参与更重要的话，为什么要评出金牌、银牌和铜牌呢？再拿高考来说，无数的学生寒窗苦读，为的就是通过高考去理想的大学。如果学习的过程真的比结果更重要的话，为什么我们一直坚持通过高考短短的几个小时来宣判一个学生十年寒窗的过程呢？

其次，学生拼命学习的目的是什么呢？还不是为了进一所好大学，以后能找到更好的工作这个结果吗？上班族拼命工作的目的是什么呢？还不是为了升职，得到别人的承认这个结果吗？我们做的每一件事都是为了结果，这是一个不容否认的事实。

总之，我相信一切过程都为结果服务。我们的一切付出，都是为了得到一个好的结果。所以，结果的意义要远远大于过程。

这个问题回答完了。

나는 다음 5번/6번 문제에 대한 대답을 시작하겠다.

과정과 결과의 중요성에 대한 관점은 사람마다 다르다. 나는 개인적으로 과정보다는 상대적으로 결과가 더 중요하다고 생각하며, 그 이유는 다음과 같다.

우선, 사람들은 '참여하는 데 의의가 있다'고 하는데, 나는 이 말이 단지 실패한 사람에 대한 위로라고 생각한다. 올림픽으로 말해보자. 정말 참여가 더 중요하다면 왜 금메달, 은메달, 동메달을 판정하려고 하는가? 또 수능시험으로 말하자면, 수많은 학생이 힘들게 공부하는데, 그건 바로 수능시험을 통해 이상적인 대학을 가기 위함이다. 만약에 공부하는 과정이 정말 결과보다 더 중요하다면 왜 우리는 줄곧 수능시험의 짧은 몇 시간을 통해 한 학생의 십년의 고생스러운 과정을 판단하는 것을 고수하는가?

다음으로, 학생이 목숨 걸고 공부하는 목적은 무엇인가? 좋은 대학을 가고, 나중에 더 좋은 직업을 찾는 결과를 얻고자 함이 아니겠는가? 직장인들이 죽기살기로 일하는 목적은 무엇이겠는가? 승진해서 다른 사람의 인정을 받으려는 결과를 얻고자 함이 아니겠는가? 우리가 하는 모든 일은 모두 어떤 결과를 얻기 위해서이며, 이는 부인할 수 없는 사실이다.

요컨대, 나는 모든 과정은 결과를 위해 움직인다고 생각한다. 우리가 베푸는 모든 것은 좋은 결과를 얻기 위함이며, 그래서 결과의 의미가 과정보다 훨씬 크다고 생각한다.

이 문제에 대한 대답을 마쳤다.

参与 cānyù 통 참여하다, 참가하다 │ **仅仅** jǐnjǐn 부 단지, 다만 │ **安慰** ānwèi 형 마음이 편하다 │ **奥运会** Àoyùnhuì 명 올림픽 경기 │ **无数** wúshù 형 수많은, 무수한 │ **宣判** xuānpàn 통 판결하다 │ **承认** chéngrèn 통 인정하다, 시인하다 │ **否认** fǒurèn 통 부인하다 │ **大于** dà yú ~보다 크다

下面我开始回答第5/6题。

对于过程与结果的看法是因人而异的。就我个人而言，我认为过程的重要性远远大于结果的重要性。理由如下：

首先，过程产生结果。如果没有过程，怎么会有结果呢？世界上也许有没有结果的事，但却绝对不会有没有过程的事。我们不能因为害怕结果不好而回避挑战的过程，我们应该享受过程，那么水到渠成，总有一天会有好结果的。

其次，只有通过过程，我们才能从中得到宝贵的经验。成功也好，失败也罢，毕竟我们努力了，在过程中体会了酸甜苦辣，在过程中得到了启示，如果不经历过程，我们怎么能学到有用的东西呢？比如说，每个人年轻的时候都会经历初恋，可是几乎没有谁的初恋有好的结果，但是人们都是明明知道不会有好结果，却还是义无反顾地开始自己的初恋，其理由就是相对于结果，享受过程更重要。

总之，我认为过程比结果更重要，结果固然重要，但是如果我们在过程中尽力而为了的话，那就足够了。

这个问题回答完了。

나는 다음 5번/6번 문제에 대한 대답을 시작하겠다.

과정과 결과의 중요성에 대한 관점은 사람마다 다르다. 나는 개인적으로 과정의 중요성이 결과의 중요성보다 훨씬 더 크다고 생각하며, 그 이유는 다음과 같다.

우선, 과정은 결과를 낳는다. 만약 과정이 없다면 어떻게 결과가 있겠는가? 세상에는 결과가 없는 일은 있어도 과정이 없는 일은 결코 없다. 우리는 결과가 좋지 않을 거라고 두려워하여 도전하는 과정을 피해서는 안 된다. 우리는 과정을 즐겨야 하며 그러다 보면 일이 자연스럽게 이루어지고, 언젠가는 좋은 결과도 생기게 되는 것이다.

다음으로, 과정을 통해야만 우리는 그 과정에서 값진 경험을 얻을 수 있다. 성공하면 좋은 것이고 실패해도 그만이며, 어쨌든 우리는 노력할 것이고, 그러한 과정에서 온갖 고초를 겪게 되고, 그러한 과정에서 깨달음을 얻게 된다. 만일 과정을 거치지 않으면 어떻게 다른 유용한 것을 배울 수 있겠는가? 예를 들면, 모든 사람은 젊었을 때 첫사랑을 경험하지만 첫사랑이 좋은 결과로 이어지는 사람은 거의 없다. 그러나 사람들은 결과가 좋지 않을 거라는 것을 분명히 알면서도 조금도 주저하지 않고 첫사랑을 시작한다. 그 이유는 결과에 비해서 과정을 즐기는 것이 더 중요하기 때문이다.

결론적으로, 나는 과정이 결과보다 더 중요하다고 생각한다. 결과도 물론 중요하지만, 우리가 과정 중에 최선을 다했다면 그걸로 충분하다.

이 문제에 대한 대답을 마쳤다.

단어

也许 yěxǔ 뮌 아마도, 어쩌면 | **体会 tǐhuì** 동 체득하다, 몸소 깨닫다 | **启示 qǐshì** 동 깨닫게 하다 | **义无反顾 yìwú fǎngù** 성 조금도 주저하지 않고 정의를 위해 나아가다 | **初恋 chūliàn** 동 첫사랑하다 | **明明 míngmíng** 뮌 분명히, 명백히 | **固然 gùrán** 젭 물론 ~이지만

잠깐! 표현 UP 중작 연습

- **还不是为了……吗?**　~하고자 함이 아니겠는가?

  01 학생들이 죽기살기로 공부하는 목적은 무엇인가? 좋은 대학에 가려는 결과를 얻고자 함이 아니겠는가?

  →＿＿＿＿＿＿＿＿＿＿＿＿＿＿＿＿＿＿＿

  02 직장인들이 기를 쓰고 일하는 목적은 무엇인가? 승진이라는 결과를 얻고자 하는 것이 아니겠는가?

  →＿＿＿＿＿＿＿＿＿＿＿＿＿＿＿＿＿＿＿

- **不妨**　~해도 무방하다, ~해도 괜찮다

  03 우리는 시야를 넓게 가져보는 것도 괜찮다.

  →＿＿＿＿＿＿＿＿＿＿＿＿＿＿＿

  04 너희는 예를 하나 들어봐도 괜찮다.

  →＿＿＿＿＿＿＿＿＿＿＿＿＿＿＿

☞ 정답은 173페이지에서 확인하세요.

勤俭节约是我们的传统美德，有人说，现在日子好起来了，不用过得那么节俭了，应该尽情地享受生活。对这个问题，你是怎么看的呢？请谈谈你的看法。(2.5分钟)

문제

근검절약은 우리의 전통미덕으로, 어떤 사람은 요즘 살기가 좋아져서 그렇게 절약하며 살 필요는 없고 마음껏 삶을 즐겨야 한다고 합니다. 이 문제를 어떻게 생각하는지 당신의 견해를 말해보세요.

개요짜기

사회가 변했기 때문에 개인의 가치관도 변해야 하는지를 묻는 문제이다. 근검절약은 일상생활에서 누구나 접할 수 있는 소재로, 한 번쯤은 생각해 봤음직한 문제이다. 그러므로 좀 더 넓은 안목과 식견을 가지고 답하는 것이 좋다. 서론에는 근검절약이 전통의 미덕이었다는 점을, 본론에서는 자신의 찬성 또는 반대 의견을, 결론에서는 자신의 생각을 정리하여 말하도록 한다.

▶ 전통관념에 대한 질문에 답하는 경우에는 결론에서 다음과 같이 말해보자.

总之，我认为虽然时代变了，但是不管时代怎么变，……都是不变的真理。

综上所述，时代已经变了，人们的思维方式也应该改变，我们应该跟上时代的脚步，与时俱进。因此，我认为……。

예

찬성하는 경우,

下面我开始回答第5/6题。

随着社会的发展，我们的生活水平也越来越高。我们还要不要保持勤俭节约的传统呢？对于这个问题的看法，仁者见仁，智者见智。就我个人而言，我认为我们还是应该保持勤俭节约的传统。

首先，……。

其次，……。

再次，……。

总之，我认为"勤俭节约"是成功者必备的一种素质，而且是自古以来的优良传统，我们应该继续保持"勤俭节约"的传统。

这个问题回答完了。

반대하는 경우,

下面我开始回答第5/6题。

随着社会的发展，我们的生活水平也越来越高。我们还要不要保持勤俭节约的传统呢？对于这个问题的看法是仁者见仁，智者见智的。就我个人而言，我认为勤俭节约的传统已经不再适合现在的社会了。

首先，……。

其次，……。

再次，……。

总之，一种思想适用于一个时代。在如今这个时代，人们都想生活得更好，都想享受生活，这是理所当然的。所以我对该保持勤俭节约的传统的看法持否定态度。

这个问题回答完了。

관련 단어

消费 xiāofèi 图 소비하다	浪费 làngfèi 图 낭비하다, 헛되이 쓰다
呼吁 hūyù 图 호소하다	挨饿 ái'è 图 굶주리다, 배를 곯다
受冻 shòudòng 图 추위에 흔나다	美德 měidé 图 미덕, 좋은 품성
继承 jìchéng 图 계승하다, 이어받다	必备 bìbèi 图 반드시 구비하다
优良 yōuliáng 图 아주 좋다, 우수하다	何苦 hékǔ 图 굳이 ~할 필요가 있는가?
讲究 jiǎngjiu 图 중시하다	不景气 bù jǐngqì 불경기이다
购买力 gòumǎilì 图 구매력	一味 yíwèi 图 덮어놓고, 오로지
传统 chuántǒng 图 전통적이다 图 전통	省钱 shěng qián 돈을 절약하다
省水 shěng shuǐ 물을 아끼다	省电 shěng diàn 전기를 아끼다
奢侈 shēchǐ 图 사치하다, 낭비하다	

관련 성어

吃苦耐劳 chīkǔ nàiláo 괴로움을 참고 힘든 일을 견뎌내다

(예) 现在的大学生普遍缺乏吃苦耐劳的精神。
요즘 대학생들은 보편적으로 괴로움을 참고 힘든 일을 견뎌내는 정신이 부족하다.

取之不尽 qǔzhī bújìn 아무리 써도 없어지지 않다

(예) 自然资源不是取之不尽的。 자연 자원은 아무리 써도 없어지는 것이 아니다.

用之不竭 yòngzhī bùjié 아무리 써도 없어지지 않다

(예) 很多人误以为水资源是用之不竭的。 많은 사람은 수자원은 아무리 써도 없어지지 않는 거라고 잘못 생각하고 있다.

丰衣足食 fēngyī zúshí 생활이 부유하다

(예) 我们过着丰衣足食的生活。 우리는 부유한 생활을 하고 있다.

衣食住行 yīshí zhùxíng 의식주와 교통을 포함한 인간의 기본적인 생활 요소

(예) 衣食住行是老百姓最关心的问题。 의식주와 교통은 국민들이 가장 관심을 가지는 문제이다.

一贫如洗 yīpín rúxǐ 매우 가난하다

(예) 他们一家过着一贫如洗的生活。 그들 가족은 매우 가난한 생활을 한다.

铺张浪费 pūzhāng làngfèi 지나치게 겉치레만 신경써서 인력과 재물을 과도하게 낭비하다

(예) 最近的年轻人结婚时铺张浪费的现象很严重。
요즘 젊은 사람들은 결혼할 때 겉치레로 돈을 낭비하는 현상이 아주 심각하다.

新三年，旧三年，缝缝补补又三年 xīn sān nián, jiù sān nián, féngféngbǔbǔ yòu sān nián
새 것으로 삼 년, 오래 된 것으로 삼 년, 깁고 기워 또 다시 삼 년을 보내다, 매우 아껴 쓰다

由简入奢易，由奢入简难 yóu jiǎn rù shē yì, yóu shē rù jiǎn nán
가난한 삶에서 사치스런 삶으로 살아가는 것은 쉽지만, 사치스런 삶에서 가난한 삶으로 살아가는 것은 힘들다

成由勤俭败由奢 chéng yóu qínjiǎn bài yóu shē
성공은 아껴 쓰는 것으로부터 오며, 실패는 사치스러운 것으로부터 온다

今朝有酒今朝醉 jīnzhāo yǒu jiǔ jīnzhāo zuì
오늘 술이 있으면 오늘 취한다, 현재만 즐기고 미래에 대한 걱정은 안 한다

1 문제를 보고 자신이 말하고 싶은 내용을 4분 내로 중국어나 한국어로 써 보세요.

2 이제 녹음을 시작합니다. 시간은 2분 30초가 주어집니다.

3 녹음을 듣고 스스로를 평가해본 후, 자신의 문제점을 짚어보세요.

下面我开始回答第5/6题。

随着社会的发展，我们的生活水平也越来越高。我们还要不要保持勤俭节约的传统呢？对于这个问题的看法，仁者见仁，智者见智。就我个人而言，我认为我们还是应该保持勤俭节约的传统。

首先，我认为勤俭节约不仅是一种习惯，更表现出一个人的素质和能力。一个能吃苦耐劳的人，才是成就大事的人。富起来了就忘了本的人，往往会以失败收场。

其次，所谓勤俭节约，并不是非要吃得不好、穿得不好，只不过是让我们控制自己的消费，不能浪费。即呼吁节俭并不是让人们挨饿受冻，而是避免浪费。

再次，勤俭节约是我们的传统美德。所以，我们也要继承这个勤俭节约的传统，为我们的后代去创造更美好的明天。我们要记住，地球的资源不是取之不尽，用之不竭的。

总之，我认为勤俭节约是成功者必备的一种素质，而且是自古以来的优良传统，我们应该继续保持勤俭节约的传统。

这个问题回答完了。

나는 다음 5번/6번 문제에 대한 대답을 시작하겠다.

사회가 발전하면서 우리의 생활 수준도 점점 높아졌다. 우리는 근검절약의 전통을 지켜나가야 할까? 이 문제에 대한 견해는 사람에 따라 다르지만, 나는 개인적으로 근검절약의 전통을 유지해야 한다고 생각한다.

우선, 근검절약은 일종의 습관일 뿐 아니라 개인의 소질과 능력을 한층 더 표현해준다. 힘겨운 시간을 참고 견딘 사람이야말로 큰일을 해낼 수 있는 사람이다. 부유해지면 근본을 잊어버리는 사람은 종종 실패로 그친다.

다음으로, 소위 근검절약은 결코 안 먹고 안 입는 것이 아니라, 우리 스스로 소비를 억제하고 낭비하지 않도록 하는 것이다. 즉 절약을 호소하는 것은, 결코 사람들에게 배를 곯으며 추위에 떨라는 것이 아니라 낭비를 피하자는 것이다.

그다음으로, 근검절약은 우리의 전통미덕이다. 그래서 우리는 이 근검절약의 전통을 계승하고 후손들을 위해 더 행복한 내일을 만들어줘야 한다. 우리는 지구의 자원은 아무리 써도 없어지지 않는 것이 아님을 명심해야 한다.

결론적으로, 나는 근검절약은 성공한 사람이라면 반드시 갖추어야 할 소양이며, 예부터 지금까지 전해져오는 우수한 전통이라 생각하고, 우리는 근검절약의 전통을 계속해서 지켜나가야 한다고 생각한다.

이 문제에 대한 대답을 마쳤다.

단어

保持 bǎochí 통 유지하다 | 素质 sùzhì 명 자질, 소양 | 成就 chéngjiù 명 성과, 업적 | 大事 dàshì 명 큰일, 대사 | 忘本 wàngběn 통 근본을 잊다 | 收场 shōuchǎng 통 결말이 나다, 끝마치다 | 控制 kòngzhì 통 통제하다, 제어하다 | 避免 bìmiǎn 통 피하다, 모면하다 | 后代 hòudài 명 후대, 후손

下面我开始回答第5/6题。

随着社会的发展，我们的生活水平也越来越高。我们还要不要保持勤俭节约的传统呢？对于这个问题的看法是仁者见仁，智者见智的。就我个人而言，我认为勤俭节约的传统已经不再适合现在的社会了。

首先，我认为，过去的人普遍生活水平低，所以不得不勤俭节约。可近几十年，人们的生活水平大幅度提高。在经济条件允许的范围内，完全可以丰衣足食地生活，何苦要回到过去节俭的生活呢？

其次，俗话说"身体是革命的本钱"嘛。为了健康，我们必须投资，衣食住行都要讲究，如果按照以前人勤俭节约的思想，是肯定不行的。

再次，最近经济不景气的原因之一就是购买力不足，因此我们如果一味地强调勤俭节约的话，其实对社会的发展没有什么好处。

总之，在如今这个时代，人们都想生活得更好，都想享受生活，这是理所当然的。所以我对该保持勤俭节约的传统的看法持否定态度。

这个问题回答完了。

나는 다음 5번/6번 문제에 대한 대답을 시작하겠다.

사회가 발전하면서 우리의 생활 수준도 점점 높아졌다. 우리는 근검절약의 전통을 지켜나가야 할까? 이 문제에 대한 견해는 사람에 따라 다르지만, 나는 개인적으로 근검절약의 전통은 이미 더는 현대사회와 부합하지 않는다고 생각한다.

우선, 과거의 사람들은 생활 수준이 보편적으로 낮았기 때문에 어쩔 수 없이 근검절약했다. 하지만 최근 몇십 년 동안 우리의 생활 수준은 크게 향상되었고, 경제적인 여건이 허락하는 범위 내에서는 완벽하게 풍족한 생활을 누리는데, 굳이 과거에 근검절약하던 생활로 돌아갈 필요가 있을까?

다음으로, 속담에서 '건강은 혁명의 밑천이다'라고 했다. 건강을 위해서 우리는 투자를 해야 하며 생활의 기본요소를 모두 중시해야 하는데, 만약에 과거 사람들의 근검절약 정신을 따른다는 것은 분명히 안 된다.

그다음으로, 최근 경기 불황의 원인 중 하나는 바로 구매력 부진이다. 그러므로 우리가 덮어놓고 근검절약만을 강조한다면 실은 사회 발전에 아무런 도움이 되지 못한다.

결론적으로, 지금 시대에서, 사람들은 삶이 더 좋아지길 바라고 (그러한) 삶을 누리고 싶어하는데 이것은 당연한 이치이다. 그래서 나는 근검절약을 유지하는 전통에 대해 반대하는 입장이다.

이 문제에 대한 대답을 마쳤다.

단어

普遍 pǔbiàn ⦗부⦘ 보편적으로 │ 不得不 bùdébù ⦗부⦘ 어쩔 수 없이, 반드시 │ 大幅度 dàfúdù ⦗부⦘ 대폭 │ 允许 yǔnxǔ ⦗동⦘ 동의하다, 허가하다 │ 范围 fànwéi ⦗명⦘ 범위 │ 革命 gémìng ⦗명⦘ 혁명 │ 投资 tóuzī ⦗동⦘ 투자하다 │ 按照 ànzhào ⦗동⦘ ~에 따르다, ~에 의거하다 │ 理所当然 lǐsuǒ dāngrán ⦗성⦘ 도리로 보아 당연하다, 당연히 그렇다

- ·······以**失败收场** ~는 실패로 끝나다

  01 낭비하는 사람은 반드시 실패로 끝난다.
  →

  02 부유해졌다고 해서 근본을 잊어버리는 사람은 종종 실패로 끝난다.
  →

- **跟不上时代** 시대에 따라갈 수 없다

  03 노인들의 생각이 시대에 따라가지 못하는 것은 피할 수 없다.
  →

  04 이런 생각은 이미 시대에 따라갈 수 없다.
  →

- **从我做起** 나부터 시작해서

  05 우리는 나부터 시작해서 근검절약하는 좋은 전통을 발전시켜 나가야 한다.
  →

  06 우리는 나부터 시작해서 물과 전기 사용을 절약해야 한다.
  →

☞ 정답은 173페이지에서 확인하세요.

 大学生毕业后去什么样的公司就业成了很大的问题。到底是该选择大公司，还是应该选择小公司呢？请对这个问题谈谈你的看法。(2.5分钟)

문제

대학생이 졸업하고 어떤 회사에 취업하는지는 큰 문제가 되었습니다. 도대체 대기업을 선택해야 할까요, 소기업을 선택해야 할까요? 이 문제에 대한 당신의 견해를 말해보세요.

개요짜기

대학 졸업 후, 누구나 겪는 취업문제와 관련된 주제이다. 대기업과 소기업 중 어느 곳에 취업하는 게 좋은지에 대한 자신의 의견을 소신있게 밝히는 것이 좋다.
서론에는 졸업 후 취업을 해야 하는 사회적 분위기나 상황에 대해 간단히 언급하고, 본론에서는 어느 기업에 취업하는 게 좋은지, 좋다면 왜 좋은지에 대한 이유를 나열해준다. 결론에서는 자신의 의견을 간략하게 한 두 줄 정도로 정리해주자.

▶ 선택과 관련된 주제가 주어질 경우, 서론에서 다음과 같이 말해보자.

面对选择，我们往往犹豫不决，因为我们无法知道哪种选择是更明智的选择。因此我认为只要按照自己的意愿进行选择，选择你所爱的，爱你所选择的，那就够了。如果让我在A和B之间做出选择的话，我还是会选择……，理由如下：

▶ 선택과 관련된 주제가 주어질 경우, 결론에서 다음과 같이 말해보자.

总而言之，俗话说："鱼与熊掌不可兼得"，我们不可能拥有整个世界，得到一些东西的同时，一定会失去另一些东西。因此我认为，做出明智的选择固然重要，但更重要的是在做出选择后不要后悔。

예

소기업을 선택하는 경우,

下面我开始回答第5/6题。

到底是该选择大公司，还是应该选择小公司呢？就我个人而言，我会选择去小公司工作。理由如下：

首先，……。

其次，……。

另外，……。

我之所以选择小公司，就是希望通过自己的努力使公司发展，更充分的体现自己的价值，我认为这才是最重要的！这个问题回答完了。

대기업을 선택하는 경우,

下面我开始回答第5/6题。

到底是该选择大公司，还是应该选择小公司呢？每个人都有不同的想法，我认为选择大公司就业更好，理由如下：

首先，……。

其次，……。

另外，……。

总之，俗话说："环境造就人"。虽然小公司也有它的魅力，但是我还是认为选择大公司就业能学到更多的东西，能让自己更快的进步。

这个问题回答完了。

관련 단어

竞争 jìngzhēng 동 경쟁하다	激烈 jīliè 형 치열하다
职工 zhígōng 명 직원	领导 lǐngdǎo 명 지도자, 책임자
沟通 gōutōng 동 교류하다, 소통하다	人际关系 rénjì guānxì 인간관계
融洽 róngqià 형 관계가 좋다, 사이 좋다	氛围 fēnwéi 명 분위기
抓住 zhuāzhù 동 (기회를) 잡다	机会 jīhuì 명 기회
待遇 dàiyù 명 대우, 대접	发挥 fāhuī 동 발휘하다, 진전시키다
辈出 bèichū 동 (인재를) 양성하다	福利 fúlì 명 복지, 복리
不景气 bù jǐngqì 불경기이다	公平 gōngpíng 형 공평하다, 공정하다
进步 jìnbù 동 진보하다, 발전하다	抱负 bàofù 명 포부, 큰 뜻
培训 péixùn 동 양성하다, 훈련하다	融入 róng rù 융합되다, 조화되다
稳定 wěndìng 형 안정되다	面子 miànzi 명 체면
体面 tǐmiàn 명 체면, 체통	压力 yālì 명 스트레스

관련 성어

人才济济 réncái jǐjǐ 인재가 아주 많다
예 我们公司可谓人才济济。 우리 회사는 인재가 아주 많다고 할만하다.

脱颖而出 tuōyǐng érchū (여럿 중에서 특히 뛰어난 학식이나 재능을) 드러내다, 두각을 나타내다
예 她在她们单位脱颖而出。 그녀는 그녀들의 회사에서 두각을 나타냈다.

一分为二 yìfēn wéi'èr 두 가지 측면에서 관찰하고 생각하다
예 世界上事情都是一分二位的, 大公司和小公司各有利弊。
세상의 일은 두 가지 측면에서 관찰하고 생각해야 하는데, 대기업과 소기업은 각각의 장점과 단점이 있다.

众说纷纭 zhòngshuō fēnyún 많은 사람이 제각기 말하며 의견이 분분하다
예 对于哪个企业比较好的问题, 大家众说纷纭。
어떤 기업이 비교적 좋은지에 대한 문제에 대해 모두의 의견이 분분하다.

了如指掌 liǎorú zhǐzhǎng (자신의 손바닥을 바라보듯) 상황을 확실하게 파악하다, 아주 잘 알다
예 我对小企业和大企业的差异了如指掌。 나는 소기업과 대기업의 차이에 대해 아주 잘 안다.

관련 속담

宁做鸡头, 不做凤尾 níng zuò jītóu, bú zuò fèngwěi 봉황의 꼬리가 되는 것보다 닭의 머리가 되는 것이 낫다

长江后浪推前浪 Cháng Jiāng hòulàng tuī qiánlàng 청출어람, 배출한 후배가 선배보다 더 발전하다

1 문제를 보고 자신이 말하고 싶은 내용을 4분 내로 중국어나 한국어로 써 보세요.

2 이제 녹음을 시작합니다. 시간은 2분 30초가 주어집니다.

3 녹음을 듣고 스스로를 평가해본 후, 자신의 문제점을 짚어보세요.

모범답안 소기업을 선택하는 경우 🎧 080

下面我开始回答第5/6题。

到底是该选择大公司，还是应该选择小公司呢？就我个人而言，我会选择去小公司工作。理由如下：

首先，大公司人才济济，往往竞争激烈，很难有显示自己的机会，而小公司则不然。小公司职工少，只要努力，很快就会被领导发现，进而得到更多的发展机会。

其次，小公司一般绝不会一个人只负责一件事，通常会涉及多个领域。不知不觉中，你能很快学会很多东西，从而增长多方面的才能。

另外，在小公司里，老板和员工间的距离比较近，沟通起来比较方便，人际关系也随着沟通的增多，变得融洽起来。在这样的氛围中，只要你抓住机会，很快就会脱颖而出。

我之所以选择小公司，就是因为希望通过自己的努力使公司发展，更充分的体现自己的价值，我认为这才是最重要的!

这个问题回答完了。

나는 다음 5번/6번 문제에 대한 대답을 시작하겠다.

도대체 대기업을 선택해야 할까 아니면 소기업을 선택해야 할까? 나는 개인적으로 소기업을 선택할 것이고, 그 이유는 다음과 같다.

우선, 대기업은 인재가 많아서 종종 경쟁이 치열하여 자신을 보여 줄 기회를 갖기 어려운 반면 소기업은 그렇지 않다. 소기업은 직원이 적어서 노력만 하면 금방 책임자에게 발견될 수 있으며 나아가 더 많은 발전기회를 얻게 된다.

다음으로, 소기업은 일반적으로 한 사람이 결코 한 가지 일만 맡아서 하는 게 아니라 보통 여러 영역의 일들을 관련하게 된다. 자신이 모르는 사이에 많은 것을 배우게 되고 다방면의 재능이 향상하게 된다.

이 외에도, 소기업에서 사장과 직원 사이의 거리는 비교적 가까우며 소통하는 것도 비교적 편하고, 인간관계 또한 소통의 증가에 따라 조화롭게 변한다. 이런 분위기 속에서는 기회만 잡으면 빨리 두각을 나타낼 수 있다.

내가 소기업을 선택하는 이유는 바로 자신의 노력을 통해 회사를 발전시키고 더욱 충분히 자신의 가치를 드러내고 싶기 때문이며, 나는 이것이야말로 가장 중요하다고 생각한다!

이 문제에 대한 대답을 마쳤다.

不然 bùrán 혱 그렇지 않다 | **进而 jìn'ér** 젭 진일보하여, 더 나아가 | **涉及 shèjí** 동 관련되다, 영향을 주다 | **领域 lǐngyù** 명 영역 | **体现 tǐxiàn** 동 구현하다, 체현하다

모범답안 · 대기업을 선택하는 경우 · 081

下面我开始回答第5/6题。

到底是该选择大公司，还是应该选择小公司呢？每个人都有不同的想法，我认为选择大公司就业更好，理由如下：

首先，大公司"财大气粗"，有稳定的资金和良好的福利保障，这是小公司所无法比拟的。

其次，大公司往往有成熟的企业文化。在这样的环境里工作可以学到更多对人生有益的东西。而且大公司人才济济，同事之间在公平地竞争的过程中，互相学习，共同进步。这对于有抱负、有能力的年轻人来说是很好的环境。

再次，大公司具有完善的职业培训制度。完善的职业培训，对刚毕业的大学生来说是最好的洗礼，让他们可以更快的融入到这个大公司中去。这一点也是小公司无法给予的。

总之，俗话说："环境造就人"。虽然小公司也有它的魅力，但是我还是认为选择大公司就业能学到更多的东西，能让自己更快的进步。

这个问题回答完了。

나는 다음 5번/6번 문제에 대한 대답을 시작하겠다.

도대체 대기업을 선택해야 할까 아니면 소기업을 선택해야 할까? 사람마다 생각이 다르지만, 나는 대기업을 선택하여 취업하는 것이 더 좋다고 생각하며, 그 이유는 다음과 같다.

우선 대기업은 '재력이 있으니 말에 힘이 실리고', 안정된 자금과 우수한 복지가 보장되어 있는데, 이는 소기업과는 비교할 수 없다.

다음으로, 대기업은 종종 성숙한 기업문화를 갖고 있다. 이러한 환경에서 일하면 인생의 유익한 것들을 더 많이 배울 수 있다. 게다가 대기업에는 인재가 많아서 동료끼리 공정하게 경쟁하는 과정에서 서로 배우고 함께 발전한다. 이것은 포부를 가지고 있고 능력 있는 젊은 사람들에게는 아주 좋은 환경이다.

그다음으로. 대기업은 완벽한 직업훈련제도를 갖추고 있다. 완벽한 직업훈련은 갓 졸업한 대학생들에게 가장 좋은 세례(종교적 측면에서의 세례이며, 여기서는 비유적으로 쓰임)라고 할 수 있으며, 그들로 하여금 더 빨리 대기업 속으로 융합되게 한다. 이점 역시 소기업에서는 해줄 수 없다.

요컨대, 속담에 '환경이 사람을 만든다'는 말이 있다. 소기업도 그만의 매력이 있겠지만, 나는 그래도 대기업에 취업하면 더 많은 것을 배울 수 있으며 자신을 더 빨리 발전하게 할 수 있다고 생각한다.

이 문제에 대한 대답을 마쳤다.

财大气粗 cáidà qìcū 성 금전적 여유가 있으면 말에 힘이 실린다 | **资金 zījīn** 명 자금 | **良好 liánghǎo** 형 좋다, 훌륭하다 | **保障 bǎozhàng** 동 보장하다, 보증하다 | **比拟 bǐnǐ** 동 비교하다 | **有益 yǒuyì** 형 유익한, 이로운 | **完善 wánshàn** 형 완벽하다, 완전하다 | **魅力 mèilì** 명 매력

잠깐! 표현 UP 중작 연습

- **……, 而……则不然** ～인 반면, ～는 그렇지 않다

01 대기업은 복지가 좋은 반면, 소기업은 그렇지 않다.

→ ____

02 대기업은 경쟁이 치열하고 자신을 보여 줄 기회를 찾기 어려운 반면, 소기업은 그렇지 않다.

→ ____

- **之所以……, 就是因为……** ～하는 이유는 바로 ～때문이다

03 내가 대기업을 선택한 이유는, 바로 대기업의 수입이 비교적 높기 때문이다.

→ ____

04 내가 소기업을 선택한 이유는, 바로 소기업에서는 더 쉽게 나의 능력을 보여줄 수 있기 때문이다.

→ ____

☞ 정답은 173페이지에서 확인하세요.

(4) 이익과 폐단 (利与弊)

① 문제 유형

이 유형의 문제 역시 자신의 견해를 밝히는 문제이다. 다만 이런 장점과 단점에 대해 말하라는 유형의 문제는 어느 한 쪽의 입장에 서서 답하기보다는, 중립적인 입장에서 어떤 점은 좋고 어떤 점은 나쁘다는 식의 양면적 주장을 펼치는 것이 더 좋다. 즉 객관적인 입장을 지켜가며, 모든 사람이 공감할 만한 소재나 이유를 들어 말하는 것이 중요하다.

② 서술방법 및 주의사항

- 장단점에 대해 답해야 하는 문제라면, 장단점을 나누고 각각의 이유를 말하면 된다.
- 장점이 더 많은지 아니면 단점이 더 많은지를 답해야 하는 문제라면, 서론에서 확실하게 자신의 입장을 밝히고, 본론에서 구체적으로 전개해가며 설명하는 것이 좋다.
- 이런 유형의 문제 역시 결론에서 자신의 입장을 다시 한 번 정리해주는 것이 필요하다. 본론에 들어간 자신의 주장이 설득력 면에서 약간 부족하다고 느끼거나, 내용이 조금 짧다고 느껴지면 결론에서 좀 더 말하는 것도 좋은 방법이다.

快餐在我们的生活中随处可见。请你谈谈快餐的优点及缺点。(2.5分钟)

문제

패스트푸드는 우리 생활에서 흔히 볼 수 있습니다. 패스트푸드의 장점과 단점에 대한 당신의 견해를 말해보세요.

개요짜기

우리 생활과 매우 밀접하게 관련된 패스트푸드의 장점과 단점에 대해 말하는 문제이다. 서론에는 과거와 달리 사회가 발달함에 따라 점점 더 바빠진 사람들은 편리함을 추구하게 되고, 이로 인해 패스트푸드가 자리잡게 되었다는 등장 배경을 소개하고, 본론에는 패스트푸드의 장점과 단점에 대해 말하도록 한다. 결론에서는 중립적인 입장에서 객관적인 결론을 내려주는 것이 좋다.

▶ 快餐, 网络, 报纸, 电视 같이 일상생활에서 매우 흔하고 없어서 안 되는 것에 대해 논할 때, 서론에서는 아래와 같은 표현들을 이용할 수 있다.

提起……，恐怕人们并不陌生。

……在我们的生活中随处可见。

……已经成了我们生活中必不可少的一部分。

▶ 장단점에 대해 논하라는 주제가 나왔을 경우, 서론이나 결론에서 내용을 좀 더 충실하게 말하고 싶으면, 아래와 같은 표현들을 이용할 수 있다.

……给我们带来便利的同时，也存在着一些问题。

……给我们带来便利的同时，也带来了一些麻烦。

世界上的事物都是一分为二的。

只有优点没有缺点的事物是不存在的。

凡事有一利就有一弊。

예

下面我开始回答第5/6题。

提起快餐，恐怕人们并不陌生，它已经成了我们生活中必不可少的一部分。快餐给我们带来便利的同时，也存在着一些问题，下面我就来谈谈快餐的利与弊。

先说快餐的优点。

首先，……。

其次，……。

另外，……。

但是，快餐的缺点也是不可忽视的。

首先，……。

其次，……。

另外，……。

以上我简单地说了说快餐的利与弊。我们应该扬长避短，让快餐更好地为我们服务。

这个问题回答完了。

관련 단어

便利 biànlì 图 편리하게 하다 图 편리하다

限制 xiànzhì 图 제한하다, 제약하다

广大 guǎngdà 图 광대하다, 크다

造成 zàochéng 图 (주로 나쁜 결과를) 조성하다, 야기하다

食用 shíyòng 图 먹다

营养不良 yíngyǎng bùliáng 영양불량

引发 yǐnfā 일으키다, 야기하다

曝光 bàoguāng 图 폭로하다, 드러나다

利弊 lìbì 图 이로움과 해로움

适中 shìzhōng 图 꼭 알맞다, 적당하다

一次性餐具 yícìxìng cānjù 일회용 식자재

污染 wūrǎn 图 오염되다

导致 dǎozhì 图 야기하다, 초래하다

肥胖 féipàng 图 뚱뚱하다

癌症 áizhèng 图 암

不宜 bùyí 图 ~하기에 적절하지 않다

관련 성어

必不可少 bìbù kěshǎo 없어서는 안 된다

(예) 快餐已经成了我们生活中必不可少的一部分。
패스트푸드는 이미 우리 생활에서 없어서는 안 될 일부분이 되었다.

顾名思义 gùmíng sīyì 글자 그대로, 이름을 보고 그 뜻을 짐작하다

(예) 快餐，顾名思义，就是指方便快捷的食品。 패스트푸드는 글자 그대로, 편리하고 빠른 식품을 가리킨다.

物美价廉 wùměi jiàlián 물건(상품의 질)도 좋고 값도 싸다

(예) 快餐最大的优点就是物美价廉。 패스트푸드의 가장 큰 장점은 음식의 질도 좋고 값도 싸다는 것이다.

随处可见 suíchù kějiàn 어디에서나 볼 수 있다, 곳곳에서 볼 수 있다

(예) 快餐店随处可见。 패스트푸드점은 어디에서나 볼 수 있다.

众所周知 zhòngsuǒ zhōuzhī 모든 사람이 다 알다

(예) 众所周知，快餐是已经普及了。 모두가 알고 있듯이, 패스트푸드는 이미 보편화 되었다.

扬长避短 yángcháng bìduǎn 장점이나 유리한 조건은 살리고 단점이나 불리한 조건은 극복하거나 피하다

(예) 我们应该扬长避短，逐步把快餐变成健康食品。
우리는 장점은 살리고 단점을 극복하여, 점차 패스트푸드를 건강식품으로 바꿔야 한다.

관련 속담

民以食为天 mín yǐ shí wéi tiān 먹는 것을 해결하는 것이 가장 중요하다, 먹는 것을 근본으로 여기다

人是铁，饭是钢 rén shì tiě, fàn shì gāng 사람은 철과 같고 밥은 스테인레스와 같다, 식사는 잘 챙겨먹어야 한다

身体是革命的本钱 shēntǐ shì gémìng de běnqián 건강이 밑천이다

스스로 써보기

1 문제를 보고 자신이 말하고 싶은 내용을 4분 내로 중국어나 한국어로 써 보세요.

모범답안

下面我开始回答第5/6题。

提起快餐，恐怕人们并不陌生，它已经成了我们生活中必不可少的一部分。快餐给我们带来便利的同时，也存在着一些问题，下面我就来谈谈快餐的利与弊。

先说快餐的优点。首先，顾名思义，快餐最大的优点就是快，因此受到生活节奏偏快的上班族的喜爱。

其次，快餐不受时间和地点的限制，没有时间的时候，买一份快餐，甚至可以边走边吃。

另外，相对于其他饮食来说，快餐价格适中，味道又好，因此受到广大消费者的青睐。

但是，快餐的缺点也是不可忽视的。首先，一般的快餐都使用一次性餐具，这对环境造成的污染很大。

其次，长期食用快餐，会导致营养不良、肥胖，严重的甚至会引发癌症。

另外，快餐行业一味地追求快，常常忽视卫生问题。

以上我简单地说了说快餐的利与弊。我们应该扬长避短，让快餐更好地为我们服务。

这个问题回答完了。

나는 다음 5번/6번 문제에 대한 대답을 시작하겠다.

패스트푸드(fast food)에 대해 이야기하자면 아마도 사람들에게 전혀 낯설지 않으며, 그것은 이미 우리 생활에 없어서는 안 될 일부분이 되었다. 패스트푸드는 우리에게 편리함을 가져다주는 동시에 또한 몇 가지 문제점도 가지고 있다. 아래에서 나는 패스트푸드의 장단점에 대해 말해보겠다.

먼저 패스트푸드의 장점에·대해 말해보겠다. 우선, 글자 그대로 패스트푸드의 가장 큰 장점은 바로 신속함이다. 이 때문에 생활 리듬이 빠른 직장인들의 사랑을 받고 있다.

다음으로, 패스트푸드는 시간과 장소의 제한을 받지 않아, 시간이 없을 때는 패스트푸드를 사서 걸어 다니면서까지 먹을 수 있다.

이 밖에도 다른 음식에 비해, 패스트푸드는 가격이 적당하고 맛도 좋아서, 많은 소비자의 인기를 받고 있다.

그러나 패스트푸드의 단점 또한 간과할 수 없다. 우선, 일반적인 패스트푸드는 모두 일회용 용기를 사용하는데, 이것이 환경에 일으키는 오염은 매우 크다.

다음으로, 장기간 패스트푸드를 먹으면, 영양불량과 비만을 초래할 수 있으며 심각한 경우에는 암을 유발할 수도 있다.

이 밖에도, 패스트푸드 업계에서는 오로지 신속함만을 추구하다 보니 종종 위생적인 문제를 소홀히 한다.

이상으로 나는 패스트푸드의 장단점에 대해 간략히 말해보았다. 우리는 패스트푸드의 장점을 극대화시키고 단점은 피하여 패스트푸드가 우리에게 더 나은 서비스를 제공하도록 해야 한다.

이 문제에 대한 대답을 마쳤다.

단어

恐怕 kǒngpà 图 아마 ~일 것이다 │ **陌生 mòshēng** 圈 낯설다 │ **节奏 jiézòu** 圀 리듬, 박자 │ **喜爱 xǐ'ài** 图 좋아하다, 애호하다 │ **青睐 qīnglài** 图 흥미를 갖다, 호감을 갖다 │ **不可 bùkě** 图 ~할 수 없다, ~해서는 안 된다 │ **忽视 hūshì** 图 소홀히 하다, 경시하다 │ **一味 yíwèi** 图 덮어놓고, 오로지 │ **合格 hégé** 圈 합격이다, 규격에 맞다

잠깐! 표현 UP 중작 연습

- **……, 顾名思义, ……**　~는 이름 그대로 ~이다

01 패스트푸드는 이름 그대로, 편리하고 빠른 식품을 가리킨다.

→ ____

02 광고는 이름 그대로, 광범위하게 알리고 선전한다는 의미이다.

→ ____

- **所谓……, (就)是指……**　~란, 바로 ~이다

03 패스트푸드란, 바로 그런 편리하고 빠른 식품들이다.

→ ____

04 패스트푸드란, 바로 이런 저렴하고 맛있는 식품들이다.

→ ____

- **……可谓……**　~는 ~라고 할 수 있다

05 패스트푸드는 값이 싸고 물건도 좋다고 할 수 있다.

→ ____

06 패스트푸드는 색깔, 냄새, 맛을 모두 갖추고 있다고 할 수 있다.

→ ____

☞ 정답은 174페이지에서 확인하세요.

 网络到底是利大于弊，还是弊大于利呢？请就这个问题，谈谈你的看法。

인터넷은 도대체 장점이 더 많은가요, 단점이 더 많은가요? 이 문제에 대한 당신의 견해를 말해보세요.

개요짜기

인터넷의 장단점에 대해 말하는 문제이다. 인터넷은 이제는 사람들의 생활과 밀접한 관계가 되었다. 서론에서는 컴퓨터의 발전과 더불어 인터넷이 널리 쓰이게 되었다는 점과 더 이상 우리 생활에 없어서는 안 된다는 사실을 거론해주고, 본론에서는 이로 인한 편리함과 폐단에 대해 이야기한다. 결론에서는 인터넷의 장점이 더 많은지, 단점이 더 많은지에 대한 자신의 확실한 의견을 강조하여 말해준다.

▶ '없어서는 안 된다'는 표현을 익혀두자.
  网络在我们的生活中是不可缺少的。
  网络在我们的生活中是不可或缺的。
  网络在我们的生活中是必不可少的。
  我们的生活不能没有网络。
  我们的生活离不开网络。
  网络与我们形影不离。

▶ 결론을 내릴 때, 할 말이 많지 않다면 반대상황을 언급하면서 다시 한 번 본인의 입장을 강조하는 방법이 있다. 이럴 때 자주 쓰는 몇 가지 표현들을 알아두면 유용하게 이용할 수 있다.
  其实我并不否认……，但我还是认为……。
  我也知道……，但我还是觉得……。
  有时候……，但大部分情况下还是……。
  我也不否认有……的情况，但一般来说……。
  当然……的情况也不是完全没有的，但是一般而言……。

예

장점에 대해 말하는 경우,

  下面我开始回答第5/6题。
  可以说网络已经成为我们生活中的一部分。对于网络的利与弊，人们众说纷纭。就我个人而言，我认为网络的利大于弊，理由如下：
  首先，……。
  其次，……。
  再次，……。

　　总之，网络已经成了我们生活中不可缺少的一部分，它对社会的发展做出的贡献是毋庸置疑的。虽然它也有缺点，但我认为只要我们扬长避短，善用网络的话，网络一定会更好地为我们服务。

　　这个问题回答完了。

단점에 대해 말하는 경우,

　　下面我开始回答第5/6题。

　　可以说，网络已经成为我们生活中的一部分。对于网络的利与弊，人们众说纷纭。就我个人而言，我认为网络的弊大于利，理由如下：

　　首先，……。

　　其次，……。

　　另外，……。

　　总之，我不否认网络对我们社会的发展做出的贡献，但我认为它给我们带来的危害更大。因此，我认为网络的弊大于利。

　　这个问题回答完了。

관련 단어

普及 pǔjí 통 보급하다, 퍼지다

随时 suíshí 부 수시로, 아무 때나

供应 gōngyìng 통 제공하다, 공급하다

视频聊天 shìpín liáotiān 화상채팅

贡献 gòngxiàn 통 공헌하다, 기여하다

恶意帖子 èyì tiēzi 악플

自杀 zìshā 통 자살하다

非法 fēifǎ 형 비합법적인, 불법의

下载 xiàzài 통 다운로드하다

倾向 qīngxiàng 명 경향, 추세

犯罪 fànzuì 통 죄를 저지르다

快捷 kuàijié 형 빠르다, 신속하다

发言 fāyán 통 발언하다, 말하다

屡屡 lǚlǚ 부 자주, 누차

中伤 zhòngshāng 통 (근거 없는 말로) 남을 헐뜯다

无辜 wúgū 형 죄가 없다, 무고하다

互联网 hùliánwǎng 명 인터넷

购物 gòuwù 통 구매하다

资料 zīliào 명 자료

搜索 sōusuǒ 통 검색하다, 찾다

善用 shàn yòng 선용하다, 잘 쓰다

艺人 yìrén 명 연예인

侵权 qīnquán 통 (상업적) 권리를 침해하다

复制 fùzhì 통 복제하다

过度 guòdù 형 과도하다, 지나치다

导致 dǎozhì 통 초래하다, 야기하다

浏览 liúlǎn 통 대충 훑어보다

输入 shūrù 통 입력하다

复制 fùzhì 통 복제하다

网吧 wǎngbā 명 PC방

言论 yánlùn 명 언론, 의견

侮辱 wǔrǔ 통 모욕하다

足不出户 zúbù chūhù 두문불출하다, 집 밖으로 나가지 않다
예 网络使我们足不出户就能了解天下大事。
　　인터넷은 우리가 집 밖으로 나가지 않아도 세상의 큰 일을 알게 해준다.

毋庸置疑 wúyōng zhìyí 의심할 필요가 없다, 의심할 바 없다
예 网络给我们的生活带来的便利是毋庸置疑的。
　　인터넷이 우리 생활에 가져온 편리함은 의심할 필요가 없다.

扬长避短 yángcháng bìduǎn 장점이나 유리한 조건을 발휘하고, 단점이나 불리한 조건을 극복하거나 피하다.
예 我们应该扬长避短，让网络向更健康的方向发展。
　　우리는 장점은 살리고 단점은 극복해서, 인터넷이 더 건전한 방향으로 발전하게 해야 한다.

不言而喻 bùyán éryù 말하지 않아도 알다, 말할 필요도 없다
예 网络的好处是不言而喻的。인터넷의 장점은 말할 필요도 없다.

前所未有 qiánsuǒ wèiyǒu 전대미문(前代未聞)의, 역사상 유례가 없는
예 网络给我们带来了前所未有的便利。인터넷은 우리에게 전대미문의 편의를 가져다 주었다.

轻而易举 qīng'ér yìjǔ 매우 수월하다, 식은 죽 먹기다
예 通过网络我们可以轻而易举地了解外面的世界。
　　인터넷을 통해서 우리는 매우 수월하게 바깥 세상을 알 수 있다.

屡禁不止 lǚjìn bùzhǐ 아무리 단속해도 없어지지 않다
예 网络上的恶意帖子屡禁不止。인터넷상의 악플은 아무리 단속해도 없어지지 않는다.

一箭双雕 yíjiàn shuāngdiāo 하나의 화살로 두 마리의 독수리를 맞추다, 일석이조
예 通过网络我们可以在家听课学习，既省钱又省时，可谓一箭双雕。
　　인터넷을 통해 우리는 집에서 수업을 들을 수 있다. 돈도 절약하고 시간도 아끼니 일석이조라고 할만하다.

1 문제를 보고 자신이 말하고 싶은 내용을 4분 내로 중국어나 한국어로 써 보세요.

모범답안　　　　　　　　　　　　　　　장점에 대해 말하는 경우　　　∩ 083

下面我开始回答第5/6题。

可以说网络已经成为我们生活中的一部分。对于网络的利与弊，人们众说纷纭。就我个人而言，我认为网络的利大于弊，理由如下：

首先，网络的普及，使我们几乎足不出户就可以做任何事情。我们不仅可以通过网络随时了解天下大事，还可以通过网络购物。这无疑大大的方便了我们的生活。

其次，网络拉近了人与人之间的距离。多年不见的老朋友，通过网络可以轻松地取得联系。不但如此，我们还可以认识许多新朋友。最近出现了视频聊天，更拉近了人与人之间的距离。

再次，通过网络，我们可以更方便地获得各种知识。不论有什么不懂的问题，只要在网络上搜索相关的问题，总会出现许多人的解答。通过这些解答，我们可以学习很多知识。

总之，网络已经成了我们生活中不可缺少的一部分，它对社会的发展做出的贡献是毋庸置疑的。虽然它也有缺点，但我认为只要我们扬长避短，善用网络的话，网络一定会更好地为我们服务。

这个问题回答完了。

나는 다음 5번/6번 문제에 대한 대답을 시작하겠다.

인터넷은 이미 우리 생활의 일부가 되었다고 말할 수 있다. 인터넷의 장단점에 대한 사람들의 의견은 분분하다. 나는 개인적으로 인터넷의 장점이 단점보다 크다고 생각하는데, 그 이유는 다음과 같다.

우선, 인터넷의 보급은 우리가 거의 집 밖을 나가지 않아도 무슨 일이든지 할 수 있도록 해준다. 우리는 인터넷을 통해서 수시로 세상의 큰일을 알 수 있을 뿐 아니라 인터넷을 통해서 물건도 살 수 있다. 이는 의심할 바 없이 우리 생활을 아주 편리하게 해준다.

다음으로, 인터넷은 사람과 사람 사이의 거리를 가깝게 해줬다. 수년간 보지 못했던 옛 친구와 인터넷을 통해서 쉽게 연락을 취할 수 있다. 이뿐만 아니라 우리는 수많은 새 친구를 알 수 있게 되었다. 최근 화상 채팅이 출현했고, (이는) 사람과 사람 사이의 거리를 더욱 좁혀주었다.

그다음으로, 인터넷을 통해서 우리는 더 편리하게 각종 지식을 얻을 수 있다. 그 어떤 이해하지 못하는 문제라도, 인터넷상에서 연관된 문제를 검색하기만 하면 많은 사람의 해답이 나온다. 이러한 해답을 통해 우리는 많은 지식을 배울 수 있다.

단어

无疑 wúyí 图 의심할 바 없이, 틀림없이 | 大大 dàdà 图 매우, 크게 | 解答 jiědá 图 대답하다

모범답안 단점에 대해 말하는 경우 🎧 084

下面我开始回答第5/6题。

可以说网络已经成为我们生活中的一部分。对于网络的利与弊，人们众说纷纭。就我个人而言，我认为网络的弊大于利，理由如下：

首先，网络上的恶意帖子已经成了非常棘手的社会问题，它正在伤害着很多无辜的人。不少的艺人受不了这样的侮辱而自杀就是网络弊端的最好的例证。

其次，网络上的侵权问题也很严重。非法复制、免费下载的行为也是屡禁不止。这样严重的侵权行为都是由网络而生的。

另外，网络游戏对青少年的影响之大是不言而喻的。一些青少年因为玩网络游戏产生了暴力倾向，甚至导致犯罪。网络游戏不仅伤害了青少年的身体，更扭曲了他们的心灵。

总之，我不否认网络对我们社会的发展做出的贡献，但我认为它给我们带来的危害更大。因此，我认为网络的弊大于利。

这个问题回答完了。

나는 다음 5번/6번 문제에 대한 대답을 시작하겠다.

인터넷은 이미 우리 생활의 일부가 되었다고 말할 수 있다. 인터넷의 장단점에 대한 사람들의 의견은 분분하다. 나는 개인적으로 인터넷의 단점이 장점보다 크다고 생각하는데, 그 이유는 다음과 같다.

우선, 인터넷상의 악플은 이미 매우 골치 아픈 사회문제가 되었으며, 많은 죄 없는 사람에게 상처를 주고 있다. 적지 않은 연예인이 이러한 모욕을 견디지 못하고 자살한 것이 바로 인터넷 폐단의 가장 좋은 예증이다.

다음으로, 인터넷상의 권리 침해 문제도 매우 심각하다. 불법복제, 무료 다운로드 행위 또한 아무리 단속해도 없어지지 않고 있다. 이러한 심각한 권리 침해 행위는 모두 인터넷으로부터 생긴 것이다.

이외에도, 인터넷 게임이 청소년에게 미치는 영향이 큰 것은 말할 필요도 없고, 몇몇 청소년은 인터넷 게임으로 인해 폭력적인 성향이 생겼으며 심지어 범죄까지 저지른다. 인터넷 게임은 청소년의 몸을 해칠 뿐 아니라 그들의 정신까지 비뚤어지게 하였다.

요컨대, 나는 인터넷이 우리 사회의 발전에 공헌한 것은 부인하지는 않지만, 그것이 우리에게 가져온 위험이 더 크다고 생각한다. 그래서 나는 인터넷의 단점이 장점보다 크다고 생각한다.

이 문제에 대한 대답을 마쳤다.

恶意 è'yì 🅜 악의 ｜ 帖子 tiězi 🅜 쪽지 ｜ 棘手 jíshǒu 🅕 (처리하기) 곤란하다, 까다롭다 ｜ 例证 lìzhèng 🅜 예증 ｜ 扭曲 niǔqū 🅥 꼬다, 비틀다 ｜ 心灵 xīnlíng 🅜 마음, 정신

잠깐! 표현 UP 중작 연습

· ……无时无刻不在……   ~는 항상 ~하다

01 인터넷은 항상 우리 생활에 영향을 준다.

→ ____

02 인터넷은 항상 기적을 만들어낸다.

→ ____

· ……一经问世就……   ~가 출시되자마자 ~하다

03 인터넷 게임은 출시되자마자 청소년들의 사랑을 받았다.

→ ____

04 화상 채팅이 출시되자마자 전세계를 풍미했다.

→ ____

· 之所以……，其中一个主要原因就是……   ~의 주요 원인 중 하나는, 바로 ~이다

05 사람들이 인터넷에 의존하는 주요 원인 중 하나는, 바로 인터넷의 정보가 풍부하다는 것이다.

→ ____

06 인터넷 뉴스가 사람들의 시선을 끄는 주된 원인 중 하나는, 그것의 뉴스가 다양하다는 것이다.

→ ____

☞ 정답은 174페이지에서 확인하세요.

我们的生活离不开电视，看电视究竟是利大于弊呢，还是弊大于利呢？请就这个问题谈谈你的看法。(2.5分钟)

우리의 삶은 텔레비전과 떨어질 수 없습니다. 텔레비전을 보는 것은 도대체 장점이 많을까요, 단점이 많을까요? 이 문제에 대한 당신의 견해를 말해보세요.

개요짜기

텔레비전의 장점과 단점에 대해 말하는 문제이다. 서론에서 텔레비전이 더 이상 우리의 생활과 떨어질 수 없다는 점을 이야기하고, 본론에서 텔레비전의 장점과 단점에 대해 전개하며, 결론에서 자신의 견해를 분명하게 말하는 것이 좋다. 비교문을 이용한다면 더 유창해보이는 중국어를 구사할 수 있으며, 참고로 같은 의미의 표현은 중복해서 쓰지 않도록 주의하자.

▶ 비교문 형식을 이용하여 최상급을 표현하자. 반복해서 '最……'라고 하는 것보다는 다른 형식의 비교문을 활용하는 방법이 있는데, 몇 가지 자주 쓰는 비교문 형식은 다음과 같다.

莫过于……。

没有……比……更……得了。

再……不过了。

……比任何……都……。

▶ 어떤 사실에 대해 언급할 때 사용하는 몇 가지 표현들을 알아두자.

谁都无法否认……。

……是一个不争的事实。

我们必须承认……。

我们不得不承认……。

事实证明……。

예

장점이 단점보다 많다고 말하는 경우,

下面我开始回答第5/6题。

提起电视，想必大家已经是再熟悉不过了。就我个人而言，我认为电视的好处更多。下面我就来谈一谈看电视的好处。

首先，……。

其次，……。

事实胜于雄辩，我想给大家举个例子。比如说……。

总之，我不否认看电视也有很多坏处。但是，只要我们扬长避短，就能让电视更好的为我们服务。

这个问题回答完了。

단점이 장점보다 많다고 말하는 경우,

下面我开始回答第5/6题。

提起电视，想必大家已经是再熟悉不过了。就我个人而言，我认为看电视弊大于利，下面我就来谈一谈看电视的坏处。

首先，……。

其次，……。

再次，……。

总之，电视是时代发展的产物，我们不能消灭它，所以应该扬长避短，让电视更好地为我们服务。

这个问题回答完了。

관련 단어

传播 chuánbō 동 널리 퍼뜨리다, 전파하다

播放 bōfàng 동 (라디오를 통해) 방송하다

角色 juésè 명 배역, 역할

屏幕 píngmù 명 모니터

打发 dǎfa 동 (시간 등을) 보내다, 허비하다

血腥 xuèxīng 형 피비린내 나다

色情 sèqíng 형 야하다

负面 fùmiàn 명 부정적인 면

陷 xiàn 동 빠지다, 들어가다

频道 píndào 명 채널

新闻频道 xīnwén píndào 뉴스 채널

消遣 xiāoqiǎn 동 심심풀이로 하다, 한가하게 시간을 보내다

科教频道 kējiāo píndào 과학교육 채널

电视剧 diànshìjù 명 드라마

体会 tǐhuì 동 체득하다, 경험하여 알다

近视 jìnshi 명 근시

娱乐节目 yúlè jiémù 오락 프로그램

暴力 bàolì 형 폭력적이다

情节 qíngjié 명 줄거리

上瘾 shàngyǐn 동 중독되다

视野 shìyě 명 시야

节目 jiémù 명 프로그램

体育频道 tǐyù píndào 명 스포츠 채널

凡事 fánshì 명 모든 일, 만사

관련 성어

良师益友 liángshī yìyǒu 좋은 스승과 유익한 친구

예 书是我们的良师益友。책은 우리의 좋은 스승이자 유익한 친구이다.

扬长避短 yángcháng bìduǎn 장점은 살리고 단점은 피하다

예 我们找工作的时候应该扬长避短。우리는 직장을 구할 때 장점은 살리고 단점은 피해야 한다.

茶余饭后 cháyú fànhòu 차를 마시거나 식사를 마친 후의 한가한 휴식 시간

예 茶余饭后，我们可以看电视打发时间。한가한 휴식 시간에, 우리는 텔레비전을 보며 시간을 보낼 수 있다.

스스로 써보기

1 문제를 보고 자신이 말하고 싶은 내용을 4분 내로 중국어나 한국어로 써 보세요.

2 이제 녹음을 시작합니다. 시간은 2분 30초가 주어집니다.

3 녹음을 듣고 스스로를 평가해본 후, 자신의 문제점을 짚어보세요.

모범답안

下面我开始回答第5/6题。

提起电视，想必大家已经是再熟悉不过了。就我个人而言，我认为看电视的好处更多。下面我就来谈一谈看电视的好处。

首先，电视已经成为我们最重要的信息传播手段之一。我们可以通过广告看到自己想买的商品，还可以通过科教频道学到很多知识，甚至可以通过电视，找到失散多年的老朋友，电视可谓我们的良师益友。

其次，电视里播放的电视剧也有其特殊的魅力。看电视剧可以让我们融入其中的角色，体会一些我们平时无法体会的感情，经历一些我们在现实生活中无法经历的事情。

再次，电视对我们的生活有很多积极的影响。比如说我小时候邻家的哥哥，从小就爱看《动物世界》，而且很小就对动物产生了浓厚的兴趣。后来他上大学时，进入了一所著名大学研究动物的专业。

总之，我不否认看电视也有很多坏处。但是，只要我们扬长避短，就能让电视更好的为我们服务。

这个问题回答完了。

나는 다음 5번/6번 문제에 대한 대답을 시작하겠다.

텔레비전을 말하면, 틀림없이 모두가 잘 알고 있을 것이다. 나는 개인적으로 텔레비전을 보는 것의 장점이 더 많다고 생각하며 아래에서 텔레비전을 보는 것의 장점에 대해 말해보겠다.

우선, 텔레비전은 이미 우리의 가장 중요한 정보 전달 수단 중 하나가 되었다. 우리는 텔레비전 광고를 통해 자신이 구매하고자 하는 상품을 볼 수 있고, 과학 교육 채널을 통해 다양한 지식을 배울 수도 있으며, 심지어는 텔레비전을 통해 오랫동안 헤어졌던 옛 친구도 찾을 수 있다. 텔레비전은 우리의 좋은 스승이자 유익한 친구라고 할 수 있다.

다음으로, 텔레비전에서 방영하는 드라마는 독특한 매력을 가지고 있다. 텔레비전을 보면서 우리는 극 중 인물에 빠져들어서 우리가 평소 체험할 수 없는 감정을 이해하게 되고, 우리가 살면서 겪어보지 못한 많은 일을 경험하기도 한다.

그다음으로, 텔레비전은 우리의 삶에 긍정적인 영향을 끼친다. 예를 들면, 내가 어릴 적에 옆집에 살던 오빠는 어려서부터 〈동물의 세계〉를 즐겨 보며 동물에 대해 깊은 흥미를 갖게 되었고, 나중에 오빠는 대학에 다닐 때 한 유명 대학의 동물 연구 학과에 들어갔다.

결론적으로, 나는 텔레비전을 보는 것에 많은 단점이 있다는 점은 부인하지는 않겠다. 하지만 우리가 장점을 더욱 부각하고 단점을 피하기만 한다면 텔레비전이 우리에게 더 나은 서비스를 제공하도록 할 수 있다.

이 문제에 대한 대답을 마쳤다.

단어

手段 shǒuduàn 명 수단, 방법 │ **失散 shīsàn** 동 (사연 때문에) 헤어지다, 흩어지다 │ **特殊 tèshū** 형 특수하다, 특별하다 │ **魅力 mèilì** 명 매력 │ **融入 róngrù** 동 융화되다, 들어맞다 │ **胜于 shèng yú** ~보다 낫다, ~을 능가하다 │ **雄辩 xióngbiàn** 명 웅변, 말 │ **浓厚 nónghòu** 형 깊다, 농후하다 │ **著名 zhùmíng** 형 유명하다, 저명하다

下面我开始回答第5/6题。

提起电视，想必大家已经是再熟悉不过了。就我个人而言，我认为看电视弊大于利，下面我就来谈一谈看电视的坏处。

首先，电视的屏幕会对儿童的眼睛有很大的不利影响。众所周知，长时间看电视会危害到儿童脆弱的眼睛，会造成近视。

其次，电视虽然是打发时间的好办法，但是现在的电视剧、娱乐节目的内容往往不太健康，常常出现血腥、暴力、色情的情节。我认为这些东西对我们的精神健康没有什么好的帮助，特别是对儿童和青少年的成长会造成很大的负面影响。

再次，看电视容易上瘾。一旦开始看，就容易陷进去，这是非常浪费时间的。俗话说："一寸光阴一寸金"，我们不应该把时间浪费在看电视上。

总之，电视是时代发展的产物，我们不能消灭它，所以应该扬长避短，让电视更好地为我们服务。

这个问题回答完了。

나는 다음 5번/6번 문제에 대한 대답을 시작하겠다.

텔레비전을 언급하면, 틀림없이 모두가 잘 알고 있을 것이다. 나는 개인적으로 텔레비전의 단점이 장점보다 더 많다고 생각하며, 아래에서 텔레비전(을 보는 것)의 단점에 대해 말해보겠다.

우선, 텔레비전 화면은 아이들 시력에 나쁜 영향을 끼친다. 모든 사람이 다 알고 있듯이 장시간 텔레비전을 시청하는 것은 아이들의 연약한 눈을 손상하여 근시 현상을 초래할 수 있다.

다음으로, 텔레비전은 시간을 보내는 좋은 방법이긴 하지만, 요즘 텔레비전 드라마나 오락 프로그램의 내용은 종종 불건전하고, 자주 잔혹함, 폭력, 음란한 내용이 나온다. 나는 이런 내용이 우리의 정신 건강에 아무런 도움이 되지 못하며, 특히 아이들과 청소년의 성장에 부정적인 영향을 초래할 거라고 생각한다.

그다음으로, 텔레비전을 보는 것은 쉽게 중독이 된다. 일단 한번 보기 시작하면 빠져들기 쉬운데, 이는 매우 시간 낭비이다. 속담에서 '시간은 금이다'라고 했듯이, 우리는 텔레비전을 보는 데에 시간을 낭비해서는 안 된다.

결론적으로, 텔레비전은 시대발전의 산물이며, 우리는 그것을 없앨 수 없다. 그래서 장점은 더욱 부각시키고 단점은 피하여 텔레비전이 우리에게 더 나은 서비스를 제공하도록 해야 한다.

이 문제에 대한 대답을 마쳤다.

危害 wēihài 통 해를 끼치다, 해치다 ｜ 脆弱 cuìruò 형 취약하다, 연약하다 ｜ 一旦 yídàn 부 일단 ～하면

- 对……再熟悉不过了   ~이 아주 익숙하다

  01 우리는 텔레비전을 보며 밥을 먹는 것이 아주 익숙하다.

  →

  02 우리는 텔레비전이 아주 익숙하다.

  →

- 毫不夸张地说，……   조금의 과장도 없이 말하면, ~이다

  03 조금의 과장도 없이 말하면, 텔레비전이 우리에게 주는 영향은 매우 크다.

  →

  04 조금의 과장도 없이 말하면, 대부분의 사람은 매일 텔레비전을 본다.

  →

☞ 정답은 174페이지에서 확인하세요.

(5) 현대 사회의 핫이슈 (现代社会热点话题)

① 문제 유형

요즘은 인터넷이나 텔레비전을 통해 뉴스를 많이 보는데, 일상적인 뉴스, 시사적인 뉴스, 생소한 뉴스, 잘 모르는 분야에 대한 뉴스 등이 있다. 평소 신문이나 뉴스를 통해 현대 사회의 이슈가 될만한 일들은 잘 알아두는 것이 좋은데, 배경지식이 없으면 자신의 주장을 뒷받침할만한 의견제시에 매우 소극적일 수 있기 때문이다. 한국 뉴스 외에 중국 뉴스도 인터넷이나 다른 매체를 통해 끊임없이 접하고, 이에 대한 자신의 생각을 한 번쯤 정리해보는 것도 큰 도움이 될 수 있다.

② 서술방법 및 주의사항

- 우선 문제의 요지를 잘 파악하는 것이 중요하다. 잘 알고 있는 주제는 개요를 짜서 조리 있게 말하고, 잘 모르는 주제라도 당황하지 말고 아는 만큼이라도 말하자.
- 자신의 의견에 대한 정확하고 충분한 논거를 제시하되, 자신 있게 말하는 것이 좋다.
- 잘 모르는 주제가 나오면 일부러 장황하게 말하려고 하지 말고, 본 교재에 나오는 서론, 본론, 결론에서 쓸 수 있는 표현들을 잘 활용하여, 될 수 있으면 간결하게라도 자신의 의견을 말해보도록 하자.

“丁克族”指主动放弃生育的夫妇，他们更倾向于过有质量的、自由自在的“二人世界”生活。谈谈你对“丁克族”的看法。(2.5分钟)

문제

'딩크족'은 의도적으로 출산을 포기하는 부부를 말하며, 그들은 보다 가치 있고 자유분방한 '두 사람만의 세계'의 생활을 중시하는 경향이 있습니다. '딩크족'에 대한 당신의 견해를 말해보세요.

개요짜기

딩크족에 대한 자신의 의견을 말하는 문제이다. 딩크족의 의미는 잘 몰라도 문제에 그 뜻이 나와 있으므로 당황하지 말고 정확하게 이해하려는 태도가 중요하다. 딩크족에 대한 개념을 다시 한 번 짚어주고 그에 대한 자신의 의견을 하나하나 열거하며 이야기를 전개하는 것이 좋은데, 문제의 의미를 알더라도 딱히 그 주제에 대한 생각이나 견해가 없다면 자신의 주위에 그런 사람이 있다는 상황을 설정하여 딩크족이 좋아 보인다 혹은 문제점이 있어 보인다는 식으로 이야기를 전개해나가는 것이 좋다.

▶ '편견을 버려야 한다'는 몇 가지 표현들을 알아두자.

对这个问题我们应该放下成见。

对这个问题我们不应该有偏见。

我们不能戴着有色眼镜看待这个问题。

我们不应该用老眼光看待这个问题。

▶ 사회적인 이슈와 관련된 주제의 결말에서 쓸 수 있는 몇 가지 표현들을 알아두자.

世界在变，人们的想法也在变。

……是时代发展的产物。

存在的就是合理的。

人各有志，我们不能用一个标准来要求别人。

世界上的事没有绝对的对与错。

예

찬성하는 경우，

下面我开始回答第5/6题。

"丁克族"这个词对年轻人来说并不陌生。"丁克族"已经成为社会热点问题，就我个人而言，我对"丁克族"持肯定的态度，理由如下：

首先，……。

其次，……。

再次，……。

总之，"丁克族"是时代发展的产物，人们应该放下成见，理智地看待"丁克族"问题。我不否认"丁克族"对社会发展的负面影响。但是总的来说，我还是支持"丁克族"的。

这个问题回答完了。

반대하는 경우，

下面我开始回答第5/6题。

"丁克族"这个词对年轻人来说并不陌生。就我个人而言，我对"丁克族"持否定的态度，理由如下：

首先，……。

其次，……。

再次，……。

总之，虽然我并不否认"丁克族"是时代发展的必然产物，但是我还是反对"丁克族"的生活方式。为了我们自己，也为了我们的社会，我还是赞成结婚生子的传统的生活方式。

这个问题回答完了。

관련 단어

陌生 mòshēng 형 낯설다, 생소하다

权利 quánlì 명 권리

享受 xiǎngshòu 형 누리다, 즐기다

负担 fùdān 동 부담하다

成见 chéngjiàn 명 편견, 선입견

看待 kàndài 동 대하다, 다루다

破裂 pòliè 동 (관계나 감정 등이) 멀어지다

忽视 hūshì 동 소홀히 하다

寂寞 jìmò 형 외롭다, 쓸쓸하다

赡养 shànyǎng 동 (부모를) 봉양하다

孝顺 xiàoshùn 동 효도하다, 공경하다

自由 zìyóu 형 자유롭다

后悔 hòuhuǐ 동 후회하다, 뉘우치다

热点 rèdiǎn 명 핫이슈

束缚 shùfù 동 속박하다, 구속하다

轻松 qīngsōng 형 홀가분하다, 편안하다

产物 chǎnwù 명 결과, 산물

理智 lǐzhì 형 냉정하게, 침착하게

介入 jièrù 동 끼어들다, 관여하다

不容 bùróng 동 불허하다, ~해서는 안 된다

潇洒 xiāosǎ 형 거리낌없다, 멋스럽다, 자유스럽다

抚养 fǔyǎng 동 부양하다

养老 yǎnglǎo 동 노인을 부양하다

不孝 bú xiào 불효하다

自私 zìsī 형 이기적이다

空虚 kōngxū 형 (속이) 텅 비다, 공허하다

관련 성어

养儿防老 yǎng'ér fánglǎo 자식을 키워 노후를 대비하다
예 养儿防老是大部分人的想法。 자식을 키워 노후를 대비하는 것은 대다수 사람의 생각이다.

传宗接代 chuánzōng jiēdài 대를 잇다, 혈통을 잇다
예 生儿子传宗接代是我们的传统观念。 아들을 낳아 대를 잇는 것은 우리의 전통관념이다.

관련 속담

不孝有三，无后为大 bú xiào yǒu sān, wú hòu wèi dà 불효에는 세 가지 있는데, 후대가 없는 것이 가장 큰 불효이다

有子万事足 yǒu zǐ wànshì zú 자식만 있으면 만사가 족하다

스스로 써보기 

1 문제를 보고 자신이 말하고 싶은 내용을 4분 내로 중국어나 한국어로 써 보세요.

모범답안   긍정적인 경우   🎧087

　　下面我开始回答第5/6题。

　　"丁克族"这个词对年轻人来说并不陌生。"丁克族"已经成为社会热点问题，就我个人而言，我对"丁克族"持肯定的态度，理由如下：

　　首先，我认为生不生孩子，是个个人的问题，结婚生子这样的事，每个人都有权利去选择。只要两个人有一致的想法，就足够了。如果不是真心真意地喜欢孩子，只是把生儿育女当成一种任务，那还不如不生。

　　其次，我认为如果夫妻双方都忙于工作没有时间，或者经济条件不好的话，还不如不生孩子。最近"生而不养，养而不教"的父母越来越多，已经成了社会问题。

　　再次，没有孩子的束缚，夫妻二人可以享受质量更高、更轻松、更自由的生活，没有养孩子的经济负担和精神负担，可以把精力全部放在工作上，可以更好地实现自我。

　　总之，"丁克族"是时代发展的产物，人们应该放下成见，理智地看待"丁克族"问题。我不否认"丁克族"对社会发展的负面影响。但是总的来说，我还是支持"丁克族"的。

　　这个问题回答完了。

나는 다음 5번/6번 문제에 대한 대답을 시작하겠다.

'딩크족'은 젊은이들 사이에서 그리 낯설지 않은 말로, '딩크족'은 이미 사회의 쟁점이 되었고 나는 개인적으로 '딩크족'에 대해 긍정적인 입장이며, 그 이유는 다음과 같다.

우선, 아이를 낳고 안 낳고의 문제는 개인적인 문제이며, 결혼생활에서 아이를 낳는 이러한 문제는 모든 사람에게 선택할 권리가 있다고 생각한다. 두 사람의 생각이 일치한다면 그것만으로도 충분하다. 만일 진심으로 아이를 좋아하는 것이 아니라 아이를 낳아 기르는 것을 일종의 임무라고 여긴다면, 차라리 아이를 낳지 않는 게 더 낫다고 생각한다.

다음으로, 나는 만약 부부가 일이 너무 바빠서 시간이 없거나, 혹은 경제적 여건이 그렇게 좋지 못하다면, 아이를 낳지 않는 것이 낫다고 생각한다. 최근 '아이는 낳았지만 양육을 하지 않거나, 아이는 양육하지만 교육하지 않는' 부모가 점점 많아지고 있으며, 이것은 이미 사회적인 문제가 되었다.

단어

一致 yízhì 〔동〕일치하다 | 足够 zúgòu 〔형〕충분하다, 만족하다 | 精力 jīnglì 〔명〕정력, 정신과 체력

모범답안

부정적인 경우　🎧088

下面我开始回答第5/6题。

"丁克族"这个词对年轻人来说并不陌生，就我个人而言，我对"丁克族"持否定的态度，理由如下：

首先，目前的"丁克族"大多是一些年轻人，由于希望享受二人世界，所以不想让孩子这个"第三者"介入。但是，"丁克族"年纪大了以后后悔的现象很多，甚至会为此导致婚姻破裂。

其次，"丁克族"年老后的问题不容忽视。年轻的时候没有子女，可能更轻松，更潇洒，但是到了老年，无儿无女的话会感到很寂寞，生病的时候也没人照顾。

再次，俗话说："不孝有三，无后为大"。目前的"丁克族"面临着来自社会和长辈各方面的压力，为了社会的发展，为了不让长辈操心，我认为我们还是应该生儿育女。

总之，虽然我并不否认"丁克族"是时代发展的必然产物，但是我还是反对"丁克族"的生活方式。为了我们自己，也为了我们的社会，我还是赞成结婚生子的传统的生活方式。

这个问题回答完了。

나는 다음 5번/6번 문제에 대한 대답을 시작하겠다.

'딩크족'은 젊은이들 사이에서 그리 낯설지 않은 말로, 나는 개인적으로, '딩크족'에 대해 부정적인 입장이며, 그 이유는 다음과 같다.

우선, 요즘 대다수의 '딩크족'은 젊은 사람들이다. 그들은 두 사람만의 세계를 누리기 위해 '제삼자'인 아이의 개입을 원치 않는다. 하지만 '딩크족'은 나이가 든 후에 후회하는 경우가 많으며, 심지어는 결혼생활이 파경에 이르기도 한다.

다음으로, '딩크족'이 나이가 들었을 때의 문제 또한 간과할 수 없다. 젊었을 때는 아이가 없는 것이 더 편하고 더 자유스럽겠지만, 노년기에는 자식이 없으면 매우 적막함을 느낄 것이고, 병이 들어도 간호해 줄 사람이 없을 것이다.

그다음으로, 속담에 '불효에는 세 가지가 있는데, 대를 잇지 못하는 것이 가장 큰 불효이다'는 말이 있다. 지금의 '딩크족'은 사회와 연장자들로부터의 압박에 직면해 있으며, 사회 발전을 위해, 연장자들을 걱정시키지 않기 위해서라도, 나는 반드시 아이를 낳아야 한다고 생각한다.

결론적으로, '딩크족'이 시대발전의 필연적인 산물이라는 것에 대해서는 부인하지 않지만, 나는 '딩크족'의 삶의 방식에는 반대한다. 우리 자신을 위해서, 우리 사회를 위해서도 아이를 낳는 전통적인 삶의 방식에는 찬성한다.

이 문제에 대한 대답을 마쳤다.

단어

面临 miànlín 통 직면하다 │ **长辈 zhǎngbèi** 명 손윗사람, 연장자 │ **操心 cāoxīn** 통 마음을 쓰다, 걱정하다

잠깐! 표현 UP 중작 연습

- **……是时代发展的(……)产物**　~은 시대발전의 (~)산물이다

  01 '딩크족'은 시대발전의 필연적 산물이다.
  →

  02 '딩크족'을 시대발전의 산물이라고 할 수는 없다.
  →

- **迫于……的压力……**　~의 압박 때문에 (할 수 없이) ~하다

  03 많은 젊은이는 부모의 압박 때문에 아이를 낳는다.
  →

  04 최근 많은 부부는 생계의 압박 때문에 '딩크족'이 되는 것을 선택한다.
  →

- **……条件（不）允许**　~조건이 허락되(지 않)다

  05 많은 사람은 경제적인 여건이 허락되지 않아, 감히 아이를 낳지 못한다.
  →

  06 조건이 허락되기만 한다면, 많은 사람은 그래도 아이를 낳고 싶어한다.
  →

☞ 정답은 174페이지에서 확인하세요.

在现代社会中，学校里学生被孤立的现象越来越严重，这到底是为什么呢？谈谈你对这个问题的看法。(2.5分钟)

현대사회에서 교내 왕따 현상이 점점 심각해지고 있는데, 도대체 왜 그런걸까요? 이 문제에 대한 당신의 견해를 말해보세요.

왕따 문제는 어느 나라, 어느 곳에서든 존재하는 사회문제로, 왕따로 인해 발생하는 문제와 그 결과는 매우 심각하다. 아마 대부분의 사람이 다른 사람을 왕따시키는 현상에 대해 찬성할 리 없으며 왕따에 대한 부정적인 시각이 많을 것이다. 그러므로 왜 이런 현상이 생기는지, 왕따를 당하는 사람들이 어떤 고통을 당하며, 어떤 결과에 이르게 되는지에 대한 과정과, 어떻게 이 문제를 해결해야 하는지에 대해 이야기를 풀어나가는 것이 중요하다. 왕따가 나타나는 현상이나 그 심각성, 대처방법까지의 내용을 '서론-본론-결론'을 통해 단계적으로 말해나가는 것이 좋은 회화 구성이 될 수 있다.

▶ 딱 잘라서 '맞다' 또는 '틀리다'라고 할 수 없을 경우에 쓸 수 있는 몇 가지 표현들을 알아두자.
其原因当然不是用一两句话能说清楚的。
应该具体分析。
不能一概而论。
应该学会从不同的角度出发看问题。

예

下面我开始回答第5/6题。

在现代社会中，学校里学生被独立的现象越来越严重，这到底是为什么呢？这个问题不能一概而论。但是我认为应该从孩子自身、父母和学校三个方面找原因。

首先，……。

其次，……。

再次，……。

综上所述，我认为学生在学校被孤立是由多方面的原因导致的。我们应该共同关注这个问题，关心青少年，让他们健康地成长。

这个问题回答完了。

관련 단어

孤立 gūlì 图 고립되다, 왕따시키다

围着……转 wéizhe … zhuàn (곁에서) 싸고 돌다

隔阂 géhé 图 (감정의) 거리

幼小 yòuxiǎo 图 어리다

伤害 shānghài 图 상처를 주다

助长 zhùzhǎng 图 (나쁜 경향이나 현상을) 조장하다

欺负 qīfu 图 괴롭히다

内向 nèixiàng 图 내성적이다

心态 xīntài 图 심리상태

制止 zhìzhǐ 图 제지하다

帮派 bāngpài 图 파벌, 집단

独生子女 dúshēngzǐnǚ 외동자녀(외동아들 또는 외동딸)

融洽相处 róngqià xiāngchǔ 사이좋게 지내다

沟通 gōutōng 图 소통하다

心灵 xīnlíng 图 마음

孤僻 gūpì 图 괴팍하다

成风 chéngfēng 图 널리 퍼지다, 유행하다

霸道 bàdào 图 포악하다

外向 wàixiàng 图 외향적이다

相处 xiāngchǔ 图 서로 사이 좋게 지내다

骄傲 jiāo'ào 图 거만하다

取笑 qǔxiào 图 비웃다

관련 성어

司空见惯 sīkōng jiànguàn 흔히 있는 일이다, 늘 보아서 신기하지 않다

예 孤立学生的现象已经是司空见惯了。 학생을 왕따시키는 현상은 이미 흔히 있는 일이다.

不闻不问 bùwén búwèn 듣지도 묻지도 않다, 전혀 관심이 없다

예 很多家长只顾赚钱，对孩子的学习不闻不问。

많은 부모는 돈 버는 일에만 신경쓰며, 자녀의 학습에는 전혀 관심이 없다.

置之不理 zhìzhī bùlǐ 내버려 두고 거들떠보지도 않다

예 我们应该重视这个问题，不能置之不理。

우리는 이 문제를 중시해야지, 거들떠보지도 않아서는 안 된다.

漠不关心 mòbù guānxīn 전혀 관심이 없다, 무관심하다

예 老师对此漠不关心。 선생님은 이것에 대해 전혀 관심이 없다.

一概而论 yígài érlùn 일괄적으로 논하다

예 对这个问题，我们不能一概而论。 이 문제에 대해서, 우리는 일괄적으로 논해서는 안 된다.

至关重要 zhìguān zhòngyào 매우 중요하다

예 老师的作用是至关重要的。 선생님의 역할은 매우 중요하다.

分帮分派 fēnbāng fēnpài 무리를 짓다, 끼리끼리 놀다

예 应该团结同学，不要分帮分派。 학생들을 단결시켜야지, 끼리끼리 놀게 해서는 안 된다.

관련 속담

三人一帮，两人一伙 sān rén yì bāng, liǎng rén yì huǒ 두 세 명씩 무리를 짓다, 끼리끼리 어울리다

只许州官放火，不许百姓点灯 zhǐxǔ zhōuguān fànghuǒ, bùxǔ bǎixìng diǎndēng
관리는 방화도 할 수 있지만, 백성들은 등을 켜는 것조차도 허락하지 않는다, 나쁜 짓을 일삼는 사람이 다른 사람이 정당한 권리를 누리는 것을 허락하지 않다

拒人于千里之外 jù rén yú qiānlǐ zhī wài 사람을 천 리 밖에서 거절하다, 단호히 거절하다

敢怒而不敢言 gǎn nù ér bù gǎn yán 격분하고 있지만 감히 말은 하지 못하다, 화를 억누르다

1 문제를 보고 자신이 말하고 싶은 내용을 4분 내로 중국어나 한국어로 써 보세요.

2 이제 녹음을 시작합니다. 시간은 2분 30초가 주어집니다.

3 녹음을 듣고 스스로를 평가해본 후, 자신의 문제점을 짚어보세요.

모범답안 089

下面我开始回答第5/6题。

在现代社会中，学校里学生被孤立的现象越来越严重，这到底是为什么呢？这个问题不能一概而论。但是我认为应该从孩子自身、父母和学校三个方面找原因。

首先，从孩子自身来看，由于现在独生子女的家庭越来越多，每个孩子在家里都是中心，父母都围着孩子转。这就使得孩子产生以自我为中心的心理，不懂得与别人融洽相处，因此容易和别人产生隔阂。

其次，从父母的角度来看，现在的父母都忙于事业，无暇照顾孩子，跟孩子沟通不够是司空见惯的现象。这也容易让孩子误以为父母不爱自己，让他们幼小的心灵受到伤害，性格变得越来越孤僻。

再次，从学校的角度来看，最近在校园里三人一帮，两人一伙的现象很普遍，很多老师对此漠不关心，更助长了同学之间互相孤立成风。

综上所述，我认为学生在学校被孤立是由多方面的原因导致的。我们应该共同关注这个问题，关心青少年，让他们健康地成长。

这个问题回答完了。

나는 다음 5번/6번 문제에 대한 대답을 시작하겠다.

현대사회에서 교내 학생들이 왕따 당하는 현상이 갈수록 심각해지고 있다. 도대체 왜 그런 걸까? 이 문제는 일률적으로 논할 수 없지만, 나는 아이 자신과 부모, 학교의 세 가지 방면에서 그 원인을 찾아야 한다고 생각한다.

먼저, 아이 자신으로 보면, 현재 외동자녀의 가정이 갈수록 많아져서, 모든 아이는 가정에서 중심이 되고 부모는 아이 곁에서 맴돈다. 이는 아이로 하여금 자신이 중심이 되는 심리를 생기게 하고 다른 사람과 사이 좋게 어울려야 한다는 걸 이해하지 못하기 때문에, 쉽게 다른 사람과 거리감이 생긴다.

다음으로, 부모의 관점에서 보면, 요즘 부모들은 모두 일이 바빠 아이를 돌볼 틈이 없어서, 아이와의 의사소통 부족은 흔히 볼 수 있는 현상이 되었다. 이는 아이로 하여금 부모가 자신을 사랑하지 않는다고 오해하게 하고, 그들의 어린 마음에 상처를 주어, 성격이 갈수록 괴팍해진다.

그다음으로, 학교의 관점에서 보면, 최근 교내에서 끼리끼리 어울리는 현상은 매우 일반화되고, 많은 선생님은 이에 대해 무관심해서, 동급생간에 서로 왕따시키는 것이 더 유행하도록 조장한다.

위 내용을 정리해보면, 나는 학생이 학교에서 왕따 당하는 것은 여러 방면의 원인에 의해 초래된다고 본다. 우리는 함께 이 문제에 주목하고 청소년에게 관심을 기울여, 그들이 건강하게 성장하도록 해야 한다.

이 문제에 대한 대답을 마쳤다.

단어

忙于 mángyú 图 ~하느라 바쁘다 | 无暇 wúxiá 图 ~할 여유가 없다 | 误以为 wù yǐwéi 오해하다, 잘못 생각하다

표현 UP 중작 연습

· 一会儿……, 一会儿…… 어떤 때는 ~하고, 어떤 때는 ~하다

01 요즘 아이들은 어떤 때는 이 친구랑 좋았다가, 어떤 때는 저 친구랑 좋았다가 하며, 오래 사귀는 친구가 전혀 없다.

→ ____

02 어떤 아이는 이랬다 저랬다하며, 정서가 매우 불안정하다.

→ ____

· 别看…… ~라고 여기지 마라, ~이지만

03 아이들의 나이는 어리지만, 그들은 뭐든지 다 안다.

→ ____

04 아이들은 겉으로는 문제가 없어 보이지만, 사실 그들의 관계는 매우 복잡하다.

→ ____

☞ 정답은 174페이지에서 확인하세요.

随着生活水平的提高，购买私家车的人越来越多，有人说应该鼓励购买私家车，也有人因为交通堵塞而反对购买私家车。就这个问题谈谈你的看法。(2.5分钟)

생활수준이 높아지면서 자가용을 구매하는 사람이 점점 많아졌습니다. 어떤 사람은 자가용 구매를 찬성하고, 또 어떤 사람은 교통체증으로 인해 자가용 구매를 반대하는데, 이 문제에 대한 당신의 견해를 말해보세요.

최근 들어 자가용을 구매하는 사람이 많아졌다. 자가용은 우리에게 편리함을 가져다주기도 하지만, 상대적으로 교통체증과 환경문제 등의 문제를 초래하기도 한다. 그러므로 서론에서 자가용이 예전에 비해 많아졌다는 일반적인 현상에 대해 말해주는 게 좋다. 본론에서 자신의 의견과 더불어 평소 자가용이나 대중교통을 이용했을 때의 편리함과 불편함 등에 대해 열거하여 말하고, 결론에서 자신의 의견을 한 번 더 강조해준다면 더없이 좋은 답변이 될 것이다.

예

찬성하는 경우,

下面我开始回答第5/6题。

在现代社会，由于生活水平的提高，购买私家车的人越来越多。对于"该不该买私家车"这个问题的看法，仁者见仁，智者见智。就我个人而言，我还是支持买私家车的。理由如下：

首先，……。

其次，……。

再次，……。

总之，我认为购买私家车所带来的益处远远大于它的弊端。所以，我支持购买私家车。

这个问题回答完了。

반대하는 경우,

下面我开始回答第5/6题。

在现代社会，由于生活水平的提高，购买私家车的人越来越多。对于"该不该买私家车"这个问题的看法，仁者见仁，智者见智。就我个人而言，我还是反对买私家车的。理由如下：

首先，……。

其次，……。

再次（另外 / 除此以外 / 此外），……。
总之，我认为买私家车虽然让自己的生活更方便，但总的来说还是弊大于利。
所以我反对买私家车。
这个问题回答完了。

관련 단어

搭车 dāchē 동 차를 얻어 타다	耽误 dānwu 동 그르치다, 지체하다
宝贵 bǎoguì 형 진귀하다, 귀중하다	刺激 cìjī 동 자극하다, 고무하다
消费 xiāofèi 동 소비하다	车库 chēkù 명 주차장
设施 shèshī 명 시설	繁荣 fánróng 형 번영하다
潮流 cháoliú 명 흐름, 추세	趋势 qūshì 명 추세, 경향
阻挡 zǔdǎng 동 차단하다, 저지하다	益处 yìchu 명 이점, 장점
大气污染 dàqì wūrǎn 대기오염	尾气 wěiqì 명 폐기, 배기가스
破坏 pòhuài 동 파괴하다	构成 gòuchéng 동 구성하다
威胁 wēixié 동 위협하다	交通堵塞 jiāotōng dǔsè 교통체증
出行 chūxíng 동 외출하다, 외지로 가다	急事 jíshì 명 급한 일
地铁 dìtiě 명 지하철	保养 bǎoyǎng 동 보호하고 손질하다
维修 wéixiū 동 보수하다, 수리하다	养车费 yǎng chēfèi 차량 유지비
油费 yóufèi 명 기름값	实惠 shíhuì 형 실속있다, 실용적이다
钢铁 gāngtiě 명 강철	车奴 chē nú 차의 노예
实用 shíyòng 형 실용적이다	

관련 성어

争分夺秒 zhēngfēn duómiǎo 분초를 다투다, 시간을 다투다
예 要成功，我们就要**争分夺秒**。 성공하려면, 우리는 시간을 다퉈야 한다.

四通八达 sìtōng bādá 사방으로 통하다, 교통이 매우 편리하다
예 首尔的交通可谓**四通八达**。 서울의 교통은 사방으로 통한다고 할 수 있다.

错综复杂 cuòzōng fùzá 마구 뒤엉켜 상황이 복잡하다
예 大城市的交通往往**错综复杂**，初来乍到的外地人很容易迷路。
대도시의 교통은 늘 복잡해서, 처음 온 외지인은 길을 잃기 매우 쉽다.

관련 속담

一寸光阴一寸金 yī cùn guāngyīn yī cùn jīn 시간은 매우 귀중하다, 시간은 금이다

前人栽树，后人乘凉 qiánrén zāishù, hòurén chéngliáng 조상이 나무를 심으면 후손이 그늘에서 더위를 식힌다

1 문제를 보고 자신이 말하고 싶은 내용을 4분 내로 중국어나 한국어로 써 보세요.

2 이제 녹음을 시작합니다. 시간은 2분 30초가 주어집니다.

3 녹음을 듣고 스스로를 평가해본 후, 자신의 문제점을 짚어보세요.

모범답안　　　　　　　　　　　　　　　　　　찬성하는 경우　　🎧090

下面我开始回答第5/6题。

在现代社会，由于生活水平的提高，购买私家车的人越来越多。对于"该不该买私家车？"这个问题的看法，仁者见仁，智者见智。就我个人而言，我还是支持买私家车的。理由如下：

首先，购买私家车可以让自己的生活变得更方便，节省外出时间。现在人们的生活节奏很快，对现代人来说真的是"一寸光阴一寸金"，如果有私家车的话，就不会因为搭不到车而耽误宝贵的时间。

其次，鼓励购买私家车可以促进经济的增长和刺激人们的消费。因为政府可以通过鼓励购买私家车，推动钢铁产业以及其他现代工业的发展，同时还能提高人们的消费水平，刺激公路、车库等公共设施的修建。

再次，购买私家车已经成为一种潮流，它是社会发展的必然趋势。人们的经济水平已经越来越高，所以购买私家车也是无法阻挡的潮流。

总之，我认为购买私家车所带来的益处远远大于它的弊端。所以，我支持购买私家车。

这个问题回答完了。

나는 다음 5번/6번 문제에 대한 대답을 시작하겠다.

현대사회의 생활 수준이 향상됨에 따라 자가용을 구매하는 사람들이 점점 늘고 있다. '자가용을 구매해야 할까?'의 문제에 대한 의견은 분분하지만, 나는 개인적으로 자가용 구매를 찬성하는 입장이며, 그 이유는 다음과 같다.

우선, 자가용을 구매하면 우리의 생활은 더욱 편리해지고 외출 시간도 절약할 수 있다. 현대인의 생활 리듬은 매우 빠르며, 현대인에게는 정말로 '시간은 금이다'. 만약 자가용이 있다면 차를 놓쳐서 귀중한 시간을 지체하는 일은 없을 것이다.

다음으로, 자가용을 구매하도록 장려하는 것은 경제성장을 촉진하고, 사람들의 소비를 자극할 수 있다. 정부는 자가용 구매를 장려함으로써 철강산업 및 기타 현대 공업화의 발전을 촉진할 수 있고, 사람들의 소비수준을 높이는 동시에 도로와 주차장 등 공공시설을 건설할 수 있게 해준다.

그다음으로, 자가용 구매는 이미 하나의 유행이 되었으며, 그것은 사회 발전의 필연적 추세이다. 사람들의 경제 수준은 이미 점차 높아져서 자가용 구매는 막을 수 없는 시대의 흐름이 되었다.

결론적으로, 나는 자가용을 구매했을 때 가져오는 장점이 단점보다 훨씬 더 크다고 생각하며 그래서 자가용 구매를 찬성한다.

이 문제에 대한 대답을 마쳤다.

下面我开始回答第5/6题。

在现代社会，由于生活水平的提高，购买私家车的人越来越多。对于"该不该买私家车？"这个问题的看法，仁者见仁，智者见智。就我个人而言，我还是反对买私家车的。理由如下：

首先，在大气污染越来越严重的今天，汽车产生的尾气是造成大气污染的重要原因之一。由于汽车数量的增加，大量的污染气体不但对周围环境造成破坏，还对人们的身体健康构成威胁。

其次，过多的私家车会造成严重的交通堵塞问题。买私家车本来是为了节省时间，但实际上，现在交通堵塞的问题越来越严重，开私家车出行的话，我们在路上浪费的时间更多，有急事时还不如利用地铁。

再次，私家车的保养、维修的经济负担很大。而且，养车费和油费无形中给我们带来很大的经济负担，很多年轻人为私家车所累，生活质量也随之降低。因此，我认为坐公交车更加实惠。

总之，我认为买私家车虽然让自己的生活更方便，但总的来说还是弊大于利。所以我反对买私家车。

这个问题回答完了。

나는 다음 5번/6번 문제에 대한 대답을 시작하겠다.

현대사회의 생활 수준이 향상됨에 따라 자가용을 구매하는 사람들이 점점 늘고 있다. '자가용을 구매해야 할까?'의 문제에 대한 의견은 분분하지만, 나는 개인적으로 자가용 구매를 반대하는 입장이며, 그 이유는 다음과 같다.

우선, 대기오염이 날로 심각해지는 요즘, 자가용에서 발생하는 배기가스는 대기오염의 중요한 원인 중 하나이다. 자가용 수량의 증가로, 많은 오염된 기체는 주변환경을 파괴할 뿐만 아니라 사람들의 신체 건강을 위협한다.

다음으로, 지나치게 많은 자가용은 심각한 교통체증 문제를 일으킨다. 자가용을 구매하는 것은 원래 시간을 절약하기 위함이지만, 실제로 최근 교통체증 문제는 점점 심각해지고 있어서, 자가용을 타고 외출을 한다면 우리는 도로에서 더 많은 시간을 낭비하게 되므로, 급한 일이 있을 때는 지하철을 이용하는 것이 더 낫다.

그다음으로, 자가용을 수리하고 점검하는 경제적인 부담도 매우 크다. 또한 유지비와 기름값은 우리도 모르는 사이에 우리에게 큰 경제적 부담을 가져다주며, 많은 젊은 사람은 자가용 때문에 애를 먹고 삶의 질 또한 이에 따라 떨어진다. 그러므로 대중교통을 이용하는 것이 훨씬 더 실용적이라고 생각한다.

결론적으로, 나는 자가용 구매는 우리 생활을 더욱 편리하게 해줬지만, 전체적으로 봤을 때는 단점이 장점보다 크다고 생각한다. 그래서 나는 자가용 구매를 반대한다.

이 문제에 대한 대답을 마쳤다.

잠깐! 표현 UP 중작 연습

- **……为……所累** ~가 ~때문에 고생하다

  01 많은 젊은 사람은 대출을 갚는 것 때문에 고생한다.

  → ____

  02 많은 젊은 사람은 차를 유지하는 것 때문에 고생한다.

  → ____

- **不仅如此** 이 뿐만 아니라

  03 이 뿐만 아니라, 차를 사도록 권장하는 것은 일련의 사회문제를 가져올 수 있다.

  → ____

  04 이 뿐만 아니라, 차를 사도록 권장하는 것은 각종 소비를 자극할 수 있다.

  → ____

☞ 정답은 174페이지에서 확인하세요.

[1-2] 回答问题

1. 请介绍一下你缓解压力的方法。

☐ 준비시간 : 2분
☐ 녹음시간 : 2분 30초

2. 手机给人们带来便利的同时，也给人们带来了麻烦。手机有哪些优点，又有哪些缺点呢？请就这个问题谈谈你的看法。

☐ 준비시간 : 2분
☐ 녹음시간 : 2분 30초

문제

당신이 스트레스 푸는 방법에 대해 말해보세요.

개요짜기

자신의 스트레스를 푸는 방법에 대해 말하는 문제이다. 서론에서는 스트레스를 받는 사람이 많다는 것과 사람마다 어떤 식으로 스트레스를 풀어나간다는 식의 이야기로 시작하는 것이 좋다. 본론에서는 자신의 스트레스 해소방법에 대해 쓰고, 순차적으로 의견을 나열할 때 쓰는 어휘를 이용하면 듣는 이로 하여금 내용이 좀 더 정리되었다는 느낌을 받게 할 것이다.

서론:	面对压力，有的人……，有的人……，还有的人……。 我也有自己的一套缓解压力的办法，下面我就来说说我是如何缓解压力的。
본론:	首先，……。 其次，……。 再次（另外/此外），……。
결론:	以上我简单地介绍了一下我缓解压力的方法。

관련 단어

面对 miànduì 图 직면하다

缓解 huǎnjiě 图 완화되다, 풀리다

喜剧电影 xǐjù diànyǐng 코미디 영화

调整 tiáozhěng 图 조정하다, 조절하다

歌曲 gēqǔ 图 노래

烦恼 fánnǎo 图 고민, 걱정

心态 xīntài 图 심리상태

旅游 lǚyóu 图 여행하다

喝酒 hē jiǔ 图 술을 마시다

减压 jiǎn yā 图 스트레스를 줄이다

浮躁 fúzào 图 경솔하다, 조급하다

管用 guǎnyòng 图 효과가 있다

聊天 liáotiān 图 이야기하다

笑话书 xiàohuàshū 图 유머책

开心 kāixīn 图 기쁘다, 즐겁다

伤感 shānggǎn 图 슬프다, 상심하다

欢快 huānkuài 图 유쾌하다

放松 fàngsōng 图 긴장을 풀다, 가볍다

乐观 lèguān 图 낙관적이다

睡觉 shuì jiào 图 잠을 자다

回忆 huíyì 图 회상하다

节奏 jiézòu 图 리듬, 박자

不知不觉 bùzhī bùjué 图 무의식 중에, 자기도 모르게

分享 fēnxiǎng 图 함께 나누다

관련 성어

立竿见影 lìgān jiànyǐng 즉시 효과가 나타나다

예 听音乐的效果立竿见影。음악을 듣는 효과는 즉시 나타난다.

心平气和 xīnpíng qìhé 마음이 평온하여 화를 내지 않다

예 遇到什么事都不要着急，要心平气和地去对待每一件事。
어떤 일을 맞닥뜨리든지 조급해하지 말고, 마음을 평온하게 하여 모든 일을 대해야 한다.

开怀大笑 kāihuái dàxiào 마음을 열고 크게 웃다, 아주 통쾌하게 웃다

예 开怀大笑可以缓解压力。통쾌하게 웃는 것은 스트레스를 완화해준다.

笑一笑，十年少 xiào yi xiào, shí nián shào 웃으면 십 년 젊어지다, 기분 좋게 사는 것이 중요하다

退一步，海阔天空 tuì yí bù, hǎikuò tiānkōng 한 걸음 물러서면 바다와 하늘이 끝없이 넓다, 양보 또는 포기할 줄 알아야 한다

모범답안 092

下面我开始回答第5/6题。

每个人都有自己的压力，面对压力，解决的办法也是因人而异的，遇到压力时，有的人喜欢找朋友喝酒，有的人喜欢找朋友聊天儿，还有的人喜欢一个人安静地思考。我也有自己的一套缓解压力的办法，下面我就来说说我是如何缓解压力的。

首先，压力很大的时候，我喜欢看笑话书，或者看一部喜剧电影，或者想以前有过的开心的事情。总之要让自己发自内心地笑出来，这对缓解压力很有效果。

其次，压力很大的时候，我喜欢听音乐。对我来说，音乐是调整心情的速效药。但是，最好不要选择太伤感的歌曲，应该选择一些欢快的歌曲来听。这样心情很快就能好起来。

另外，压力大的时候，我还喜欢去运动。运动可以让我忘掉烦恼，也是一个非常好的办法。

以上我简单地介绍了一下我缓解压力的方法。

这个问题回答完了。

나는 다음 5/6번 문제에 대한 대답을 시작하겠다.

모든 사람은 스트레스를 받는데, 스트레스에 직면했을 때 해결하는 방법 또한 각각 다르다. 스트레스를 받을 때, 어떤 사람은 친구를 찾아 술 마시기를 좋아하고, 어떤 사람은 친구와 이야기 나누는 것을 좋아하며, 또 어떤 사람은 조용히 생각하는 것을 좋아한다. 나도 나만의 스트레스 해소방법이 있으며, 아래에서 내가 어떻게 스트레스를 푸는지에 대해 말해보겠다.

먼저, 스트레스가 매우 클 때 나는 유머책을 읽거나, 코미디 영화를 보거나, 예전에 있었던 즐거운 일을 생각하길 좋아한다. 요약하자면 나 자신을 진심으로 웃게 하는데, 이것은 스트레스를 해소하는데 매우 효과가 있다.

다음으로, 스트레스가 매우 클 때 나는 음악 듣기를 좋아한다. 나에게 있어서 음악은 기분을 조절하는 즉효약이다. 하지만 너무 슬픈 노래는 선택하지 않는 것이 좋으며 유쾌한 노래를 선택하여 들어야 한다. 이렇게 해야 기분이 아주 빨리 좋아진다.

그 밖에도, 스트레스가 매우 클 때 나는 운동하러 가길 좋아한다. 운동은 내가 고민을 잊게 해주는데 아주 좋은 방법이기도 하다.

이상으로 나는 내가 스트레스를 해소하는 방법을 간단히 소개하였다.

이 문제에 대한 대답을 마쳤다.

단어

遇到 yùdào 통 만나다 | 安静 ānjìng 형 조용하다 | 总之 zǒngzhī 접 요컨대 | 发自内心 fāzì nèixīn 마음속에서 우러나오다 | 效果 xiàoguǒ 명 효과 | 速效药 sùxiàoyào 명 속효약(효과 빠른 약)

2

휴대전화는 사람들에게 편리함을 가져온 동시에 불편함도 가져왔습니다. 휴대전화는 어떤 장점을 가졌고, 또 어떤 단점을 가졌나요? 이 문제에 대한 당신의 견해를 말해보세요.

개요짜기

휴대전화로 인해 우리는 많은 편리함을 누리게 되었지만 동시에 많은 문제점도 야기하였다. 이렇게 장점과 단점을 동시에 갖는 주제의 경우에는, 장점과 단점 중 어느 한 쪽만을 선택하여 말하는 것보다 장점과 단점을 모두 언급해주는 게 좋다. 서론에서는 사람들의 견해가 모두 다르다는 이야기로 시작하고, 본론에서는 장점과 단점을 2~3가지 정도씩 나열해준다. 내용이 너무 많으면 시간 내에 답변을 완료할 수 없으므로, 비교적 간결하게 말하도록 한다. 결론에서는 비교적 중립적인 입장을 지키며 휴대전화의 양면성에 대해 간략히 정리해주는 것이 좋고, 희망적인 결과에 대한 기대를 적어주는 것도 좋은 방법이다.

서론: 要说手机的利与弊，当然是仁者见仁，智者见智的，下面我就来谈一谈我对手机的看法。

본론: 我先来谈一谈手机的优点。

首先，……。

其次，……。

另外，……。

手机的优点不胜枚举，但它也有缺点，

首先，……。

其次，……。

另外，……。

결론: 总之，手机有很多好处，也有很多坏处。我们应该取其精华，去其糟粕。随着技术的发展和人们素质的提高，相信手机可以更好地为我们服务。

관련 단어

快捷 kuàijié 혱 빠르다, 민첩하다

报警 bào jǐng 통 경찰에 신고하다

功能 gōngnéng 명 기능, 작용

拐卖 guǎimài 통 인신매매하다

拨打 bōdǎ 통 (전화를) 걸다

收看 shōukàn 통 (텔레비전을) 시청하다

购物 gòuwù 통 물건을 사다, 쇼핑하다

噪音 zàoyīn 명 소음

智能手机 zhìnéng shǒujī 명 스마트폰

脑癌 nǎo ái 명 뇌암

患 huàn 통 (병에) 걸리다

垃圾短信 lājī duǎnxìn (휴대전화의) 스팸 문자

沟通 gōutōng 통 교류하다, 소통하다

定位追踪 dìngwèi zhuīzōng 위치추적

位置 wèizhi 명 위치

新闻资讯 xīnwén zīxùn 뉴스 정보

视频电话 shìpín diànhuà 영상전화

手机电视 shǒujī diànshì 명 휴대전화 DMB

辐射 fúshè 전자파, 복사파

隐私 yǐnsī 명 개인의 사생활, 프라이버시

拍照 pāi zhào 통 사진을 찍다

疾病 jíbìng 명 질병

侵犯 qīnfàn 통 침범하다

铃声 língshēng 명 벨소리

震动 zhèndòng 통 진동하다 명 진동
社会治安 shèhuì zhì'ān 사회 치안

拉近 lājìn 통 (거리를) 좁히다
手机幻听症 shǒujī huàntīngzhèng 휴대전화 환청 증세

一分为二 yìfēn wéi'èr 두 가지 측면에서 관찰하고 생각하다
예 凡事都是一分为二的。 모든 일은 두 가지 측면에서 관찰하고 생각해야 한다.

随时随地 suíshí suídì 언제 어디서나
예 只要有一部手机，我们就可以随时随地地跟别人联系。
휴대전화 하나만 있으면 우리는 언제 어디서나 다른 사람과 연락할 수 있다.

不胜枚举 búshèng méijǔ (너무 많아) 일일이 다 헤아릴 수 없다
예 智能手机的新功能不胜枚举。 스마트폰의 새로운 기능은 너무 많아 일일이 다 헤아릴 수 없다.

众所周知 zhòngsuǒ zhōuzhī 모든 사람이 다 알다
예 手机辐射对健康有害是众所周知的。 휴대전화 전자파가 건강에 해롭다는 것은 모든 사람이 다 안다.

首当其冲 shǒudāng qíchōng 가장 먼저 공격을 받거나 그 대상이 되다
예 要说手机的缺点，首当其冲的当然就是辐射问题。
휴대전화의 단점을 얘기한다면, 가장 문제가 되는 점은 당연히 전자파 문제이다.

形影不离 xíngyǐng bùlí 형체와 그림자처럼 떼어놓을 수 없다
예 现代人和手机形影不离。 현대인은 휴대전화와 떼려야 뗄 수가 없다.

数不胜数 shǔbú shèngshǔ 셀 수 없이 많다
예 手机的优点数不胜数。 휴대전화의 장점은 셀 수 없이 많다.

仁者见仁，智者见智 rénzhě jiàn rén, zhìzhě jiàn zhì 같은 일이라도 보는 각도에 따라 견해가 다르다
取其精华，去其糟粕 qǔ qí jīnghuá, qù qí zāopò 정수를 취하고 찌꺼기를 버리다, 안 좋은 부분은 버리고 좋은 부분은 더 발전시킨다

093

下面我开始回答第5/6题。
要说手机的利与弊，当然是仁者见仁，智者见智的，下面我就来谈一谈我对手机的看法。
我先来谈一谈手机的优点。首先，手机使人们能够简单、快捷地相互沟通，无论身处何地都能马上取得联系。
其次，当我们遇到危险时，可以利用手机及时报警；父母也可以利用手机的定位追踪功能随时确定孩子的位置，降低了拐卖儿童的犯罪率。
另外，用手机可以随时随地上网浏览新闻资讯，拨打视频电话，这些都极大地方便了我们的生活。
手机的优点不胜枚举，但它也有缺点。首先，首当其冲的当然就是手机辐射。众所周知长时间通话会令人感到头疼、恶心，对健康构成威胁。
其次，在公共场所大声通话构成噪音，也对周围的人造成不好的影响。
另外，通过手机，别人可以随时随地找到我们，让我们越来越没有隐私。

　　总之，手机有很多好处，也有很多坏处。我们应该取其精华，去其糟粕。随着技术的发展和人们素质的提高，相信手机可以更好地为我们服务。

　　这个问题回答完了。

나는 다음 5/6번 문제에 대한 대답을 시작하겠다.

휴대전화의 장단점에 대해 논하자면, 당연히 사람마다 의견이 다른데, 아래에서 휴대전화에 대한 나의 생각을 말하고자 한다.

먼저 휴대전화의 장점에 대해 말해보도록 하겠다. 우선 휴대전화는 사람들이 더 간단하고 빠르게 소통하도록 해주었으며, 어디에 있든지 바로 연락할 수 있도록 해준다.

다음으로, 우리가 위험에 닥쳤을 때, 휴대전화를 이용하여 제때에 신속하게 경찰에 신고할 수 있으며, 부모도 휴대전화의 위치추적 기능을 이용하여 수시로 아이의 위치를 확인할 수 있으므로, 아이를 인신매매하는 범죄율을 줄여준다.

이 외에도 휴대전화를 이용하여 언제 어디서나 인터넷으로 뉴스 정보를 검색하고, 영상전화를 걸 수 있는데, 이러한 것들은 우리의 삶을 무척 편리하게 해주었다.

휴대전화의 장점은 아주 많아서 일일이 다 헤아릴 수 없지만 단점 역시 가지고 있다. 먼저 가장 문제가 되는 것은 당연히 휴대전화의 전자파이다. 모두가 알고 있듯이 장시간 통화는 두통을 일으키고 메스껍게 하며 건강에 위협이 된다.

다음으로 공공장소에서 큰소리로 통화하면 소음을 일으키고 주위 사람들에게 좋지 않은 영향을 준다.

이외에도, 휴대전화로 (다른 사람이) 언제 어디서든 우리를 찾아낼 수 있어서, (우리의) 사생활은 갈수록 없어진다.

요컨대 휴대전화는 장점도 많지만 단점도 많으며, 우리는 마땅히 좋은 점을 취하고 나쁜 점을 버려야 한다. 기술이 발전하고 사람들의 소양이 높아짐에 따라, 휴대전화가 우리에게 더 나은 서비스를 제공할 것이라 믿는다.

이 문제에 대한 대답을 마쳤다.

단어

及时 jíshí 🖳 즉시, 신속하게　|　确定 quèdìng 통 확정하다　|　犯罪率 fànzuìlǜ 명 범죄율　|　恶心 ěxīn 형 (속이) 메스껍다, 구역이 나다　|　构成 gòuchéng 통 구성하다, 형성하다　|　威胁 wēixié 통 위협하다

(1) 일상생활(日常生活)

p. 92

01 即使是再独立的人也需要朋友，何况是一般人呢？
02 就算是不认识的人也会帮忙，何况是朋友呢？
03 交朋友要多从对方的角度出发看问题。
04 我们应该学会从不同的角度看问题。

p. 96

01 礼物不在于贵贱，关键在于真心。
02 礼物关键在于心意。
03 和别的礼物相比，我更喜欢化妆品。
04 和花钱买的礼物相比，我更喜欢亲手做的小礼物。
05 还有什么比真情更可贵的？
06 在这个世界上，还有什么比这更好的礼物呢？

p. 100

01 我负责销售方面的工作。
02 我姐姐负责宣传方面的工作。
03 我不像姐姐那么开朗。
04 妹妹不像姐姐那么聪明。
05 我从小就对汉语很感兴趣。
06 妈妈从小就乐于助人。

(2) 자녀교육(子女教育)

p. 106

01 怎样才能尽快融入到新环境中去呢？
02 小孩子很难融入到外国人的生活圈子中。
03 别说是外国人了，就算是中国人也有很多不认识的汉字。
04 别说小孩子了，就算成年人也会遇到很多困难。

p. 112

01 这是一个非常值得借鉴的教育子女的方法。
02 我们要借鉴发达国家在这方面的经验。
03 喜欢并不等于爱。
04 打孩子并不等于教孩子。
05 打孩子的家长中，不乏拿孩子出气的家长。
06 在这个问题上不乏先例。

p. 117

01 就我个人而言，我并不赞成打的教育方式。
02 就父母而言，最需要学习的就是如何处理好和子女的关系。
03 打孩子被很多人视为子女教育的法宝。
04 打孩子被视为教育孩子的基本方式。

(3) 개인의 선택 (个人选择)

p. 123

01 学生拼命学习的目的是什么呢？还不是为了进一所好大学这个结果吗？
02 上班族拼命工作的目的是什么呢？还不是为了升职这个结果吗？
03 我们不妨把眼光放得远一点。
04 你们不妨来举一个例子。

p. 129

01 浪费的人注定以失败收场。
02 富起来了就忘了本的人，往往会以失败收场。
03 老年人的想法难免跟不上时代。
04 这种想法已经跟不上时代了。
05 我们应该从我做起，发扬勤俭节约的光荣传统。
06 我们应该从我做起，节约用水用电。

p. 134

01 大公司福利好，而小公司则不然。
02 大公司竞争激烈，很难有显示自己的机会，而小公司则不然。
03 我之所以选择大公司，就是因为大公司的收入比较高。
04 我之所以选择小公司，就是因为在小公司更容易显示出我的能力。

p. 139

01 快餐，顾名思义，就是指方便、快捷的食品。
02 广告，顾名思义，就是广泛地告诉、宣传的意思。
03 所谓快餐，就是指那些方便快捷的食品。
04 所谓快餐，是指这些价廉好吃的食品。
05 快餐可谓物美价廉。
06 快餐可谓色香味俱全。

p. 145

01 网络无时无刻不在影响着我们的生活。
02 网络无时无刻不在创造奇迹。
03 网络游戏一经问世就受到了青少年的青睐。
04 视频聊天一经问世就风靡了全世界。
05 人们之所以依赖网络，其中一个主要原因就是网络的信息很丰富。
06 网络新闻之所以吸引人们的眼球，其中一个主要原因就是它的新闻五花八门。

p. 151

01 我们对一边看电视一边吃饭再熟悉不过了。
02 我们对电视再熟悉不过了。
03 毫不夸张地说，电视对我们的影响非常大。
04 毫不夸张地说，大部分人每天都要看电视。

p. 157

01 "丁克族"是时代发展的必然产物。
02 "丁克族"不能算是时代发展的产物。
03 很多年轻人是迫于父母的压力才生孩子的。
04 最近很多夫妇迫于生活的压力而选择当"丁克族"。
05 很多人因为经济条件不允许，所以不敢生孩子。
06 只要条件允许，很多人还是想生孩子的。

p. 161

01 最近的孩子，一会儿跟这个人好，一会儿跟那个人好，根本没有固定的朋友。
02 有的孩子一会儿这样，一会儿那样，情绪很不稳定。
03 别看孩子们的年纪小，但是他们什么都懂。
04 别看孩子们表面上没问题，其实他们的关系很复杂。

p. 166

01 很多年轻人为还贷所累。
02 很多年轻人为养车所累。
03 不仅如此，鼓励买车还会带来一系列的社会问题。
04 不仅如此，鼓励买车还会刺激各种消费。

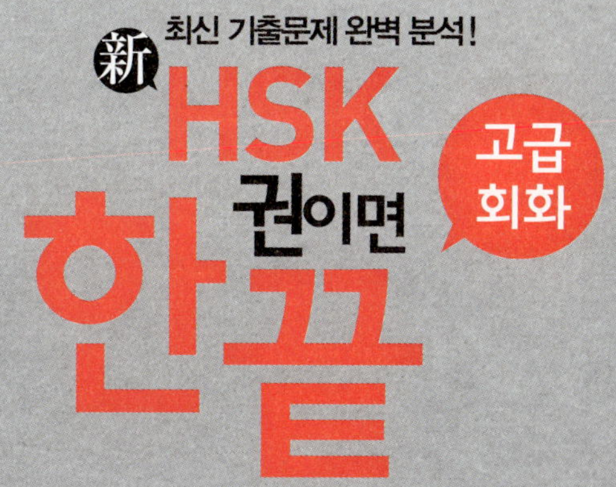

모의고사 문제편

1~5회

新汉语水平考试

HSK 口试（高级）

模拟试题（一）

注　　意

一、　HSK 口试（高级）分三部分

  1. 听后复述（3题，7分钟）

  2. 朗读（1题，2分钟）

  3. 回答问题（2题，5分钟）

二、　全部考试约24分钟（含准备时间10分钟）。

第一部分

第1-3题：听后复述

第二部分

第4题：朗读

　　一个即将出嫁的女儿，向她的母亲提了一个问题："妈妈，婚后我该怎样把握爱情呢？""傻孩子，爱情怎么能把握呢？""爱情为什么不能把握呢？"女儿疑惑地追问。母亲听了女儿的话，温情地笑了笑，然后从地上捧起一捧沙子，送到女儿的面前。女儿发现那捧沙子在母亲的手里，圆圆满满的，一点也没有流失，一点也没有撒落。接着母亲用力将双手握紧，沙子立刻从母亲的指缝间泻落下来。待母亲再把手张开时，原来那捧沙子已所剩无几。女儿望着母亲手中的沙子，领悟地点了点头。是啊，爱情无需刻意去把握，越是想抓牢自己的爱情，反而越容易失去自我，失去爱情。(2分钟)

第三部分

第5-6题：回答问题

5. 如果让你一个人带着三件东西去孤岛生活一个星期的话，你会带什么呢？为什么？
   (2.5分钟)

6. 最近一边上学一边打工的大学生越来越多，有人认为大学生打工会影响学习，也有人认为应该鼓励大学生打工。请谈谈你的看法。(2.5分钟)

新汉语水平考试

HSK 口试（高级）

模拟试题（二）

注　　意

一、HSK 口试（高级）分三部分

1. 听后复述（3题，7分钟）

2. 朗读（1题，2分钟）

3. 回答问题（2题，5分钟）

二、全部考试约24分钟（含准备时间10分钟）。

第一部分

第1-3题：听后复述

第二部分

第4题：朗读

我爱月夜，但我也爱星空。从前在家乡七、八月的夜晚在庭院里乘凉的时候，我最爱看天上密密麻麻的繁星。望着星天，我就会忘记一切，好像回到了母亲的怀里似的。三年前在南京，我住的地方有一道后门，每晚我打开后门，便看见一个安静的夜。下面是一片菜园，上面是星群密布的天空。星光在我们的肉眼里虽然微小，然而它使我们觉得光明无处不在。那时候我正在读一些关于天文学的书，也认得一些星星，好像它们是我的朋友，它们常常在和我谈话一样。(2分钟)

第三部分

第5-6题：回答问题

5. 请你介绍一下在参与社会活动的过程中，男人和女人各有哪些优势。(2.5分钟)

6. 介绍一下你喜欢的季节及理由。(2.5分钟)

新汉语水平考试

HSK 口试（高级）

模拟试题（三）

注　　意

一、 HSK 口试（高级）分三部分

　　1. 听后复述（3题，7分钟）

　　2. 朗读（1题，2分钟）

　　3. 回答问题（2题，5分钟）

二、 全部考试约24分钟（含准备时间10分钟）。

第一部分

第1-3题：听后复述

第二部分

第4题：朗读

　　一位自以为很有才华的年轻人因为得不到重用，非常苦恼，他去问叔叔为什么会这样。叔叔从路边随手捡起一块小石头扔进了石头堆，问他："你能找到我刚才扔出去的那块石头吗？""这怎么找？"他摇了摇头。叔叔把手指上的金戒指取下来，扔了出去，又问他："你能找到我刚才扔出去的金戒指吗？""当然。"果然，没多久他就找到了金戒指。"你现在明白了吗？"他犹豫了一阵儿之后，兴奋地回答："明白了。"其实，当一个人抱怨自己怀才不遇时，很多时候况恰恰是，他还只是一块小石头，并不是一块金子。
(2分钟)

第三部分

第5-6题：回答问题

5. 介绍一下你住的地方的交通状况。(2.5分钟)

6. 有人说生活富裕就是幸福，有人觉得家庭生活和睦很重要。请谈谈你对幸福的看法。
　 (2.5分钟)

新汉语水平考试

HSK 口试（高级）

模拟试题（四）

注　　意

一、　HSK 口试（高级）分三部分

  1. 听后复述（3题，7分钟）

  2. 朗读（1题，2分钟）

  3. 回答问题（2题，5分钟）

二、　全部考试约24分钟（含准备时间10分钟）。

<h1 align="center">第一部分</h1>

第1-3题：听后复述

<h1 align="center">第二部分</h1>

第4题：朗读

　　从小我就喜欢读书。上初中时，我常去北海旁的北京图书馆看书。最初，因为我个子矮，不像中学生，进门常受到阻拦。初二时戴上了眼镜，显得"老成"了，就不再受阻了。那段时间印象最深的，是等书时的焦急，查卡片倒是很快，交上去后，就坐在规定的位子上等。有时要等很久，才有人将书从库中调出送来。如果听见的回答是："这两本书已经外借了。"心情的沮丧是可想而知的。就在这宫殿式的图书馆里，我读了鲁迅的一批杂文，读了巴金、许地山、朱自清的一些作品，读了《铁流》和一批世界文学名著。在北图借阅的这段读书生活，对我一生的道路有着怎样的影响，在当时连自己也未曾想到。

(2分钟)

<h1 align="center">第三部分</h1>

第5-6题：回答问题

5. 介绍你最喜欢的一本书。(2.5分钟)

6. 有个朋友对汉语很感兴趣，于是打算报考中文系。可是他的父母不看好中文系，希望他报考金融专业。请你给这个朋友提提建议。(2.5分钟)

新汉语水平考试

HSK 口试（高级）

模拟试题（五）

注　　意

一、HSK 口试（高级）分三部分

　　1. 听后复述（3题，7分钟）

　　2. 朗读（1题，2分钟）

　　3. 回答问题（2题，5分钟）

二、全部考试约24分钟（含准备时间10分钟）。

第一部分

第1-3题：听后复述

第二部分

第4题：朗读

　　梅子家的小楼坐落在北门江边，推开窗就可以看到绿绿的江水、江上的木板桥和围栏的北门城楼。梅子家的小楼有一个安静的小院子，院子的角落里有一个秋千。玩累了，还可以在梅子家上网，当然是免费的。梅子家是一个温馨的家。梅子是一个土生土长的苗家女人，她的丈夫是土家族人，两人都在凤凰民族艺术团工作，小贝贝是两人爱情的结晶。梅子的父亲是文化局退休的老局长，是一个爱聊天儿的可爱老头儿。有兴趣的话可以和老人聊聊，在沟通中，对当地的一些人、文、历史增加更深的了解。(2分钟)

第三部分

第5-6题：回答问题

5. 说一说你是怎么安排你的业余时间的。(2.5分钟)

6. 请介绍一下你平时是怎样学汉语的。(2.5分钟)

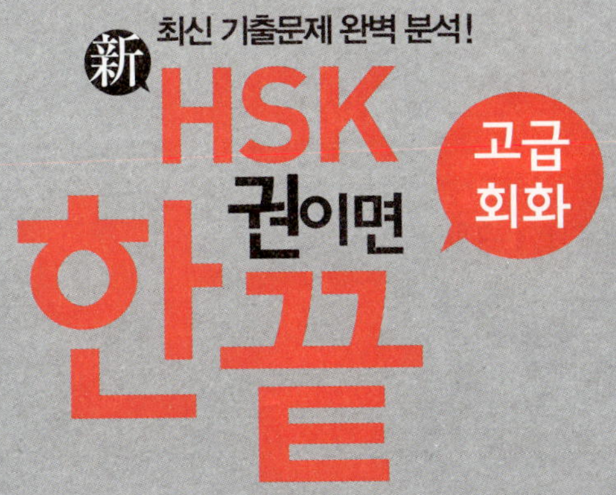

최신 기출문제 완벽 분석!
新
HSK
한 권이면 끝
고급
회화

모의고사 해설편
1~5회

第一部分

[第1-3题] 听后复述

> 🎧 099
>
> 　　古时候，有一个老人。一天，他的马跑到别的国家去了。大家都安慰他，可他却说："马丢了，不一定是坏事。" 不久以后，那匹马带着一匹外国的好马回来了，大家又都跑过来恭喜他，可是他又说："马回来了，也不一定是好事啊。"果然，一天，老人的儿子骑马时，从马上掉下来，摔断了腿，大家都同情老人，可老人还是那句话，说这不一定是坏事。第二年，发生了战争，老人的儿子由于断了一条腿，不用去当兵，坏事又变成了好事 。

단어

丢 diū 图 잃어버리다 | 不一定 bùyídìng 图 반드시 ~인 것은 아니다 | 坏事 huàishì 图 나쁜 일 | 恭喜 gōngxǐ 图 축하하다 | 骑马 qímǎ 图 말을 타다 | 掉 diào 图 떨어지다 | 摔断 shuāi duàn 넘어져 (신체의 일부가) 부러지다 | 腿 tuǐ 图 다리 | 战争 zhànzhēng 图 전쟁 | 当兵 dāngbīng 图 군대에 가다, 입대하다

해석

　　옛날에 한 노인이 있었는데, 하루는 그의 말이 다른 나라로 도망갔다. 모두가 그를 위로했지만, 그는 말했다. "말을 잃어버린 것이 반드시 나쁜 일만은 아닙니다." 얼마 후에 그 말이 외국의 좋은 말을 데리고 돌아오자, 모두가 달려와서 그를 축하했지만, 그는 또 말했다. "말이 돌아온 것이 반드시 좋은 일만은 아닙니다." 과연, 어느 날 노인의 아들이 말을 탈 때 말에서 떨어져서 다리가 부러졌고, 모두가 노인을 동정했지만, 노인은 여전히 이 일은 꼭 나쁜 일만은 아니라고 말했다. 이듬해 전쟁이 일어났는데, 노인의 아들은 다리가 부러졌기 때문에 입대할 필요가 없었는데, 나쁜 일이 다시 좋은 일로 바뀐 것이다.

모범답안　🎧 100

　　古时候，有一个老人。一天，他的马跑了。大家都安慰他，可他却说这不一定是坏事。不久，那匹马带着一匹外国的好马回来了，可是他又说马回来了，不一定是好事。一天，老人的儿子从马上掉下来，腿断了，大家都同情老人，可老人又说这不一定是坏事。第二年，发生了战争，老人的儿子由于断了一条腿，不用去当兵，坏事又变成了好事。

　　옛날, 한 노인이 있었다. 어느 날 그의 말은 도망갔고 모두가 그를 위로했지만, 그는 오히려 이 일이 반드시 나쁜 일만은 아니라고 했다. 얼마 후에, 그 말은 외국의 좋은 말을 데리고 왔지만, 그는 말이 돌아온 것이 반드시 좋은 일만은 아니라고 했다. 어느 날, 노인의 아들은 말에서 떨어졌고, 다리가 부러져서 모두들 노인을 동정했지만, 노인은 이것이 반드시 나쁜 일만은 아니라고 했다. 이듬해 전쟁이 일어났고, 노인의 아들은 다리가 부러져서 입대할 필요가 없었는데, 나쁜 일이 다시 좋은 일로 바뀐 것이다.

🎧 101

　丽丽总爱低着头，她一直觉得自己不够漂亮。有一天，她买了一只蝴蝶结，卖东西的人赞美她戴上蝴蝶结很漂亮。丽丽很高兴，不知不觉地昂起了头，急于让大家看看。路上她跟别人撞了一下，把蝴蝶结弄掉了都没注意。那一天，许多人都赞美她，她想一定是蝴蝶结的功劳。可是晚上回到家，她才发现头上根本就没有蝴蝶结，她的美丽来自于她的自信。

단어

低头 dī tóu 图 고개(머리)를 숙이다 ｜ 蝴蝶结 húdiéjié 図 나비 리본 ｜ 赞美 zànměi 图 칭찬하다, 찬미하다 ｜ 戴 dài 图 (리본을) 달다 ｜ 不知不觉 bùzhī bùjué 성 자신도 모르는 사이에 ｜ 昂 áng 图 (고개·머리를) 들다 ｜ 急于 jíyú 图 ~하기 위해 급히 서두르다, ~에 급급하다 ｜ 撞 zhuàng 图 부딪치다, 충돌하다 ｜ 掉 diào 图 (아래로) 떨어지다, 떨어뜨리다 ｜ 功劳 gōngláo 図 공로

해석

　리리는 항상 고개를 숙이는 걸 좋아하는데 그녀는 줄곧 자신이 예쁘지 않다고 여겨왔다. 어느 날 그녀는 나비 리본을 샀는데 판매한 사람은 그녀가 나비 리본을 달자 정말 예쁘다고 칭찬해줬다. 리리는 아주 기뻐하여 자신도 모르게 고개를 들어 올리고는 모두에게 보여주려고 급히 서둘렀다. 길에서 그녀는 다른 사람과 부딪쳐서 나비 리본을 떨어뜨렸는데도 알아채지 못했다. 그날 수많은 사람이 그녀를 칭찬하자 그녀는 분명히 나비 리본 덕분이라고 생각했다. 하지만 저녁에 집에 돌아오고 나서야 그녀는 지금까지 머리에 나비 리본이 없었다는 것을 알아차렸다. 그녀의 아름다움은 그녀의 자신감에서 나온 것이었다.

모범답안　🎧 102

　丽丽总爱低着头，她觉得自己不漂亮。有一天，她买了一只蝴蝶结，卖东西的人赞美她很漂亮。丽丽不知不觉地抬起了头，想让大家看看。路上她跟别人撞了一下，把蝴蝶结弄丢了。那一天，许多人都赞美她，她以为是蝴蝶结的功劳。可是回到家她才发现头上根本就没有蝴蝶结，她的美丽来自于她的自信。

　리리는 항상 고개를 숙이는 걸 좋아하는데 그녀는 자신이 예쁘지 않다고 여겼다. 어느 날 그녀는 나비 리본을 샀고 판매한 사람은 그녀에게 정말 예쁘다고 칭찬해줬다. 리리는 자신도 모르게 고개를 들고 모두에게 보여주고 싶어했다. 길에서 그녀는 다른 사람과 부딪쳐서 나비 리본을 잃어버렸다. 그날 수많은 사람이 그녀를 칭찬했고 그녀는 나비 덕분이라고 여겼다. 하지만 집에 돌아오고 나서야 그녀는 지금까지 머리에 나비 리본이 없었다는 것을 알아차렸다. 그녀의 아름다움은 그녀의 자신감에서 나온 것이었다.

3

🎧 103

　虽然我们都知道好的电视节目对人有教育指导的作用，但是在对人智力发展的贡献上，看电视是无论如何也不能取代阅读的。因为人在看电视和读书时，参与活动的心理机制是不同的。电视画面给人提供了五花八门的形象，但留给人想象的空间却很小，人只能被动接受信息，读书则正好相反。

指导 zhǐdǎo 图 지도하다 | 智力 zhìlì 명 지능 | 贡献 gòngxiàn 명 공헌 | 取代 qǔdài 图 대신하다, 대체하다 | 心理机制 xīnlǐ jīzhì 심리기제 | 五花八门 wǔhuā bāmén 성 각양각색이다, 다양하다 | 形象 xíngxiàng 명 이미지 | 只能 zhǐnéng 图 ~할 수밖에 없다 | 被动 bèidòng 형 수동적이다 | 接受 jiēshòu 图 받아들이다 | 信息 xìnxī 명 정보 | 正好 zhènghǎo 뷔 마침, 공교롭게도

비록 우리는 좋은 텔레비전 프로그램이 사람에게 교육 지도 효과가 있다는 것을 알지만, 사람의 지능발달에 공헌하는 데 있어서 텔레비전 시청은 어쨌든 간에 독서를 대신할 수 없다. 사람이 텔레비전을 시청하고 독서를 할 때, 활동에 참여하는 심리 체제는 다르다. 텔레비전 화면은 사람에게 다양한 이미지를 제공하지만, 사람에게 주는 상상의 공간은 매우 적어서, 사람은 수동적으로 정보를 받아들일 수밖에 없는데, 독서는 이와 정반대이다.

 🎧104

　　好的电视节目对人有教育作用，但是在人的智力发展方面，看电视不能取代阅读。因为人在看电视和读书时，参与活动的心理机制不同。电视画面上有五花八门的形象，但留给人想象的空间却很小，人只能被动接受信息，读书则相反。

좋은 텔레비전 프로그램은 사람을 교육하는 작용을 하지만, 사람의 지능발달에 있어서 텔레비전 시청은 독서를 대신할 수 없다. 사람이 텔레비전을 시청하고 독서를 할 때, 활동에 참여하는 심리체제가 다르기 때문이다. 텔레비전 화면은 다양한 이미지를 가지지만, 사람에게 주는 상상의 공간이 매우 적어서, 사람은 수동적으로 정보를 받아들이게 되는데, 독서는 이와 정반대이다.

第二部分

[第4题] 朗读

4

 🎧105

　　一个／即将出嫁的女儿，向她的母亲／提了一个问题：“妈妈，婚后／我该怎样／把握爱情呢？”“傻孩子，爱情／怎么能把握呢？”“爱情为什么／不能把握呢？”女儿／疑惑地追问。母亲／听了女儿的话，温情地／笑了笑，然后／从地上／捧起一捧沙子，送到／女儿的面前。女儿发现／那捧沙子／在母亲的手里，圆圆满满的，一点／也没有流失，一点／也没有撒落。接着／母亲用力／将双手握紧，沙子／立刻从母亲的指缝间／泻落下来。待母亲／再把手／张开时，原来那捧沙子／已所剩无几。女儿望着／母亲手中的沙子，领悟地／点了点头。是啊，爱情／无需刻意／去把握，越是想抓牢／自己的爱情，反而越容易／失去自我，失去爱情。

即将 jíjiāng 閉 곧, 머지않아 | 出嫁 chūjià 통 시집가다 | 把握 bǎwò 통 (사랑을) 잡다, 장악하다 | 傻孩子 shǎ háizi 어리석은(멍청한) 녀석 | 疑惑 yíhuò 통 의심하다 | 追问 zhuīwèn 통 캐묻다, 추궁하다 | 捧 pěng 통 두 손으로 움켜 집다 양 움큼 | 沙子 shāzi 명 모래 | 圆圆满满 yuányuanmǎnmǎn 형 완벽하다 | 流失 liúshī 통 빠져 나가다, 흘리다 | 撒落 sǎluò 통 떨어지다 | 接着 jiēzhe 閉 이어서, 계속해서 | 用力 yònglì 통 힘을 쓰다 | 握紧 wòjǐn 통 꽉 쥐다 | 立刻 lìkè 閉 즉시 | 指缝 zhǐ fèng 손가락 틈, 손가락 사이 | 泻落 xièluò 통 쏟아져 내리다 | 待……时 dài … shí ~하려고 할 때 | 张开 zhāngkāi 통 벌리다 | 所剩无几 suǒshèng wújǐ 얼마 남지 않다 | 领悟 lǐngwù 통 깨닫다 | 无需 wúxū 통 ~할 필요가 없다 | 刻意 kèyì 閉 애쓰다 | 抓牢 zhuāláo 통 단단히 붙잡다 | 失去 shīqù 통 잃다, 잃어버리다

  곧 시집가는 딸이 그녀의 엄마에게 문제를 제기했다. "엄마, 결혼 후에는 어떻게 사랑을 잡죠?" "어리석은 녀석, 사랑을 어떻게 잡을 수 있겠니?" "사랑을 왜 잡을 수 없죠?" 딸이 의심하며 캐물었다. 엄마는 딸의 말을 듣고 따뜻하게 웃은 다음, 바닥에서 모래 한 움큼을 쥐어 올려 딸 앞으로 가져갔다. 딸은 그 모래가 엄마 손에서 완벽하게 조금도 흘리거나 떨어지지 않는 것을 발견하였다. 계속해서 엄마가 힘껏 양손을 꽉 쥐자, 모래는 곧 엄마 손가락 사이로 쏟아져 내려갔다. 엄마가 손을 막 벌리자, 애초의 그 모래는 이미 얼마 남아있지 않았다. 딸은 엄마 손안의 모래를 보고서 깨닫고는 고개를 끄덕였다. 그래, 사랑은 애써 잡을 필요가 없어. 자신의 사랑을 단단히 붙잡으려고 할수록 오히려 자신을 잃고 사랑도 잃기 쉬워.

第三部分

[第5-6题] 回答问题

5

만약 당신에게 세 가지 물건을 가지고 홀로 외딴섬에서 일주일간 생활하라고 한다면, 당신은 무엇을 가져갈 건가요? 또 그 이유는?

运动器械 yùndòng qìxiè 운동기구 | 打火机 dǎhuǒjī 명 라이터
抓鱼 zhuā yú 물고기를 잡다 | 生火 shēnghuǒ 통 불을 피우다
烤鱼 kǎo yú 생선을 굽다 | 帐篷 zhàngpeng 명 텐트
刮风 guā fēng 통 바람이 불다 | 惨 cǎn 형 비참하다, 참담하다
辞典 cídiǎn 명 사전 | 白白 báibái 閉 공연히, 헛되이
火柴 huǒchái 명 성냥 | 电脑 diànnǎo 명 컴퓨터
智能手机 zhìnéng shǒujī 명 스마트폰 | 枯燥 kūzào 형 무미건조하다, 지루하다
无聊 wúliáo 형 무료하다, 심심하다 | 单调 dāndiào 형 단조롭다
荒凉 huāngliáng 형 황량하다, 쓸쓸하다 | 常备药 chángbèiyào 명 상비약
防晒霜 fángshàishuāng 명 선 크림, 자외선차단제 | 火柴 huǒchái 명 성냥
锅碗瓢盆 guōwǎnpiáopén 명 취사 도구, 주방용구 | 手电筒 shǒudiàntǒng 명 손전등

刮目相看 **guāmù xiāngkàn** 눈을 비비고 상대편을 보다, 괄목상대하다
有备无患 **yǒubèi wúhuàn** 유비무환이다, 사전에 준비하면 재난을 피할 수 있다
世外桃源 **shìwài táoyuán** 무릉도원, 도원경
以防万一 **yǐfáng wànyī** 만일의 상황에 대비하다
虚度光阴 **xūdù guāngyīn** 허송세월을 보내다, 시간을 헛되이 보내다
袅无人烟 **niǎowú rényān** 아무런 인적이 없다

民以食为天 **mín yǐ shí wéi tiān** 백성은 식량을 생존의 근본으로 여긴다
天有不测风云 **tiān yǒu búcè fēngyún** 하늘에는 예측할 수 없는 풍운이 일어난다, 모든 사물에는 예상 못 할 일들이 일어난다
一寸光阴一寸金 **yí cùn guāngyīn yí cùn jīn** 시간은 금이다

  106

　　下面我开始回答第5题。

　　如果让你一个人去孤岛生活的话，你会做哪些准备呢？这个问题当然是因人而异的。喜欢看书的人可能会带自己喜欢的书去孤岛；喜欢运动的人可能会带各种运动器械到孤岛上去坚持运动；喜欢上网的人可能带上一台电脑就够了；……。如果让我一个人去孤岛生活一个星期的话，我会准备以下三件东西。

　　第一，我要拿一个打火机。俗话说得好："民以食为天"，为了解决吃饭问题，必须要有一个打火机。我可以在海边抓鱼，所以只要有打火机，就可以生火烤鱼吃，就可以填饱肚子。

　　第二，我要带一个帐篷。中国有句俗话叫"天有不测风云"，万一刮风下雨的话就惨了。所以为了以防万一，我要带一个帐篷去孤岛。

　　第三，我要带一本中韩辞典。我不是虚度光阴的人，我相信那句话，"一寸光阴一寸金"，虽然只有一个星期的时间，但是我不能让时间从我的身边白白溜走，我要带上一本中韩词典到孤岛去，利用这段时间背单词、学汉语，一个星期后，当我回到正常的生活中去的时候，我要让周围的人都对我刮目相看。

　　以上我简单地说了说我的计划，这个问题回答完了。

나는 다음 5번 문제에 대한 대답을 시작하겠다.

만약 당신에게 홀로 외딴 섬에 가서 살라고 한다면 당신은 어떤 것을 준비하겠는가? 이 문제는 물론 사람에 따라 다르다. 책을 좋아하는 사람은 자신이 좋아하는 책을 가지고 외딴 섬에 갈 것이고, 운동을 좋아하는 사람은 각종 운동기구를 외딴 섬에 가져가 운동을 지속할 것이다. 인터넷 하는 것을 좋아하는 사람은 컴퓨터 한 대를 가져가면 충분할 것이고,…… 만일 나에게 혼자 외딴 섬에 가서 일주일 동안 살라고 한다면, 나는 아래의 세 가지 물건들을 준비할 것이다.

첫 번째, 나는 라이터를 가져갈 것이다. 속담에 '백성은 먹는 것을 천하의 근본으로 여긴다'는 바른 말이 있다. 식사를 해결하기 위해서 라이터는 반드시 있어야 한다. 나는 바닷가에서 물고기를 잡을 수 있기 때문에 라이터만 있으면 불을 피워 물고기를 구워 먹을 수 있으며 배를 든든하게 채울 수 있다.

두 번째, 나는 텐트를 가져갈 것이다. 중국에는 '하늘에는 예측할 수 없는 바람과 구름이 일어난다'는 속담이 있다. 만일 비바람이 불어 닥치면 비참할 것이다. 그래서 만일의 상황에 대비하기 위해, 텐트를 가지고 외딴 섬에 갈 것이다.

세 번째, 나는 중한사전을 가져갈 것이다. 나는 시간을 헛되이 보내는 사람이 아니며, '시간은 금이다'라는 말을 믿는다. 비록 일주일이라는 시간 뿐이지만, 시간이 내 곁에서 헛되어 흐르게 할 수 없다. 나는 중한사전 한 권을 가지고 외딴 섬에 가서, 이 시간을 이용하여 단어를 외우고 중국어를 공부할 것이다. 일주일 후, 내가 정상적인 생활로 되돌아갔을 때, 나는 주위 사람들에게 눈에 띄게 실력이 성장한 나를 보여줄 것이다.

이상으로 나는 간단하게 나의 계획을 말하였고, 이 문제에 대한 답을 마쳤다.

단어

海边 hǎibian 명 해변, 바닷가 | **填饱 tián bǎo** 배를 채우다 | **肚子 dùzi** 명 (사람이나 동물의) 배 | **万一 wànyī** 부 만일, 혹시라도 | **虚度 xūdù** 동 (시간을) 헛되이 보내다 | **光阴 guāngyīn** 명 시간 | **溜走 liūzǒu** 슬그머니 사라지다 | **背单词 bèi dāncí** 단어를 외우다

6

문제

최근 대학교에 다니면서 아르바이트하는 대학생이 점점 많아지고 있는데, 어떤 사람은 아르바이트하는 것이 학습에 영향을 줄 것이라고 하고 또 어떤 사람은 아르바이트하는 것을 마땅히 지지해줘야 한다고 합니다. 당신의 견해를 말해보세요.

어휘 Tip

관련 단어

减少 jiǎnshǎo 동 감소하다, 줄어들다
家境 jiājìng 명 살림 형편, 가정 형편
虚耗 xūhào 동 허비하다, 헛되이 쓰다
发展 fāzhǎn 동 발전하다
接触 jiēchù 동 접촉하다
经验 jīngyàn 명 경험
提倡 tíchàng 동 제창하다, 부르짖다
课余时间 kèyú shíjiān 여가 시간
无非 wúfēi 부 단지 ~에 지나지 않다
挣钱 zhèng qián 동 돈을 벌다
学费 xuéfèi 명 학비
旷课 kuàngkè 동 무단 결석하다

负担 fùdān 동 부담하다
贫困 pínkùn 형 빈곤하다
协调 xiétiáo 형 잘 어울리다, 조화롭다
提早 tízǎo 동 (예정된 시간을) 앞당기다
积累 jīlěi 동 (경험을) 쌓다
耽误 dānwu 동 그르치다, 지체하다
弊端 bìduān 명 폐단, 폐해
填补 tiánbǔ 동 (빈 부분을) 메우다
赚钱 zhuàn qián 동 돈을 벌다
生活费 shēnghuófèi 명 생활비
影响 yǐngxiǎng 동 영향을 주다
减轻 jiǎnqīng 동 감소하다, 덜다

관련 성어

眼高手低 yǎngāo shǒudī 자신이 원하는 수준은 높지만, 실제 능력은 부족하다
半工半读 bàngōng bàndú 일하면서 공부하다
可想而知 kěxiǎng érzhī 말을 하지 않아도 알 수 있다, 미루어 짐작할 수 있다
不言而喻 bùyán éryù 말하지 않아도 안다, 말할 필요까지 없다
舍本逐末 shěběn zhúmò 중요한 부분을 버리고 사소한 부분을 쫓다, 본말이 뒤바뀌다
得不偿失 débù chángshī 얻는 것보다 잃는 것이 많다
大有人在 dàyǒu rénzài 그러한 사람이 많다, 그런 사람은 부지기수(不知其數)이다

관련 속담

赔了夫人又折兵 péile fūrén yòu zhébīng 이중으로 손해를 보다, 안팎으로 밑지다

下面我开始回答第6题。

大学生到底应不应该边上学边打工呢？对于这个问题的看法可谓仁者见仁、智者见智，我对大学生打工持肯定的态度。理由如下：

首先，大学生打工最直接的好处就是经济方面可以减少家里的负担。对一些家境相对贫困的家庭来说，这无疑是件对家庭有利的事。

其次，很多大学生假期基本上是把时间虚耗在上网或玩儿游戏上。与其无聊的浪费时间，还不如打工，这样可以让大学生手脑并用，有利于大学生的协调发展。

再次，大学生打工可以让大学生提早接触到社会。近年来很多大学生毕业后因为眼高手低，根本找不到工作。所以"大学生半工半读"已经成为一种新的教育方式，它可以提高大学生的实践能力。

在此值得一提的是，有很多成功的企业家，都是靠自己的力量，从勤工俭学开始，一点一滴地积累经验，最后才获得成功的。所以只要不耽误学习，打工是非常值得提倡的。

总之，我对大学生打工持支持的态度。

问题全部回答完了。

나는 다음 6번 문제에 대한 대답을 시작하겠다.

대학생은 도대체 학업을 지속하면서 일을 해야 할까? 이 문제에 대해서는 보는 사람마다 의견을 달리한다고 할 수 있다. 나는 개인적으로 대학생 아르바이트를 찬성하는 입장이며, 그 이유는 다음과 같다.

우선, 대학생 아르바이트가 가장 직접적으로 좋은 점은, 바로 경제적인 면에서 가계 부담을 줄일 수 있다는 것이다. 집안 사정이 어려운 가정에 있어, 이는 의심할 바 없이 가정에 유익한 일이다.

다음으로, 많은 대학생은 방학 기간을 주로 인터넷이나 게임을 하는데 헛되이 소모하는데, 무료하게 시간을 낭비하는 것보다는 일하는 게 낫고, 이렇게 하는 것은 대학생이 손과 머리를 병용할 수 있어 대학생의 조화로운 발전에 도움이 된다.

그다음으로, 대학생 아르바이트는 대학생이 더 일찍 사회와 접할 수 있도록 해준다. 최근 몇 년, 많은 대학생은 졸업 후 눈은 높아졌지만, 실제 능력은 부족하여 도무지 일을 구하지 못한다. 그래서 '대학생이 일하면서 공부하다'는 이미 새로운 교육방식이 되었고, 대학생들의 실천능력을 높여준다.

여기에 거론할 만한 가치가 있는 것은, 많은 성공한 기업가는 모두 자신의 역량에 의지했고, 일하면서 공부하기 시작해서 조금씩 쌓아 올린 경험으로 끝내는 성공을 거두었다는 것이다. 그래서 학업을 지체하지만 않으면, 아르바이트는 제창할만한 가치가 있다.

요컨대, 나는 대학생 아르바이트에 대해 찬성하는 입장이다.

문제에 대한 답을 모두 마쳤다.

단어

直接 zhíjiē 형 직접, 직접적으로 ｜ **相对** xiāngduì 부 상대적으로 ｜ **无疑** wúyí 동 의심할 여지가 없다 ｜ **并** bìng 부 함께, 동시에 ｜ **根本** gēnběn 부 전혀, 도무지 ｜ **实践** shíjiàn 동 실천하다, 실행하다 ｜ **一点一滴** yìdiǎn yìdī 약간, 조금

下面我开始回答第6题。

大学生到底应不应该边上学边打工呢？对于这个问题，每个人都有不同的看法，就我个人而言，我对大学生打工持否定的态度。理由如下：

首先，大学生半工半读最大的弊端就是耽误学习。课余和假期的时间，本来是用于让大学生自学和休息的时间。我们应该利用课余时间到图书馆或上网查找资料，填补自己知识的不足。而打工占了太多的课余学习时间，对成绩的影响可想而知。

其次，有人说大学生半工半读可以让大学生更早的接触社会，提早为大学生日后找工作做准备工作。但是，目前利用课余时间去打工的，所从事的工作大多与自己所学的专业毫不相关。这无非是对时间的浪费，做这些对将来毫无帮助的工作，根本就是无用功。

众所周知，作为大学生，应该做的就是努力学习，通过大学的学习提高自己的能力，毕业后再找适合自己的工作也不晚。

总之，我认为"大学生打工"的弊大于利。因此，我坚决反对"大学生打工"。

问题全部回答完了。

나는 다음 6번 문제에 대한 대답을 시작하겠다.

대학생은 도대체 학업을 지속하면서 일을 해야 할까? 이 문제에 대해서는 보는 사람마다 의견을 달리한다고 할 수 있다. 나는 개인적으로 대학생 아르바이트를 반대하는 입장이며, 그 이유는 다음과 같다.

우선, 대학생이 일하면서 공부하는 것의 가장 큰 폐단은, 바로 학습을 그르친다는 것이다. 과외 시간과 휴일은 본래 대학생의 자습과 휴식에 쓰이는 시간이다. 우리는 여가를 이용하여 도서관에 가거나 인터넷에서 자료를 검색하고, 지식의 부족함을 보충해야 한다. 하지만 아르바이트는 너무 많은 과외 학습 시간을 차지하여, 성적에 영향을 줌은 말하지 않아도 알 수 있다.

다음으로, 어떤 사람은 대학생이 일하면서 공부하는 것이 대학생으로 하여금 더 빨리 사회와 접하게 하고, 대학생이 앞으로 일자리를 찾기 전의 준비 직업이라고 말한다. 그러나 요즘 과외 시간을 이용해 하는 일은, 하는 일 대부분이 자신이 배운 전공과 거의 관계가 없다. 이는 단지 시간 낭비에 불과하며, 이러한 것들은 장래에 조금도 도움이 안 되는 일이라서 근본적으로 전혀 쓸모가 없다.

모두가 알고 있듯이 대학생이 해야 할 일은 바로 열심히 공부하는 것이다. 대학 공부를 통해 자신의 능력을 키우고 졸업한 후에 자신에게 맞는 일을 찾아도 늦지 않다.

요컨대, 나는 '대학생 아르바이트'는 장점보다 단점이 많다고 생각한다. 그래서 나는 단호하게 '대학생 아르바이트'에 반대한다.

문제에 대한 답을 모두 마쳤다.

단어

查找 cházhǎo 동 찾다, 조사하다 ｜ 占 zhàn 동 차지하다 ｜ 日后 rìhòu 명 이후, 장래 ｜ 毫不 háo bù 부 조금도 ～하지 않다 ｜ 无用功 명 wú yònggōng 가치 없는 노동, 헛된 일

第一部分

[第1-3题] 听后复述

1

🎧 109

　　一天，一群老鼠们聚在一起开会，它们在讨论怎样才能不被猫抓住。有一只老鼠想到了一个好办法：在猫的脖子上挂一个铃铛，这样只要猫一走过来，它们就会听到铃铛的声音。老鼠们都兴高采烈地喊道："这个主意太好了！"但另一只老鼠提出了一个问题：怎样才能把铃铛挂到猫的脖子上呢？大家都不说话了。一只年老的老鼠叹了口气说道："看来，不现实的办法不能算是好办法。"

단어

群 qún 양 무리, 떼 | 老鼠 lǎoshǔ 명 쥐 | 聚 jù 동 모이다 | 讨论 tǎolùn 동 토론하다 | 抓住 zhuāzhù 동 (붙)잡다 | 脖子 bózi 명 목 | 挂 guà 동 걸다, 달다 | 铃铛 língdang 명 방울 | 兴高采烈 xìnggāo cǎiliè 성 매우 기뻐하다 | 喊道 hǎndào 동 소리치다, 외치다 | 主意 zhǔyi 명 생각, 아이디어 | 提出 tíchū 동 (문제를) 제기하다 | 年老 niánlǎo 형 연로하다, 늙다 | 叹 tàn 동 한숨 쉬다, 탄식하다 | (一)口气 (yì) kǒuqì 명 한숨 | 算是 suànshì 동 ~라 할 수 있다

해석

　　하루는, 쥐 한 무리가 한데 모여 회의를 하는데, 어떻게 하면 고양이한데 붙잡히지 않을지를 토론하고 있었다. 어떤 쥐가 좋은 방법을 생각해냈는데, 고양이의 목에 방울을 달자는 것이고, 이렇게 하면 고양이가 다가오기만 해도 자신들이 방울 소리를 듣게 된다는 것이다. 쥐들은 매우 기뻐하며 소리쳤다. "이 생각 정말 좋구나!" 하지만 다른 쥐가 문제를 제기했다. 어떻게 해야 고양이 목에 방울을 달 수 있지? 모두가 말이 없었다. 연로한 쥐 한 마리가 한숨을 내쉬며 말했다. "보아하니 비현실적인 방법은 좋은 방법이라 할 수 없구면."

모범답안　🎧 110

　　一天，一群老鼠们一起开会，讨论怎样才能不被猫抓住。有一只老鼠说可以在猫的脖子上挂一个铃铛，这样只要猫一走过来，它们就会听到铃铛的声音。老鼠们都高兴地说这是个好主意，但另一只老鼠问怎样才能把铃铛挂到猫的脖子上，大家都不说话了。一只年老的老鼠叹了口气说不现实的办法不能算是好办法。

　　하루는, 쥐 한 무리가 회의를 하며 어떻게 하면, 고양이에게 붙잡히지 않을지 의논했다. 한 쥐가 고양이 목에 방울을 달자고 했고, 이렇게 하면 고양이가 다가올 때, 그들이 방울 소리를 듣게 될 거라고 했다. 쥐들은 모두 기뻐하며 좋은 생각이라고 말했지만, 다른 쥐가 어떻게 고양이 목에 방울을 달 거냐고 묻자 모두 말이 없었다. 한 연로한 쥐는 탄식하며, 비현실적인 방법은 반드시 좋은 방법이라 할 수 없다고 말했다.

🎧 111

　　病房里，一个生命垂危的病人天天看着窗外的一棵树，树叶在秋风中一片片地掉落下来。病人望着眼前的落叶，身体也每况愈下，一天不如一天。他说："当树叶全部掉光时，我也就要死了。"一位老画家听到他的话，用彩笔画了一片绿叶挂在树枝上。最后一片叶子始终没掉下来，病人也因此奇迹般地活了下来。只要有希望，生命就会生生不息。

단어

病房 bìngfáng 몡 병실 ｜ 垂危 chuíwēi 통 병이 위급(위독)하다 ｜ 棵 kē 명 그루, 포기 ｜ 树叶 shùyè 몡 나뭇잎 ｜ 掉落 diào luò 통 떨어지다 ｜ 落叶 luòyè 몡 낙엽 ｜ 每况愈下 měikuàng yùxià 솅 상황이 갈수록 나빠지다(악화되다) ｜ 一天不如一天 yìtiān bùrú yìtiān 나날이 나빠지다 ｜ 彩笔 cǎibǐ 몡 그림 붓 ｜ 绿叶 lǜyè 몡 푸른 잎 ｜ 挂 guà 통 (고리·못에) 걸리다, (물체 표면에) 칠해져 있다 ｜ 树枝 shùzhī 몡 나뭇가지 ｜ 始终 shǐzhōng 믄 시종일관, 줄곧 ｜ 奇迹 qíjì 몡 기적 ｜ 般 bān 조 ~같은 ｜ 希望 xīwàng 몡 희망 ｜ 生生不息 shēngshēng bùxī 솅 사물이 끊임없이 생장하고 번성하다, 쉬지 않고 생기다

해석

　　병실에서 생명이 위급한 한 환자가 매일 창 밖의 나무 한 그루를 보고 있었는데 나뭇잎이 가을 바람에 하나씩 떨어졌다. 환자는 눈앞의 낙엽을 보면서 몸도 갈수록 악화되었다. 그는 말했다. "나뭇잎이 전부 떨어지면 나도 곧 죽겠지." 한 나이 든 화가는 그의 말을 듣고선 그림 붓으로 푸른 잎을 나뭇가지 위에 그려 놓았다. 마지막 한 잎은 줄곧 떨어지지 않았고 환자도 이 때문에 기적같이 살아났다. 희망만 있으면 생명은 끊임없이 살아난다.

모범답안　　🎧 112

　　病房里，一个病人天天看着窗外的树叶在秋风中一片片地掉落下来。病人的身体一天不如一天。他说当树叶全部掉光时自己就会死。一位老画家听到他的话，用彩笔画了一片绿叶挂在树枝上。最后一片叶子始终没掉下来，病人也奇迹般地活了下来。只要有希望，生命就会生生不息。

　　병실에서 한 환자가 매일 창 밖의 나뭇잎이 가을 바람에 하나씩 떨어지는 것을 보고 있었다. 환자의 몸이 나날이 악화되었다. 그는 나뭇잎이 전부 떨어지면 자신도 죽을 거라고 말했다. 한 나이 든 화가는 그의 말을 듣고선 그림 붓으로 푸른 잎을 나뭇가지 위에 그려 놓았다. 마지막 한 잎은 줄곧 떨어지지 않았고 환자도 기적같이 살아났다. 희망만 있으면 생명은 끊임없이 살아난다.

🎧 113

　　三十岁以前就尝到失业的滋味，当然是一件不幸的事，但不一定是坏事。三十岁之前就过早地固定在一个工作上，一辈子做相同的事也许才是最大的不幸。失业也许让你想起遗忘已久的梦想；失业也许会激发起连你自己都从没注意到的潜力；也许你本来没什么梦想，失业还会逼着你自己去开始做梦。

尝 cháng 동 맛보다, 경험하다 | 失业 shīyè 동 실업하다, 일자리를 잃다 | 滋味 zīwèi 명 맛 | 不幸 búxìng 형 불행하다 | 过早 guòzǎo 형 너무 빠르다 | 固定 gùdìng 동 고정하다, 장착하다 | 遗忘 yíwàng 동 잊어버리다 | 梦想 mèngxiǎng 명 꿈 | 激发 jīfā 동 불러일으키다 | 潜力 qiánlì 명 잠재력 | 逼 bī 동 강요하다

30세 이전에 실업의 맛을 보는 것은 당연히 불행한 일이지만, 반드시 나쁜 일만은 아니다. 30세 이전에 너무 빨리 한 가지 일에 정착해서, 한평생 같은 일을 하는 것이야말로, 아마도 가장 큰 불행일 것이다. 실업은 어쩌면 당신이 잊어버린 지 이미 오래된 꿈을 떠올리게 할 것이고, 자신조차도 의식하지 못했던 잠재력을 불러일으킬 것이다. 당신은 어쩌면 원래 별다른 꿈이 없었겠지만, 실업은 또 당신이 꿈꾸기 시작하도록 강요할 것이다.

三十岁以前失业，当然是一件不幸的事，但不一定是坏事。三十岁之前就固定在一个工作上，一辈子做相同的事也许才是最大的不幸。失业也许让你想起以前的梦想；失业也许会激发你的潜力；也许你本来没什么梦想，那么失业会逼着你开始做梦。

30세 이전의 실업은 당연히 불행한 일이지만, 꼭 나쁜 일만은 아니다. 30세 전에 한 가지 일에 정착하여 평생 같은 일만 하는 것이 어쩌면 가장 큰 불행일 것이다. 실업은 어쩌면 당신의 옛 꿈을 생각나게 해줄 것이고, 어쩌면 당신의 잠재력을 불러 일으킬 것이다. 어쩌면 당신은 원래에는 별다른 꿈이 없었겠지만, 실업은 당신이 꿈꾸기 시작하도록 강요할 것이다.

第二部分

[第4题] 朗读

4

我爱月夜，但|我也爱星空。从前|在家乡|七、八月的夜晚|在庭院里|乘凉的时候，我最爱看天上|密密麻麻的繁星。望着星天，我就会|忘记一切，好像回到了|母亲的怀里似的。三年前|在南京，我住的地方|有一道后门，每晚|我打开后门，便看见一个|安静的夜。下面|是一片菜园，上面|是星群密布的天空。星光在我们的肉眼里|虽然微小，然而它使我们觉得|光明|无处不在。那时候|我正在读一些|关于天文学的书，也认得|一些星星，好像它们|是我的朋友，它们常常|在和我谈话一样。

月夜 yuèyè 명 달밤 | 星空 xīngkōng 명 별이 총총한 하늘 | 夜晚 yèwǎn 명 밤 | 庭院 tíngyuàn 명 정원, 뜰 | 乘凉 chéng liáng 동 더위를 식하다 | 密密麻麻 mìmimámá 형 빽빽하다, 촘촘하다 | 繁星 fánxīng 명 무수한 별 | 忘记 wàngjì 동 잊어버리다 | 怀 huái 명 가슴, 품 | 菜园 càiyuán 명 채소밭 | 星群密布 xīngqún mìbù 별들이 가득하다 | 星光 xīngguāng 명 별빛 | 肉眼 ròuyǎn 명 육안 | 微小 wēixiǎo 형 매우 작다 | 光明 guāngmíng 명 빛 | 无处不在 wúchù búzài 있지 않은 곳이 없다 | 认得 rènde 동 알다, 인식하다

　나는 달밤을 좋아하지만, 별이 총총한 하늘도 좋아한다. 예전 7, 8월의 밤에 정원에서 더위를 식힐 때, 나는 하늘에 빼곡하게 뜬 많은 별을 보는 것을 가장 좋아했다. 별이 뜬 하늘을 보면 나는 모든 것을 잊게 되어, 마치 엄마 품으로 돌아간 것 같았다. 3년 전 난징에, 내가 살던 곳에는 후문이 하나 있었는데, 밤마다 난 후문을 열고 고요한 밤을 보았다. 아래로는 채소밭이 있었고, 위로는 별들이 가득한 하늘이 있었다. 별빛은 우리의 육안에는 비록 매우 작지만, 그것은 우리에게 빛은 어디에도 있다고 느끼게 하였다. 그때, 나는 천문학에 관한 책들을 읽고 있어서 별들에 대해서도 잘 알았는데, 별들은 마치 나의 친구로서 자주 나와 이야기를 나누는 것 같았다.

第三部分

[第5-6题] 回答问题

5

사회활동에 참여하는 과정에서, 남자와 여자는 각각 어떤 장점이 있는지에 대해 소개해보세요.

관련 단어

参与 cānyù 동 참여하다
普遍 pǔbiàn 형 보편적이다, 일반적이다
力气 lìqi 명 (육체적인) 힘
魄力 pòlì 명 카리스마, 패기
创造力 chuàngzàolì 명 창조력
协调性 xiétiáoxìng 명 조율성
细心 xìxīn 형 세심하다
果断 guǒduàn 형 결단력이 있다

分别 fēnbié 부 각각, 따로따로
生育 shēngyù 동 (아이를) 낳다
限制 xiànzhì 명 제한, 제약
爆发力 bàofālì 명 폭발력
亲和力 qīnhélì 명 친화력
耐力 nàilì 명 인내력
失误 shīwù 명 실수, 잘못

관련 성어

重男轻女 zhòngnán qīngnǚ 남자는 중시하고 여자는 경시하다
游刃有余 yóurèn yǒuyú 힘들이지 않고 여유 있게 일을 처리하다, 식은 죽 먹기
锲而不舍 qiè'ér bùshě 중도에 포기하지 않고 끝까지 하다
面面俱到 miànmiàn jùdào 각 방면을 빈틈없이 돌보다
感情用事 gǎnqíng yòngshì 개인적인 감정에 사로잡혀 충동적으로 일을 처리하다
男尊女卑 nánzūn nǚbēi 남존여비

관련 속담

女人能顶半边天 nǚrén néng dǐng bànbiāntiān 여자도 남자와 똑같이 사회적 역할을 할 수 있다

下面我开始回答第5题。

在参与社会活动的过程中，男人和女人各有哪些优势呢？下面我就来分别谈一谈在社会生活中男人和女人的优势。

我先说一说男人的优势。首先，我认为就业时男人更占优势。由于受到传统观念的影响，社会上男尊女卑、重男轻女的观念还是普遍存在的，所以在就业时，往往还是男人更容易找到工作。

其次，从生理的角度上来看，男人不用生育，力气也比女人大，所以在社会活动中，没有什么太多的限制。

再次，从性格的角度上来看，男人往往比女人更有魄力，更有爆发力和创造力，这也是男人在社会生活中的优势。

接下来，我再说一说女人的优势。首先，随着社会的发展，女性在社会上的地位越来越高，女人能顶半边天，女人更具有亲和力，表达能力和协调性也都比男人强，这使女人在社会生活中游刃有余。

其次，从生理角度来看，女人具有更强的耐力，遇到困难也不会轻易放弃，而是锲而不舍，坚持到底。

再次，从性格的角度上来看，女人比男人更细心，考虑问题面面俱到，这让她们在工作中失误少，也是相对于男人的一大优势。

以上我简单地说了说在社会活动中男人和女人各自的优势，这个问题回答完了。

나는 다음 5번 문제에 대한 대답을 시작하겠다.

사회활동에 참여하는 과정에서 남자와 여자는 각각 어떤 장점이 있는가? 아래에서 나는 사회생활에서 남자와 여자의 장점에 대해 각각 이야기해 보겠다.

나는 먼저 남자의 장점을 말하고자 한다. 우선, 나는 남성이 취업할 때 더 유리하다고 생각한다. 전통관념의 영향을 받아서, 사회에는 남존여비, 남자를 중시하고 여자는 무시하는 관념이 아직도 보편적으로 존재한다. 그래서 취업할 때 남자는 늘 더 쉽게 취업한다.

다음으로, 생리적인 측면에서 보면, 남자는 아이를 낳을 필요가 없는데다 힘도 여자보다 세다. 그래서 사회활동을 하는 데 있어서 그 어떤 큰 제한도 없다.

그다음으로, 성격적인 면에서 보면 남자는 주로 여자보다 더 카리스마가 있고, 폭발력과 창조력도 더 갖고 있다. 이것도 남자가 사회생활을 하는데 강점이 된다.

이어서, 나는 여자의 장점에 대해서도 말해보겠다. 먼저, 사회 발전에 따라 여자의 사회적 지위는 갈수록 높아지고 있는데, 여자는 남자와 똑같이 사회적 역할을 다 할 수 있다. 여자는 친화력이 더 좋고, 표현능력과 조율성은 남성보다 강한데 이는 여자의 사회생활을 순조롭게 해준다.

다음으로, 생리적 측면에서 보면, 여자는 강인한 인내력을 가지고 있어 어려움을 만나더라도 쉽게 중도에 포기하지 않고 끝까지 지속한다.

그다음으로, 성격적인 면에서 보면, 여자는 남자보다 더 섬세하여 문제 검토를 꼼꼼하게 한다. 이것은 여자들의 업무상 실수를 줄여주며, 또한 남자와 상대적으로 대비되는 최대 강점이다.

이상으로 나는 사회생활 중의 남자와 여자 각각의 장점을 말했으며, 이 문제에 대한 답을 마쳤다.

接下来 jiē xiàlai 이어서 ｜ 表达 biǎodá 동 표현하다, 나타내다 ｜ 具有 jùyǒu 동 갖추다, 구비하다 ｜ 轻易 qīngyì 부 쉽사리 ｜ 坚持到底 jiānchí dàodǐ 끝까지 계속하다

6

문제

당신이 좋아하는 계절과, 그 이유에 대해 소개해보세요.

관련 단어

偏爱 piān'ài 동 편애하다, 선호하다	温柔 wēnróu 형 온유하다, 따뜻하고 부드럽다
激情 jīqíng 명 열정, 정열	浪漫 làngmàn 형 낭만적이다, 로맨틱하다
纯洁 chúnjié 형 순결하다, 순수하다	日光浴 rìguāngyù 동 일광욕을 하다
形容 xíngróng 동 묘사하다, 형용하다	丰收 fēngshōu 동 풍년이 들다, 풍작 하다
枫叶 fēngyè 명 단풍잎	纷纷 fēnfēn 형 흩날리다, 어지럽게 날리다
落下 luòxià 동 떨어지다	金色 jīnsè 명 금빛
雪花 xuěhuā 명 설화, 눈송이	飞扬 fēiyáng 동 날리다, 높이 오르다
银色 yínsè 명 은빛, 은색	雪地 xuědì 명 설원, 눈밭
堆雪人 duī xuěrén 눈사람을 만들다	打雪仗 dǎ xuězhàng 눈싸움하다
滑冰 huábīng 동 스케이트를 타다 명 스케이트	滑雪 huáxuě 동 스키
充满活力 chōngmǎn huólì 활력이 가득하다	收获 shōuhuò 동 수확하다, 추수하다
江边 jiāng biān 명 강변, 강가	风筝 fēngzheng 명 연
飘 piāo 동 날리다, 흩날리다	收集 shōují 동 모으다, 수집하다
捡 jiǎn 동 줍다	夹 jiā 동 사이에 두다, 끼우다
春夏秋冬 chūn xià qiū dōng 춘하추동	温暖 wēnnuǎn 형 따뜻하다, 온난하다
炎热 yánrè 형 매우 덥다, 찌는 듯하다	凉爽 liángshuǎng 형 서늘하다, 시원하고 상쾌하다
寒冷 hánlěng 형 춥고 차다	晒太阳 shài tàiyang 햇볕을 쬐다
登山 dēng shān 동 등산하다	无边 wúbiān 동 끝이 없다, 한없이 넓다

관련 성어

春暖花开 chūnnuǎn huākāi 봄은 따뜻하고 꽃은 핀다	万象更新 wànxiàng gēngxīn 모든 것이 새로워지다
不胜枚举 búshèng méijǔ (너무 많아) 일일이 다 헤아릴 수 없다	硕果累累 shuòguǒ léiléi 열매가 주렁주렁 열리다
银装素裹 yínzhuāng sùguǒ 은세계, 은백색으로 덮이다	九霄云外 jiǔxiāo yúnwài 아득히 먼 곳, 하늘 끝 저 멀리
多姿多彩 duōzī duōcǎi 다채롭다, 다양하다	鸟语花香 niǎoyǔ huāxiāng 새가 지저귀고 꽃이 향기롭다
情有独钟 qíngyǒu dúzhōng 관심을 보이다, 각별한 애정을 보이다	冰天雪地 bīngtiān xuědì 얼음과 눈으로 뒤덮이다, 지독히 춥다
秋高气爽 qiūgāo qìshuǎng 가을 하늘은 높고 날씨는 상쾌하다	自由自在 zìyóu zìzài 조금도 제한이나 속박이 없는 상태, 자유자재
生机勃勃 shēngjī bóbó 생기가 넘치다, 생기발랄하다	赤日炎炎 chìrì yányán 뙤약볕이 뜨겁다
万物复苏 wànwù fùsū 만물이 소생하다	百花齐放 bǎihuā qífàng 수많은 꽃이 함께 만개하다
白雪皑皑 báixuě ái'ái 새하얀 눈, 백설	

관련 속담

一年之计在于春 yī nián zhī jì zàiyú chūn 일 년의 계획은 봄에 세운다

下面我开始回答第6题。

提起季节，我们都不陌生。对季节的偏爱是因人而异的，有人喜欢温柔的春天，有人喜欢激情的夏天，有人喜欢浪漫的秋天，也有人喜欢纯洁的冬天。要问我最喜欢哪个季节，我一定会吱吱唔唔的答不上来，因为我四个季节都喜欢。

春天，春暖花开，万象更新。俗话说得好："一年之计在于春"，春天给人以希望，开始新的一页。

夏天，虽然很热，但是去海边下享受日光浴，在大海里游泳，那种自由自在的感觉真是无法用语言来形容。

秋天，是丰收的季节。如果去爬山，满山的枫叶纷纷落下，让我们置身于金色的世界，没有什么比这更浪漫的了！

冬天，雪花飞扬，整个城市变成了银色的世界。小朋友在雪地里堆雪人、打雪仗；年轻人去滑冰、滑雪、……。各种各样的运动不胜枚举。

总之，在我的眼里，一年四季都是必不可少的，我爱每一个季节，我爱我生命里的每一天！

问题全部回答完了。

나는 다음 6번 문제에 대한 대답을 시작하겠다.

계절에 대해 말하자면 우리는 모두 낯설지 않다. 계절에 대한 선호는 사람마다 다른데, 누군가는 따뜻한 봄을 좋아하고, 누군가는 열정적인 여름을 좋아하며, 누군가는 낭만적인 가을을 좋아하고, 또 누군가는 순수한 겨울을 좋아한다. 내게 어느 계절을 가장 좋아하느냐고 묻는다면, 나는 말을 얼버무리며 대답하지 못할 것이다. 왜냐하면 나는 사계절을 모두 좋아하기 때문이다.

봄, 봄은 따뜻하고 꽃이 피며, 만물이 새로워진다. 속담에 '일 년의 계획은 봄에 세운다'는 말이 있는데, 봄은 사람들에게 희망을 안겨주고 (인생의) 새로운 장을 시작하게 한다.

여름, 비록 덥지만 해변에 가서 일광욕을 즐기고, 바다에서 수영을 즐기는 그런 자유로운 느낌은 정말이지 말로써 형용할 수 없다.

가을, 풍년의 계절이다. 산에 가면 온 산에 가득한 단풍이 흩날리며 떨어지고, 우리를 황금빛 세상 가운데 있게 하는데, 이보다 더 낭만적인 것은 없다!

겨울, 눈송이가 흩날려 도시 전체가 은빛 세상으로 변한다. 어린 친구들은 눈밭에서 눈사람을 만들고, 눈싸움한다. 젊은이들은 스케이트를 타러 가고, 스키를 타러 가고……. 다양한 운동은 셀 수 없이 많다.

요컨대, 내 마음에서 일년 사계절은 꼭 필요한 것이다. 나는 모든 계절을 좋아하며, 내 생명이 살아있는 한 모든 날을 사랑한다!

문제에 대한 답을 모두 마쳤다.

단어

陌生 mòshēng 휑 낯설다, 생소하다 ｜ 吱吱唔唔 zhīzhī wúwú 말을 더듬거리다, 얼버무리다 ｜ 答不上来 dá bu shàng lái 답하지 못하다 ｜ 置身 zhìshēn 동 몸을 두다 ｜ 必不可少 bìbù kěshǎo 성 없어서는 안 된다, 꼭 필요하다

下面我开始回答第6题。

有人喜欢鸟语花香的春天，有人喜欢充满活力的夏天，有人喜欢硕果累累的秋天，也有的人喜欢银装素裹的冬天。其中，我格外喜欢秋天，下面我就来说说我为什么对秋天情有独钟。

秋天，是一个收获的季节，这是一个让我说也说不完的好季节。还记得小时候，每到秋天，爸爸总会带着我到江边放风筝，看着风筝越飞越高，越飞越远，仿佛自己的所有烦恼也都随着它飘到了九霄云外。我从小就喜欢收集枫叶，我把枫叶捡回家，夹在书里。现在，如果到我的书柜里随便拿出一本书来，你都会发现里面夹着几片树叶，每一片叶子上都写着我童年的记忆！

我认为正是有了秋天，我们的生活才如此多姿多彩。我爱秋天！

问题全部回答完了。

나는 다음 6번 문제에 대한 대답을 시작하겠다.

누군가는 새가 지저귀고 꽃이 향기로운 봄을 좋아하고, 누군가는 활력이 충만한 여름을 좋아하고, 누군가는 열매가 주렁주렁 열리는 금빛 가을을 좋아하고, 또 누군가는 은백색으로 뒤덮인 겨울을 좋아한다. 그중에 나는 특히 가을을 좋아하는데, 아래에서 내가 왜 가을에 애정을 갖고 있는지를 말해 보겠다.

가을은 수확의 계절로, 내가 아무리 말해도 끝이 없을 만큼 좋은 계절이다. 아직도 어렸을 때가 기억나는데, 가을마다 아버지는 늘 나를 데리고 강가에 가서 연날리기를 하셨다. 연이 점점 높고 멀리 나는 것을 보고 있자니 마치 나의 모든 고민도 그것을 따라 하늘 끝 먼 곳으로 날아가 버린 듯하였다. 나는 어려서부터 단풍잎 수집을 좋아했는데, 단풍잎을 주워 집으로 가져가 책 속에 끼워 넣었다. 지금 내 책장에서 아무 책이나 한 권 꺼내보면, 당신은 (책장 안에) 몇 장의 나뭇잎이 끼워져 있는 것을 발견할 수 있을 것이다. 모든 나뭇잎에는 내 어린 시절의 기억이 쓰여 있다!

나는 바로 가을이 있어 우리 생활이 비로소 이처럼 다채로워질 수 있다고 생각한다. 나는 가을을 좋아한다!

문제에 대한 답을 모두 마쳤다.

仿佛 fǎngfú 🖭 마치 ~인 것 같다 ｜ **烦恼 fánnǎo** 🖻 걱정하다, 고민하다 ｜ **书柜 shūguì** 🖲 책장 ｜ **童年 tóngnián** 🖲 어린 시절

第一部分

[第1-3题] 听后复述

1

🎧 119

> 　为父亲过完60岁生日回到家，我发觉儿子心情好像不太好，便问他怎么了。儿子没头没脑地说了一句："没爸爸、没妈妈真好！"我心里咯噔一下，生气地问他："你说什么呢？屁股痒痒了吧？"儿子不敢看我的眼睛，不高兴地说："我说错了吗？我过生日，爷爷、奶奶给我的钱都让你们要去了，不给也不行！爷爷多好，爸爸妈妈都没有了，谁给钱都自己收起来，想怎么花就怎么花。"

단어

发觉 fājué 图 알아차리다 ｜ 没头没脑 méitóu méinǎo 성 느닷없다, 갑작스럽다 ｜ 咯噔 gēdēng 의성 쿵쿵거리다, 쿵쾅거리다 ｜ 屁股 pìgu 명 엉덩이 ｜ 痒 yǎng 형 가렵다

해석

　아버지의 60세 생신을 보내려고 집에 돌아왔는데, 아들의 기분이 별로 좋지 않다는 것을 알아차려서 바로 아들에게 왜 그러냐고 물었다. 아들은 느닷없이 한 마디를 내뱉었다. "아빠, 엄마가 없었으면 정말 좋겠어!" 내 가슴은 쿵쾅거렸고 화를 내며 아들에게 물었다. "너 뭐라고 했어? 엉덩이가 가렵지(맞고 싶지)?" 아들은 감히 나의 눈을 보지 못하고 기분 나빠해 하며 말했다. "제 말이 틀렸나요? 제가 생일을 보내면 할아버지, 할머니가 저한테 주신 돈을 전부 아빠, 엄마가 가져가시는데, 안 드릴 수도 없고! 할아버지는 정말 좋으시겠어요. 부모님이 안 계시니까요. 누가 돈을 드리면 직접 받으시고 쓰고 싶은 대로 쓰시잖아요."

모범답안　🎧 120

　为父亲过完生日回到家，我发现儿子心情好像不太好，便问他怎么了。儿子说没爸爸、没妈妈真好。我很吃惊，生气地问他屁股是不是痒痒了。儿子不敢看我的眼睛，不高兴地说自己过生日，爷爷、奶奶给他的钱都让我们要去了，但是爷爷没有爸爸妈妈，所以谁给钱都自己收起来，想怎么花就怎么花。

　아버지의 생신을 보려고 집에 왔을 때, 나는 아들의 기분이 좋지 않음을 느껴서 왜 그러냐고 물어봤다. 아들은 아빠, 엄마가 없었으면 좋겠다고 했다. 나는 깜짝 놀라 화를 내며 엉덩이가 가렵지 않느냐고 물었다. 아들은 내 눈을 보지 못하고 기분 나빠하며, 자신의 생일에 할아버지, 할머니가 주신 돈은 우리 부부가 가져가지만, 할아버지는 부모님이 없으므로 아무도 할아버지의 돈을 가져가지 않으니 쓰고 싶은 대로 쓸 수 있다고 대답했다.

🎧 121

　　有一次，我去乌江旅游。在船上，旅客们看到了一件有意思的事情，就是我们的船总是先向迎面开来的船发出热情的鸣笛以示问候。大家都猜船长一定是个热情的人。为了证明这个推断，我们派人去问船长，可是船长的回答是："我鸣笛，是因为我在回家的路上。"

단어

乌江 Wū Jiāng 고유 오강[강 이름] ｜ 船 chuán 명 배 ｜ 旅客 lǚkè 명 여행객 ｜ 迎面 yíngmiàn 부 정면으로 ｜ 发出 fāchū 동 (소리를) 내다 ｜ 热情 rèqíng 형 열정적이다 ｜ 鸣笛 míng dí 동 고동을 울리다 ｜ 以示 yǐ shì ~로써 ~을 나타내다(보이다) ｜ 问候　wènhòu 동 안부를 묻다 ｜ 船长 chuánzhǎng 명 선장 ｜ 证明 zhèngmíng 동 증명하다 ｜ 推断 tuīduàn 추정, 추측 ｜ 派人 pàirén 동 사람을 보내다

해석

　　한번은 나는 오강으로 여행을 갔다. 배에서 여행객들은 흥미로운 일을 하나 보았는데, 그것은 우리의 배가 항상 먼저 정면에서 다가오는 배를 향해 열정적으로 고동을 울림으로써 안부를 묻는 것이었다. 사람들은 선장이 틀림없이 열정적인 사람일 거라고 추측했다. 이런 추측을 증명하기 위해서 우리는 사람을 보내 선장에게 물어봤지만, 선장의 대답은, "제가 고동을 울린 것은 제가 집으로 돌아가는 길이었기 때문이에요."이었다.

모범답안　🎧 122

　　有一次，我去乌江旅游。在船上，我们的船总是先向对面开来的船鸣笛问候。大家都猜船长一定是个热情的人。为了证明这一点，我们派人去问船长，可是船长回答说他鸣笛是因为他是在回家的路上。

　　한 번은 나는 오강으로 여행을 갔는데, 우리 배는 늘 정면에서 마주 오는 배를 향해 고동을 울렸다. 사람들은 선장이 열정적인 사람이라 (그런 것이라고) 추측했고, 이를 증명하기 위해서 우리는 사람을 보내 선장에게 물어보았는데, 선장은 그가 고동을 울리는 것은 그가 집으로 돌아가는 길이었기 때문이라고 답했다.

🎧 123

　　第一次与人见面时，为了给对方一个好印象，应该注意自己的仪表。见面之前，要好好打扮一下自己。服装要整洁、大方，不要过于华丽。这样不仅可以展示自己的修养，也是对对方的尊重。在言谈举止上也要有礼貌，可以问一问对方的工作情况，生活情况，互相谈一下自己的兴趣爱好。

단어

印象 yìnxiàng 명 인상 ｜ 注意 zhùyì 동 주의하다 ｜ 仪表 yíbiǎo 명 용모, 외모 ｜ 打扮 dǎban 동 단장하다, 꾸미다 ｜ 服装 fúzhuāng 명 복장, 옷차림 ｜ 整洁 zhěngjié 형 단정하고 깨끗하다 ｜ 大方 dàfang 형 (스타일·색깔이) 저속하지 않다, 점잖다 ｜ 过于 guòyú 부 지나치게, 너무 ｜ 华丽 huálì 형 화려하다 ｜ 展示 zhǎnshì 동 드러내다, 나타내다 ｜ 修养 xiūyǎng 명 수양, 교양 ｜ 对方 duìfāng 명 상대방, 상대 ｜ 尊重 zūnzhòng 동 존중하다 ｜ 言谈举止 yántán jǔzhǐ 말과 행동 ｜ 有礼貌 yǒu lǐmào 예의가 바르다

처음 사람을 만날 때, 상대방에게 좋은 인상을 주기 위해서는 자신의 용모에 주의해야 한다. 만나기 전에 자신을 잘 꾸며야 한다. 복장은 단정하고 점잖아야 하며, 지나치게 화려하지 않아야 한다. 이렇게 하는 것은 자신의 교양을 드러낼 뿐만 아니라, 또한 상대방에 대한 존중을 나타낸다. 말과 행동에도 예의가 있어야 하며, 상대방의 업무 상황과 생활 여건을 물어봐도 좋고, 서로 자신의 취미와 흥미에 관한 이야기를 해도 좋다.

第一次与人见面时，为了给对方一个好印象，见面之前，要好好打扮一下自己。注意服装，不要太华丽，这样不仅可以展示自己的修养，也是对对方的尊重。说话时也要有礼貌，可以问一问对方的工作情况，生活情况，谈一下自己的爱好。

처음 다른 사람과 만날 때, 상대방에게 좋은 인상을 주기 위해서는, 만나기 전에 자신을 잘 꾸며야 한다. 복장에 신경 쓰고 너무 화려해서도 안 된다. 이렇게 하는 것은 자신의 교양을 보여줄 뿐 아니라 상대방에 대한 존중이기도 하다. 말할 때도 예의가 있어야 하는데, 상대방의 업무 상황이나 생활 상황을 물어보기도 하고 자신의 취미를 얘기해 보기도 한다.

第二部分

[第4题] 朗读

4

一位自以为很有才华的年轻人/因为得不到重用，非常苦恼，他去问叔叔/为什么会这样。叔叔从路边/随手捡起一块小石头/扔进了石头堆，问他："你能找到/我刚才扔出去的/那块石头吗？""这怎么找？"他摇了摇头。叔叔/把手指上的金戒指/取下来，扔了出去，又问他："你能找到/我刚才扔出去的/金戒指吗？""当然。"果然，没多久/他就找到了金戒指。"你现在明白了吗？"他犹豫了一阵儿之后，兴奋地回答："明白了。"其实，当一个人抱怨/自己怀才不遇时，很多时候/恰恰是，他/还只是一块小石头，并不是/一块金子。

才华 cáihuá 몡 재능 | 重用 zhòngyòng 동 중용하다, 중요한 자리에 임용하다 | 苦恼 kǔnǎo 형 고민하다 | 叔叔 shūshu 몡 숙부 | 随手 suíshǒu 톈 ~하는 김에 | 捡 jiǎn 동 줍다 | 扔 rēng 동 던지다 | 堆 duī 양 더미, 무더기 | 摇头 yáo tóu 동 고개를 가로젓다 | 手指 shǒuzhǐ 몡 손가락 | 金戒指 jīnjièzhǐ 몡 금반지 | 果然 guǒrán 톈 과연, 역시나 | 犹豫 yóuyù 형 망설이다, 주저하다 | 一阵儿 yízhènr 톈 한바탕, 한동안 | 兴奋 xīngfèn 동 (기뻐서) 흥분하다 | 抱怨 bàoyuàn 동 원망하다, 불평하다 | 怀才不遇 huáicái búyù 젱 재능이 있으면서 펼칠 기회를 만나지 못하다 | 恰恰 qiàqià 톈 바로, 마침

스스로 재능이 많다고 여기는 한 젊은이가 중용되지 못해서, 매우 고민하다가 숙부를 찾아가 왜 이런지 물었다. 숙부는 길에서 작은 돌멩이를 주워 돌무더기에 던지고는 그에게 물었다. "넌 내가 방금 던진 그 돌멩이를 찾을 수 있겠니?" "어떻게 찾을 수 있겠어요?" 그는 고개를 저었다. 숙부는 손가락에 끼고 있던 금반지를 빼서 던지고는 또 그에게 물었다. "넌 내가 방금 던진 금반지를 찾을 수 있겠니?" "물론이죠." 과연 얼마 되지 않아 그는 금반지를 찾았다. "이제 알겠니?" 그는 한동안 망설이다가 흥분하며 대답했다. "이해했어요." 실제로 어떤 사람이 (자신은) 재능은 있는데 펼칠 기회를 만나지 못했다고 불평할 때, 대부분의 경우 바로 그 사람은 아직은 작은 돌멩이에 지나지 않으며, 결코 금덩이가 아니라는 것이다.

<h1 style="text-align:center">第三部分</h1>

[第5–6题] 回答问题

5

당신이 사는 지역의 교통 상황에 대해 소개해보세요.

어휘 Tip

首尔 Shǒu'ěr 고유 서울[지명]　　首都 shǒudū 명 수도
交通拥堵 jiāotōng yōngdǔ 교통정체　　严重 yánzhòng 형 심각하다, 심하다
状况 zhuàngkuàng 명 상황, 상태　　出台 chūtái 동 (어떤 정책을) 시행하다
公交车专线 gōngjiāochē zhuānxiàn 버스전용차선　　制度 zhìdù 명 제도
缓解 huǎnjiě 동 완화하다, 개선되다　　堵车 dǔchē 동 교통이 막히다
出行 chū xíng 동 (밖으로 나가서) 다니다　　公共交通工具 gōnggòng jiāotōng gōngjù 대중교통수단
换乘 huànchéng 동 (차를) 갈아타다, 환승하다　　优惠 yōuhuì 형 우대의, 특혜의
采取 cǎiqǔ 동 (정책·조치를) 취하다　　制定 zhìdìng 동 제정하다
票价 piàojià 명 티켓 가격, 표 값　　线路 xiànlù 명 노선
地铁 dìtiě 명 지하철　　到达 dàodá 동 도착하다, 도달하다

坚持不懈 jiānchí búxiè 꾸준히 노력하다, 초지일관하다
四通八达 sìtōng bādá 사통팔달하다, 사방으로 통하다, 교통이 매우 편리하다

　126

　　下面我开始回答第5题。
　　我住在韩国首尔。首尔作为一个国家的首都，交通拥堵的现象也很严重，但是韩国政府为了解决首尔的交通问题做出了坚持不懈的努力，下面我就来介绍一下首尔的交通状况：
　　第一，从2004年起，首尔市出台了公交车专线制度，缓解了公交车堵车的问题，使利用公交车的市民避开了堵车问题，可以更方便地出行。

단어

避开 bì kāi 동 피하다 | **鼓励 gǔlì** 동 격려하다 | **待遇 dàiyù** 명 대우, 대접 | **统一 tǒngyī** 동 통일하다, 일치하다 | **合理 hélǐ** 형 합리적이다, 도리에 맞다

6

문제

어떤 사람은 생활의 부유함이 행복이라고 말하고, 어떤 사람은 가정 생활과 화목이 중요하다고 여깁니다. 당신의 행복에 대한 견해를 말해보세요.

관련 단어

어휘 Tip

抽象 chōuxiàng 형 추상적이다
和睦 hémù 형 화목하다
万能 wànnéng 형 만능이다
幸福指数 xìngfú zhǐshù 행복지수
目标 mùbiāo 명 목표
欢乐 huānlè 형 즐겁다, 유쾌하다
贪心 tānxīn 명 탐욕

富裕 fùyù 형 넉넉하다, 부유하다
固然 gùrán 부 비록 ~이지만
贫穷 pínqióng 형 가난하다, 빈곤하다
无法取代 wúfǎ qǔdài 대신할 수 없다
照顾 zhàogù 동 보살피다, 돌보다
标准 biāozhǔn 명 기준
空虚 kōngxū 형 (속이) 텅 비다, 공허하다

美梦成真 **měimèng chéngzhēn** 꿈은 이뤄진다
得不偿失 **débù chángshī** 얻는 것보다 잃는 것이 더 많다
过犹不及 **guòyóu bùjí** 과유불급이다, 지나친 것은 모자람만 못하다
适得其反 **shìdé qífǎn** 예상한 결과와 정반대의 결과를 얻다
贪得无厌 **tāndé wúyàn** 끝없이 욕심을 부리다
不思进取 **bùsī jìnqǔ** 향상 되려는 노력이나 행동이 없다
知足常乐 **zhīzú cháng lè** 만족을 할 줄 알면 항상 즐겁다

身体是革命的本钱 **shēntǐ shì gémìng de běnqián** 건강이 밑천이다, 몸이 건강해야 뭐든지 할 수 있다
有钱能使鬼推磨 **yǒuqián néng shǐ guǐ tuīmò** 돈이 있으면 귀신에게 맷돌질도 하게 할 수 있다

下面我开始回答第6题。

幸福是什么？它是一个很抽象的概念，对于这个问题每个人的想法都不同。有人说生活富裕就是幸福，有人觉得家庭生活和睦很重要，还有人说工作上的成功才是幸福。对我来说，我的家人和朋友的健康就是我最大的幸福。

首先，金钱固然重要，但是金钱毕竟不是万能的。调查显示，贫穷地区的人的幸福指数比富裕地区的人的幸福指数更高，这就说明生活富裕并不代表一定幸福。

其次，在事业上取得成功固然会让人有成就感，但是如果为了工作损害了身体健康的话，不但无法好好工作，还给家人带来痛苦，得不偿失。

再次，俗话说："身体是革命的本钱"，有健康的身体才能学习、工作、照顾家人，如果没有健康的身体的话，就无法努力工作，也就不能获得事业上的成功，也就无法给家人带来欢乐，而且即使有再多的钱也无法享受生活。所以健康是最重要的，是用什么也无法取代的幸福。

总之，我认为健康是最大的幸福，只要有健康的身体，就可以通过努力实现我们的目标，让美梦成真。

问题全部回答完了。

나는 다음 6번 문제에 대한 대답을 시작하겠다.

행복이란 뭘까? 이것은 매우 추상적인 개념이며, 이 문제에 대한 생각은 사람마다 다르다. 어떤 사람은 생활이 부유함을 행복이라 여기고, 어떤 사람은 가정생활과 화목함이 중요하다고 여기며, 또 어떤 사람은 일에서 성공하는 것이야말로 행복이라고 말한다. 나로 말할 것 같으면 가족과 친구들의 건강이 최고의 행복이다.

우선, 돈이 물론 중요하기는 하지만, (돈은) 어쨌든 만능은 아니다. 조사에 따르면, 빈곤한 지역에 사는 사람들의 행복지수가 부유한 지역에 사는 사람의 행복지수보다 훨씬 높다고 한다. 이것은 바로 생활의 부유함이 반드시 행복함을 나타내는 것은 아니라는 것을 설명해준다.

다음으로, 사업상의 성공을 얻는 것은 물론 성취감을 느끼게는 하지만, 일 때문에 몸 건강을 해친다면 일도 제대로 못하게 될 뿐만 아니라 식구들에게도 고통을 주어, 얻는 것보다 잃는 게 더 많다.

그다음으로, '건강이 밑천이다'는 속담이 있다. 건강한 몸이 있어야 공부도 일도 할 수 있고, 가정을 돌볼 수 있다. 만일 건강한 몸이 없으면 일도 열심히 못 하고 사업상의 성공도 얻지 못할 것이며, 식구들에게 즐거움을 가져다줄 수도 없고, 게다가 아무리 돈이 많아도 삶을 즐길 수가 없다. 그러므로 건강이 가장 중요하며, 그 어떤 것으로도 대신할 수 없는 행복이다.

요컨대 나는 건강이 가장 큰 행복이라고 생각한다. 건강한 몸만 있다면 노력을 통해 우리의 목표를 달성할 수 있으며 꿈을 이룰 수 있다.

문제에 대한 답을 모두 마쳤다.

단어

毕竟 bìjìng 🖳 결국, 어쨌든 | 代表 dàibiǎo 🖲 나타내다, 표시하다 | 取得 qǔdé 🖲 얻다, 획득하다 | 成就感 chéngjiùgǎn 🖳 성취감 | 损害 sǔnhài 🖲 손상시키다, 해치다 | 痛苦 tòngkǔ 🖲 고통스럽다, 괴롭다 | 本钱 běnqián 🖳 원금, 자본 |

第一部分

[第1-3题] 听后复述

1

🎧 128

有个少年想成为少林寺最出色的弟子。他问师父："我要多少年才能成为最出色的人？"

师父回答说："至少十年。""十年时间太长了。如果我付出双倍的努力，需要多长时间呢？""20年。"师父说。少年灰心了，他不解地问大师："为什么更加努力，反而需要更长的时间呢？"师父说："孩子，你要记住，做什么事都不能过于着急，着急反而会让你离成功越来越远。"

단어

少林寺 shàolínsì 몡 소림사 | 出色 chūsè 혱 뛰어나다, 훌륭하다 | 弟子 dìzǐ 몡 제자 | 至少 zhìshǎo 뿐 최소한, 적어도 | 付出 fùchū 동 (노력을) 들이다 | 双倍 shuāng bèi 두 배 | 灰心 huī xīn 동 풀이 죽다, 낙심하다 | 过于 guòyú 뿐 지나치게, 너무

해석

어떤 소년이 소림사에서 가장 뛰어난 제자가 되고 싶어했다. 그는 스승에게 물었다. "저는 몇 년을 있어야 가장 훌륭한 사람이 될 수 있습니까?" 스승이 대답했다. "적어도 10년.""10년이란 시간은 너무 깁니다. 만일 두 배의 노력을 들인다면, 얼마나 걸리겠습니까?""20년." 스승이 말했다. 소년은 풀이 죽어서, 이해하지 못하겠다는 듯이 스승에게 물었다. "왜 더 노력했는데, 도리어 더 많은 시간이 필요한 겁니까?" 스승이 말했다. "애야, 기억하거라. 무슨 일을 하든 너무 조급해해선 안 된다. 조급함은 도리어 너를 성공과 점점 멀어지게 할 거야."

🎧 129

모범답안

有个少年想成为少林寺最出色的弟子。他问师父要多少年才能那么出色，师父回答说至少十年。弟子说十年时间太长了，问师父如果自己付出双倍的努力，需要多长时间，师父说20年。少年灰心了，他不解地问大师为什么更加努力，反而需要更长的时间，师父说做什么事都不能过于着急，着急反而会让人离成功越来越远。

어떤 소년이 소림사에서 가장 뛰어난 제자가 되고 싶어서, 스승에게 그렇게 훌륭해지려면 몇 년이 필요하냐고 물으니, 스승이 적어도 10년이라고 했다. 제자는 10년은 너무 길다며, 자신이 두 배로 노력하면 얼마나 긴 시간이 필요하냐고 했더니, 스승은 20년이라고 했다. 소년은 풀이 죽어서 이해하지 못하겠다는 듯이 더 노력하는데 왜 시간은 더 오래 걸리느냐고 했더니, 스승은 무슨 일을 하든 너무 조급해하면 안 되고, 조급해하면 되레 성공과 점점 멀어진다고 말했다.

🎧 130

有一天，一只老钟对一只小钟说："你一年里要摆525600下。"小钟吓坏了，说"这么多，这怎么可能？"老钟笑着说："不用怕，你只需一秒钟摆一下，每一秒坚持下来就可以了。"小钟高兴了，心想："一秒钟摆一下好像并不难啊，试试看吧。"果然，小钟很轻松地就摆了一下，不知不觉一年过去了，小钟摆了525600下！只要开始并坚持下去，再难的事情都可以完成。

단어

钟 zhōng 명 시계 | 摆 bǎi 동 (시계추를) 흔들다 | 下 xià 양 번, 회(동작의 횟수) | 吓坏 xià huài 동 깜짝 놀라다 | 秒 miǎo 양 초 | 坚持 jiānchí 동 지속하다, 유지하다 | 轻松 qīngsōng 형 수월하다, 가볍다

해석

어느 날 나이 든 시계가 어린 시계에게 말했다. "너는 일 년간 (시계추를) 525,600번 흔들어야 한다."어린 시계가 깜짝 놀라며, "이렇게 많은데, 어떻게 가능하죠?"라고 말했다. 나이 든 시계는 웃으며 말했다. "걱정할 필요 없다. 너는 1초에 한 번씩 흔들고 초마다 지속하기만 하면 된단다." 어린 시계는 기뻐하며 마음속으로 생각했다. "1초에 한 번씩 흔드는 것은 전혀 어렵지 않은 것 같아. 한 번 해보자." 과연 어린 시계는 매우 수월하게 한 번씩 흔들었고 자신도 모르게 1년이 지나갔으며, 525,600번 (추를) 흔들었다. (무언가를) 시작해서 지속하기만 하면 아무리 어려운 일이라도 완성할 수 있다.

모범답안 🎧 131

有一天，一只老钟对一只小钟说："你一年里要摆525600下。"小钟觉得这不可能。老钟说只要一秒钟摆一下，坚持下去就行。小钟心想一秒钟摆一下好像不太难，于是就试了试。小钟很轻松地就摆了一下，不知不觉一年过去了，小钟摆了525600下！只要开始并坚持下去，再难的事情都可以完成。

어느 날 나이 든 시계가 어린 시계에게 말했다. "너는 일 년간 (시계추를) 525,600번 흔들어야 한다." 어린 시계는 이것이 불가능하다고 여겼다. 나이 든 시계는 1초에 한 번씩 흔들고 지속하기만 하면 된다고 말했다. 어린 시계는 마음속으로 1초에 한 번씩 흔드는 것은 그다지 어렵지 않을 거라고 생각하였고, 그래서 시도해 보았다. 어린 시계는 매우 수월하게 한 번 흔들었고 자신도 모르게 1년이 지나갔으며, 525,600번 (추를) 흔들었다. (무언가를) 시작해서 지속하기만 하면 아무리 어려운 일이라도 완성할 수 있다.

3

🎧 132

人们有时会梦到考试失败。在梦境中，由于各种不同的特定情况，你无法顺利通过考试测验。在其中一种特定情况下，你发现你无法按时交卷，甚至有时还会梦到自己找不到考场。在其他的特定情况中，你在临考试前表现出毫无准备，或者你未带考试用具。这种梦境通常暗示着你在现实生活中正面临着某些方面的考验。

有时 yǒushí 🔳 이따금, 때때로 | 梦境 mèngjìng 🔳 꿈속, 꿈나라 | 各种 gè zhǒng 🔳 각종, 갖가지 | 特定 tèdìng 🔳 특정한 | 情况 qíngkuàng 🔳 상황 | 无法 wúfǎ 🔳 ~할 수 없다 | 顺利 shùnlì 🔳 순조롭다 | 测验 cèyàn 🔳 시험, 테스트 | 按时 ànshí 🔳 시간에 맞추어, 제때에 | 交卷 jiāojuàn 🔳 답안을 제출하다 | 甚至 shènzhì 🔳 심지어, ~조차도 | 考场 kǎochǎng 🔳 시험장 | 临 lín 🔳 ~에 이르러 | 毫无 háo wú 🔳 조금도 ~이 없다 | 准备 zhǔnbèi 🔳 준비하다 | 带 dài 🔳 (몸에) 지니다, 가지고 다니다 | 通常 tōngcháng 🔳 보통, 통상적으로 | 暗示 ànshì 🔳 암시하다 | 正 zhèng 🔳 바로, 마침 | 面临 miànlín 🔳 직면하다, 당면하다 | 考验 kǎoyàn 🔳 시험하다, 시련을 주다

사람들은 때로 시험에 실패하는 꿈을 꾼다. 꿈속에서 각종 다른 특정한 상황 때문에, 당신은 시험을 순조롭게 통과할 수 없다. 그 중 특정한 상황에서, 당신은 제때에 답안지를 제출할 수 없음을 발견하고, 심지어 이따금 자신이 시험장을 찾지 못하는 꿈을 꾸게 된다. 다른 특정한 상황에서, 당신은 시험을 보기 전에 아무런 준비가 안 되어 있거나, 시험 도구를 가져오지 않았거나 한다. 이러한 꿈은 보통 당신이 현실 생활 속에서 어떤 방면의 시련에 직면해 있음을 암시한다.

 🎧 133

人们有时会梦到考试失败。在梦中，由于各种不同的特定情况，你无法顺利通过考试测验。有时，你发现你无法按时交卷，有时还会梦到自己找不到考场，甚至有时你会梦见自己没带考试用具。这种梦境通常暗示着你在现实生活中正面临着一些考验。

사람들은 때때로 시험에 실패하는 꿈을 꾸곤 한다. 꿈속에서 각종 서로 다른 특정한 상황 때문에 당신은 시험을 순조롭게 통과할 수 없다. 어떤 때는 당신이 제때에 답안지를 제출할 수 없음을 발견하게 되고, 어떤 때는 자신이 시험장을 찾지 못하는 꿈을 꾸기도 하며, 심지어 어떤 때는 시험 도구를 가져오지 않은 꿈을 꾸기도 할 것이다. 이러한 꿈은 보통 당신이 생활 속에서 어떤 시련들에 직면해 있음을 암시해준다.

第二部分

[第4题] 朗读

4

 🎧 134

从小/我就喜欢读书。上初中时，我常去/北海旁的/北京图书馆/看书。最初，因为/我个子矮，不像中学生，进门/常受到阻拦。初二时/戴上了眼镜，显得"老成"了，就不再/受阻了。那段时间/印象最深的，是等书时的焦急，查卡片/倒是很快，交上去后，就坐在/规定的位子上等。有时/要等很久，才有人/将书/从库中/调出送来。如果/听见的回答是："这两本书/已经外借了。"心情的沮丧/是可想而知的。就在这/宫殿式的图书馆里，我读了/鲁迅的一批杂文，读了巴金、许地山、朱自清的/一些作品，读了《铁流》/和一批/世界文学名著。在北图借阅的/这段读书生活，对我一生的道路/有着怎样的影响，在当时/连自己/也未曾想到。

北海 BěiHǎi 고유 베이하이[지명] ｜ 矮 ǎi 형 (키가) 작다 ｜ 受到阻拦 shòudào zǔlán 제지를 받다, 당하다(=受阻) ｜ 戴上 dàishang 끼다, 착용하다 ｜ 老成 lǎochéng 형 성숙하다, 어른스럽다 ｜ 焦急 jiāojí 형 초조하다, 조급해하다 ｜ 查卡片 chá kǎpiàn 카드를 검사하다 ｜ 交 jiāo 동 건네다, 제출하다 ｜ 规定 guīdìng 동 규정하다, 정하다 ｜ 位子 wèizi 명 자리 ｜ 库 kù 명 창고, 서고 ｜ 调出送来 diào chū sòng lái 찾아 오다 ｜ 外借 wàijiè 동 외부 대출하다 ｜ 沮丧 jǔsàng 형 낙담하다, 실망하다 ｜ 可想而知 kěxiǎng érzhī 성 미루어 짐작할 수 있다, 미루어 알 수 있다 ｜ 宫殿式 gōngdiànshì 명 궁전식 ｜ 鲁迅 Lǔ Xùn 고유 루쉰[인명] ｜ 杂文 záwén 명 잡문 ｜ 巴金 Bā Jīn 고유 빠진[인명] ｜ 许地山 Xǔ Dìshān 고유 쉬디샨[인명] ｜ 朱自清 Zhū Zìqīng 고유 쭈즈칭[인명] ｜ 铁流 Tiěliú 고유 티에리우[서명] ｜ 文学名著 wénxué míngzhù 문학 명작 ｜ 借阅 jièyuè 동 빌려 보다 ｜ 未曾 wèicéng 부 (일찍이) ~한 적이 없다

　어려서부터 나는 독서를 좋아했다. 중학교 때, 나는 자주 베이하이 옆 베이징 도서관에 가서 책을 읽었다. 처음에 나는 키가 작아서 중학생 같지 않았기 때문에, 들어가면 항상 제지를 당했다. 중학교 2학년 때 안경을 끼고서, '성숙해' 보이자 다시는 제지를 당하지 않았다. 그 시절에 가장 인상 깊었던 것은 책을 기다릴 때의 초조함이었는데, 카드 검사는 매우 빨랐다. (카드를) 건네고 지정된 자리에 앉아서 기다렸는데, 때로로 오래 기다리고 나서야 누군가가 책을 서고에서 찾아온다. 만일 듣게 되는 대답이 "이 책 두 권은 이미 외부 대출 중입니다."이면, 마음속의 실망감은 미루어 짐작할 수 있을 것이다. 이 궁전식 도서관에서 난 루쉰의 잡문들을 읽었고, 빠진, 쉬디샨, 쭈즈칭의 작품들을 읽었고, 〈티에리우〉와 세계 문학 명작들을 읽었다. 베이징 도서관에서 빌려 보는 이러한 독서 생활이 내 일생의 길에 어떠한 영향을 주었는지, 당시에는 나조차도 일찍이 생각해본 적이 없다.

第三部分

[第5-6题] 回答问题

5

당신이 가장 좋아하는 책을 소개해보세요.

관련 단어

名著 míngzhù 명 명저, 명작	神话 shénhuà 명 신화
讲述 jiǎngshù 동 이야기하다, 서술하다	克服 kèfú 동 극복하다, 이겨내다
描写 miáoxiě 동 묘사하다, 그려내다	充满 chōngmǎn 동 가득하다, 충만하다
幽默 yōumò 형 유머러스 한, 재미있는	风趣 fēngqù 명 재미, 해학
快乐 kuàilè 형 즐겁다, 유쾌하다	寻找 xúnzhǎo 동 찾다, 구하다
追求 zhuīqiú 동 추구하다, 탐구하다	实现 shíxiàn 동 실현하다, 달성하다
伟大 wěidà 형 위대하다	挫折 cuòzhé 동 좌절하다, 실패하다
顽强 wánqiáng 형 씩씩하다, 굳세다	战胜 zhànshèng 동 이기다, 승리하다
情节 qíngjié 명 줄거리	包含 bāohán 동 포함하다, 내포하다
哲理 zhélǐ 명 철리, 철학적 이치	乐观 lèguān 형 낙관적이다
智慧 zhìhuì 명 지혜	离奇 líqí 형 색다르다, 기이하다
绝妙 juémiào 형 절묘하다, 매우 뛰어나다	勇敢 yǒnggǎn 형 용감하다
自信 zìxìn 형 자신감 있다, 자신만만하다	执着 zhízhuó 형 고집스럽다, 끈기 있다
无穷 wúqióng 동 끝이 없다, 무한하다	开拓 kāituò 동 개척하다, 개간하다
眼界 yǎnjiè 명 시야, 견문	

开卷有益 *kāijuàn yǒuyì* 책을 펼치면 이로움이 있다, 독서는 유익하다
或多或少 *huòduō huòshǎo* 다소, 많든지 적든지 간에
引人入胜 *yǐnrén rùshèng* (풍경이나 문예 작품 등이) 사람을 황홀한 경지로 이끌다, 사람을 매료시키다
良师益友 *liángshī yìyǒu* 좋은 스승과 득이 되는 친구
经久不衰 *jīngjiǔ bùshuāi* 오랫동안 인기가 식지 않다, 오랫동안 시들지 않다
百看不厌 *bǎikàn búyàn* 아무리 봐도 질리지 않다
世代相传 *shìdài xiāngchuán* 대대로 전해져 내려오다

书中自有黄金屋，书中自有颜如玉 *shū zhōng zìyǒu huángjīnwū, shū zhōng zìyǒu yánrúyù*
책에는 황금으로 만든 집도 있고, 예쁜 여자도 있다, 책 속에는 이것저것 다 들어 있어서 책을 많이 읽으면 좋다

读万卷书，行万里路 *dú wàn juàn shū, xíng wàn lǐ lù* 만권의 책을 읽고, 만 리 길을 걷다

소설의 종류

武侠小说 *wǔxiá xiǎoshuō* 무협소설　　　推理小说 *tuīlǐ xiǎoshuō* 추리소설　　　历史小说 *lìshǐ xiǎoshuō* 역사소설
言情小说 *yánqíng xiǎoshuō* 연애소설　　科幻小说 *kēhuàn xiǎoshuō* 공상과학소설　　探险小说 *tànxiǎn xiǎoshuō* 탐험소설
恐怖小说 *kǒngbù xiǎoshuō* 공포소설　　长篇小说 *chángpiān xiǎoshuō* 장편소설
中篇小说 *zhōngpiān xiǎoshuō* 중편소설　　短篇小说 *duǎnpiān xiǎoshuō* 단편소설

下面我开始回答第5题。

　　开卷有益，我从小就喜欢读书，最喜欢的一本书就是《西游记》，它是中国古代四大名著之一，是一部优秀的神话小说，讲述了孙悟空、猪八戒与沙僧跟随着唐僧，克服重重困难到西方取经的故事。

　　《西游记》全书故事的描写充满幽默和风趣，给读者以快乐的享受。它告诉人们：为了寻找、追求、实现一个美好的理想和目标，为了完成一项伟大的事业，必然会遇上或多或少、或大或小、各种各样的困难和挫折，只有顽强地战胜这些困难，克服这些挫折，才能取得成功。

　　《西游记》除了有引人入胜的情节外，还包含了许多生活哲理和人生智慧。孩子们喜欢它情节的离奇与绝妙；成年人喜欢它充满正义、乐观勇敢、自信与执着的精神；打发时间的人喜欢它可以给自己带来无穷的快乐；而智者喜欢它是因为可以从中体会出更多的生活哲理与人生智慧。

　　以上我介绍了一下我最喜欢的一本书。

　　这个问题回答完了。

나는 다음 5번 문제에 대한 대답을 시작하겠다.

책을 펼치면 이로움이 있다고 하는데, 난 어려서부터 책 읽기를 좋아했다. 가장 좋아했던 책은 바로 〈서유기〉인데, 그것은 중국 고대 4대 명저 중 하나로, 뛰어난 신화소설이며 손오공, 저팔계, 사오정이 현장법사를 뒤따르며 많은 고난을 극복하고 서방에 가서 경전을 얻는다는 이야기를 서술하였다.

〈서유기〉 책 전체의 이야기 묘사는 유머와 재미로 가득해서 독자들에게 즐거움을 만끽하게 해준다. 책이 사람들에게 알려주는 것은, 아름다운 이상과 목표를 찾아내고 추구하며 실현하기 위해서는, 위대한 일을 완성하기 위해서는, 필연적으로 많고 적은, 크고 작은 갖가지 어려움과 좌절에 직면하게 되는데, 씩씩하게 이러한 어려움과 싸워 이기고, 이러한 좌절을 극복해야만 비로소 성공을 거둘 수 있게 된다는 것이다.

〈서유기〉는 사람을 매료시키는 줄거리 외에, 많은 생활의 철학적 이치와 인생의 지혜를 내포하고 있다. 아이들은 그 줄거리의 기이함과 절묘함을 좋아하고, 어른들은 책이 정의로움, 낙관적이고 용감하며, 자신감 있고 끈기 있는 정신이 충만한 것을 좋아한다. 시간을 때우는 사람은 책이 자신에게 무한한 즐거움을 가져다주는 것을 좋아하고, 지혜로운 사람은 책이 그 안에서 더 많은 생활의 철학적 이치와 인생의 지혜를 깨닫게 해줘서 좋아한다.

이상으로 나는 내가 가장 좋아하는 책 한 권을 소개하였다.

이 문제에 대한 답을 마쳤다.

단어

四大 sì dà 몡 어떤 분야에서 두드러진 네 종류의 물건 | 优秀 yōuxiù 톙 우수한, 뛰어난 | 孙悟空 Sūn Wùkōng 몡 손오공 | 猪八戒 Zhūbājiè 몡 저팔계 | 沙僧 Shā sēng 몡 사오정 | 跟随 gēnsuí 동 동행하다, 따라가다 | 唐僧 Tángsēng 몡 현장법사 | 重重 chóngchóng 톙 매우 많은, 겹겹의 | 西方 xīfāng 몡 서쪽, 서방 선진국 | 取经 qǔjīng 동 스님이 인도에 가서 불경(佛經)을 구해 오다, 외지로 가서 남의 좋은 경험을 배워 오다 | 必然 bìrán 틧 필연적으로, 반드시

6

문제

한 친구가 중국어에 관심이 많아서 중문과에 지원하려고 했는데, 그의 부모님은 중문과를 좋게 보지 않으시며, 그가 금융업에 지원하길 바랍니다. 당신이 이 친구에게 조언을 해주세요.

관련 단어

专业 zhuānyè 몡 전공
一生 yìshēng 몡 일생, 평생
主动 zhǔdòng 톙 주동적인, 자발적인
图 tú 동 꾀하다, 도모하다
做主 zuòzhǔ 동 (일의) 주관자가 되다, 결정권이 있다
固执 gùzhí 톙 고집스럽다
冷静 lěngjìng 톙 냉정하다
前途 qiántú 몡 미래, 장래
说了算 shuōle suàn 한 말에 책임을 지다

兴趣 xìngqù 몡 취미, 흥미
听从 tīngcóng 동 듣다, 따르다
成绩 chéngjì 몡 성과, 결과
支持 zhīchí 동 지지하다
过来人 guòláirén 몡 경험자
坚持 jiānchí 동 견지하다, 고수하다
终生 zhōngshēng 몡 일생, 평생
赚 zhuàn 동 돈을 벌다

관련 성어

不知所措 bùzhī suǒcuò 어찌할 바를 모르다, 갈팡질팡하다
显而易见 xiǎn'ér yìjiàn 쉽게 볼 수 있다, 명백히 알 수 있다
左右为难 zuǒyòu wéinán 이러지도 저러지도 못하다, 진퇴양난이다
举棋不定 jǔqí búdìng 일을 처리할 때 머뭇거리기만 하고 딱 잘라 결단을 내리지 못하다, 주저하다
事半功倍 shìbàn gōngbèi 들인 노력은 적고 얻은 성과는 크다, 적은 노력으로 많은 성과를 올리다

관련 속담

不听老人言，吃亏在眼前 bù tīng lǎorén yán, chīkuī zài yǎnqián
노인의 말을 듣지 않으면 곧 손해를 본다, 어른의 말을 잘 들으면 자다가도 떡이 생긴다

鱼与熊掌不可兼得 yú yǔ xióngzhǎng bùkě jiān dé 물고기와 곰 발바닥을 다 가질 수 없다, 다 가질 수 없다

行行出状元 háng háng chū zhuàngyuán 어느 직종, 어느 직업이라도 다 뛰어난 인물이 있다

过的桥比我们走的路还多 guò de qiáo bǐ wǒmen zǒu de lù hái duō
건넌 다리가 우리가 걸은 길보다 더 많다, 인생의 선배로서 경험이 더 많다

吃的盐比我们吃的米还多 chī de yán bǐ wǒmen chī de mǐ hái duō 먹은 소금이 우리가 먹은 쌀보다 더 많다, 인생의 선배로서 경험이 더 많다

모범답안 

　下面我开始回答第6题。

　人生路上，我们总要面对各种各样的选择，在选择面前往往不知所措，因为鱼与熊掌不可兼得。在选择大学专业的问题上，我认为父母应该尊重孩子的兴趣。

　首先，我认为自己的人生应该自己决定。对于上大学选专业这样的事情，也许会影响自己的一生。到了进大学的年龄，已经不再是任何事都要听从家长的小孩子了。所以以后的路更是需要自己独自去面对的。

　其次，选择自己感兴趣的专业，才能让自己更主动的去学习，取得更好的成绩。我觉得人活着就图个快乐，与其做自己不喜欢的事，还不如不做。

　再次，我们的人生毕竟不是父母的人生。你可以告诉父母自己的兴趣，自己的想法，跟父母沟通，获得父母的理解。天下的父母都希望儿女过得幸福、开心。所以，我相信父母一定会理解你的想法，并且支持你。

　总之，父母不会一直陪伴着我们，自己的人生一定要自己做主。所以，我觉得父母应该尊重孩子的兴趣。

　问题全部回答完了。

나는 다음 6번 문제에 대한 대답을 시작하겠다.

삶의 길목에서 우리는 늘 다양한 선택의 갈림길에 서게 되며, 선택에 직면해서는 물고기와 곰 발바닥을 다 가질 수 없기 때문에(다 가질 수 없기 때문에) 어떻게 해야 할지 모르는 경우가 종종 있다. 대학 전공을 선택하는 문제에 있어서, 나는 부모가 아이의 흥미를 존중해줘야 한다고 생각한다.

우선, 자신의 인생은 자기 자신이 결정해야 한다고 생각한다. 대학 전공을 선택하는 이러한 문제는 아마도 자신의 인생에 영향을 미칠 것이다. 대학에 들어갈 나이가 되면 이미 더 이상 어떠한 일도 부모 말에 반드시 따라야 하는 어린이(어린 나이)가 아니다. 그러므로 앞으로의 길은 자기 혼자 헤쳐나가야 한다.

다음으로, 자신이 관심 있는 전공을 선택해야 스스로 주동적으로 공부할 수 있고, 더 좋은 성적을 얻을 수 있다. 나는 사람이 사는 것은 즐거움을 도모하는 것이라고 생각하며, 싫어하는 일을 하는 것보다 차라리 안 하는 것이 낫다고 여긴다.

그다음으로, 우리의 인생은 어쨌든 부모의 인생이 아니다. 당신은 부모님께 자신의 흥미와 생각을 말씀 드리고 부모님과 소통하며, 부모님의 이해를 얻으면 된다. 세상의 부모는 모두 자식이 행복하고 즐겁게 살기를 바라시며, 그래서 나는 부모가 당신의 생각을 반드시 이해해주고 또 당신을 지지해주실 거라 믿는다.

결론적으로, 부모는 우리와 계속해서 함께 할 수 없다. 자신의 인생은 스스로가 주체가 되어야 한다. 그래서 나는 부모가 아이의 흥미를 마땅히 존중해줘야 한다고 생각한다.

문제에 대한 답을 모두 마쳤다.

단어

熊掌 xióngzhǎng 몡 곰 발바닥 | 兼 jiān 뷔 동시에, 겸하여 | 不再 bú zài 더 이상 ~하지 않다, 다시 ~하지 않다 | 独自 dúzì 뷔 홀로, 혼자서 | 毕竟 bìjìng 뷔 그래도, 어쨌든 | 陪伴 péibàn 동 함께 하다, 동반하다

모범답안

下面我开始回答第6题。

在我们的一生当中，会遇到各种各样的选择，每当这时，父母总是会站出来给我们提一些建议。那么我们该不该听父母的话呢？对于选择专业这件事，我认为还是应该尊重父母的意见。

首先，俗话说：“不听老人言，吃亏在眼前”。父母是过来人，父母的社会经验丰富，帮儿女选择的道路，也肯定是最好的。所以，我们不该固执地坚持自己的兴趣，应该多听父母的建议。

其次，兴趣是可以培养的，比如现在对金融专业不感兴趣，但是通过以后的学习，完全可以找到其中的乐趣，相信兴趣是不难培养的。

再次，我们生活在这个现实的社会，就应该更现实地去思考。放下自己的兴趣，冷静地思考一下什么专业是能终生受益的。显而易见，金融专业的发展前途是更好的，说白了也就是能赚更多的钱，但是这是很重要的问题。

总之，自己的兴趣固然重要，但是父母的经验能帮我们指出更光明的道路。所以，我认为应该尊重父母的意见。

问题全部回答完了。

나는 다음 6번 문제에 대한 답을 시작하겠다.

우리의 인생에서 다양한 선택에 부딪히게 되는데, 그때마다 부모는 항상 우리에게 몇 가지 제안을 한다. 그러면 우리는 부모의 의견에 따라야 할까? 전공을 선택하는 이 문제에 대해, 나는 부모의 의견을 존중해야 한다고 생각한다.

우선, 속담에 '노인의 말을 듣지 않으면, 곧 손해를 본다'는 말이 있다. 부모는 경험자이고 사회적 경험이 풍부하기 때문에, 자녀를 도와 선택한 길은 분명 가장 좋을 것이다. 그래서 우리는 고집스럽게 자신의 흥미만을 고수하지 말고, 부모의 의견에 따라야 한다고 생각한다.

다음으로, 흥미는 길러질 수 있다. 예를 들어 지금 금융전공에 흥미가 없더라도 추후 학습을 통해 완전히 그 안에서 흥미를 찾을 수 있으며, 흥미를 기르는 데도 무리가 없을 것이라고 확신한다.

그다음으로, 우리 삶은 현실적인 사회에 있으므로 더더욱 현실적으로 생각해야 한다. 자신의 흥미는 잠시 접어두고, 어떤 전공이 평생 이득이 될지 냉정하게 한번 생각해봐야 한다. 명백히 알 수 있듯이, 금융전공의 발전의 미래는 더욱 밝고, 툭 터놓고 얘기하면 더 많은 돈을 벌 수 있는데, 이것은 정말 중요한 문제이다.

결론적으로, 자신의 흥미도 물론 중요하지만, 부모의 경험은 우리의 길을 더 환히 밝혀주는데 도움을 줄 수 있다. 그래서 나는 부모님의 의견을 존중해야 한다는 입장이다.

문제에 대한 답을 모두 마쳤다.

단어

肯定 kěndìng 🖲 틀림없이, 확실히 | 培养 péiyǎng 🖲 양성하다, 기르다 | 受益 shòuyì 🖲 이익을 얻다, 이득이 되다 | 说白了 shuō bái le 툭 터놓고 이야기하다 | 固然 gùrán 🖲 물론 ~이긴 하지만

第一部分

[第1-3题] 听后复述

🎧 138

小刘喜欢小敏好久了，可就是不敢告诉她。一天，我在书上看到一段故事，就讲给小刘听，希望能给他一些启发：一个男孩儿对女孩儿说："我能向你问路吗？"女孩儿问："你要去哪里？"男孩儿说："我要去你的心里……。"听了这个故事，小刘很高兴，立刻跑去问小敏："小敏，我能向你问路吗？"小敏连头都没抬地说："问看门的李大爷吧，他哪儿都知道。"

단어

好久 hǎojiǔ 혱 (시간이) 오래다 | **不敢** bùgǎn 동 감히 ~하지 못하다 | **启发** qǐfā 동 일깨우다, 영감을 주다 | **连……都** lián … dōu ~조차도 | **看门** kān mén 동 문을 지키다 | **大爷** dàyé 몡 할아버지

해석

샤오리우는 샤오민을 좋아한 지 오래되었지만 감히 그녀에게 고백하지는 못했다. 어느 날, 나는 책에서 이야기 한 단락을 보았고, 샤오리우에게 말해주었는데, 그에게 깨우침을 줄 수 있기를 바랐다. 한 남자아이가 여자아이에게 말했다. "너에게 길 좀 물어봐도 될까?" 여자아이가 대답했다. "어디 가려는 건데?" 남자아이가 말했다 "네 마음속……." 이 이야기를 듣고 샤오리우는 매우 기뻐하며, 곧바로 샤오민에게 뛰어가서 물었다. "샤오민, 내가 너한테 길을 물어봐도 될까?" 샤오민은 고개조차도 들지 않고 말했다. "문을 지키는 이 할아버지한테 물어봐, 그분은 어디든지 다 아셔."

모범답안　🎧 139

小刘喜欢小敏好久了，可就是不敢告诉她。一天，我给小刘讲了一个故事，希望能给他一些启发：一个男孩儿向一个女孩儿问路，女孩儿问他要去哪里，男孩儿说自己要去女孩儿的心里。听了这个故事，小刘很高兴，立刻跑去向小敏问路，但是小敏连头都没抬，只是让小刘去问看门的李大爷，还说李大爷哪儿都知道。

샤오리우는 샤오민을 오랫동안 좋아했지만 감히 그녀에게 고백은 못했다. 어느 날, 나는 샤오리우에게 한 이야기를 말해주며, 그에게 깨우침을 줄 수 있기를 바랐다. 한 남자아이가 여자아이에게 길을 묻자 여자아이는 그에게 어디로 갈 거냐고 물었고 남자아이는 여자아이의 마음속으로 갈 거라고 했다는 이야기였다. 이 이야기를 듣고 샤오리우는 기뻐하며 곧바로 샤오민에게 가서 길을 물었지만, 샤오민은 고개조차도 들지 않고 샤오리우에게, 문을 지키는 이 할아버지는 어디든지 다 알고 있으니 이 할아버지에게 물어보라고 했다.

🎧 140

　　一次长跑比赛，参赛的有几十个人，他们都是从优秀的运动员中挑选出来的，所以竞争特别激烈。一个选手比前面的三个人只慢了一步，落在了后面，成为第4名。大家都说："真是白跑了，这跟倒数第一有什么区别？"但是这个选手说："虽然没有得奖，但是在所有没得到名次的选手中，我名列第一！"

단어

长跑比赛 chángpǎo bǐsài 장거리 경주 | 竞争 jìngzhēng 통 경쟁하다 | 选手 xuǎnshǒu 명 선수 | 落 là 통 뒤쳐지다 | 倒数第一 dàoshǔ dì yī 꼴등, 꼴찌 | 区别 qūbié 명 차이 | 得奖 dé jiǎng 통 상을 받다 | 名次 míngcì 명 순위, 등수 | 名列第一 míngliè dì yī 이름이 첫 번째에 놓이다

해석

　　장거리 경주에 참가한 사람은 몇십 명으로, 그들 모두는 우수한 운동선수 중에서 선발되었고, 그래서 경쟁이 특히 치열했다. 한 선수는 앞의 세 선수와 불과 한 걸음 차로 뒤로 뒤쳐졌고, 4등이 되었다. 모두 말했다. "정말 헛수고했어, 이건 꼴등과 무슨 차이가 있지?" 하지만 이 선수는 말했다. "비록 상을 받지는 못했지만, 순위에 들지 못한 선수 중에서는 내 이름이 첫 번째에 놓여 있어요!"

모범답안　🎧 141

　　一次长跑比赛，参赛的有几十个人，竞争特别激烈。一个选手比前面的三个人慢了一步，成为第4名。大家都说他白跑了，跟倒数第一没有什么区别，但是这个选手说自己虽然没有得奖，但是在所有没得到名次的选手中，他是第一。

　　장거리 경주에 몇십 명이 참가했는데, 경쟁이 특히 치열했다. 한 선수는 앞의 세 선수와 불과 한 걸음 차로 4등을 했고, 모두 그가 헛수고했다며 꼴등한 것과 무슨 차이가 있냐고 했다. 이 선수는 비록 자신은 상을 받지 못했지만, 순위에 들지 못한 선수 중에서는 자신의 이름이 첫째라고 말했다.

3

🎧 142

　　请人吃饭，中国人爱说"您慢用"；吃完饭送客，会说"您慢走"。现在，这些话成了客套话："慢"成了难得的奢侈。人们已经忙碌到了好像永远都在赶时间的地步。最近几年，英国逐渐刮起了"慢活"风，劝导人们放慢生活节奏，慢慢吃，慢慢购物，慢慢休闲。

단어

慢用 màn yòng 천천히 드세요 | 送客 sòng kè 통 손님을 배웅하다 | 慢走 mànzǒu 통 조심해서 가세요, 살펴 가세요 | 客套话 kètàohuà 명 인사말, 사양하는 말 | 难得 nándé 형 얻기 어렵다 | 奢侈 shēchǐ 형 사치하다, 낭비하다 | 忙碌 mánglù 형 바쁘다, 눈코 뜰 새 없다 | 赶时间 gǎn shíjiān 시간을 다투다, 서두르다 | 地步 dìbù 명 처지, 형편 | 逐渐 zhújiàn 부 점점, 점차 | 慢活 màn huó 느긋하게 생활하다

劝导 quàndǎo 图 권유하다, 설득하다 | 放慢 fàng màn 图 (속도를) 늦추다 | 生活节奏 shēnghuó jiézòu 생활 리듬 | 购物 gòuwù 图 물건을 사다, 쇼핑하다 | 休闲 xiūxián 图 휴식하다, 한가하게 지내다

　식사를 대접할 때 중국 사람은 "천천히 드세요"라는 말을 잘하고, 식사가 끝나고 손님을 배웅할 때는, "조심해서 가세요"라는 말을 잘한다. 현재 이러한 말은 인사말이 되어, '천천히'는 얻기 어려운 사치가 되었다. 사람들은 이미 마치 영원히 시간을 다투는 처지에 있는 것처럼 바빠졌다. 최근 몇 년 동안, 영국에서는 '느긋하게 생활하자'는 바람이 점점 불기 시작했는데, 사람들에게 생활 리듬을 늦추고, 천천히 먹고, 천천히 쇼핑하고, 천천히 휴식하도록 권한다.

🎧143

　请人吃饭，中国人爱说"您慢用"；吃完饭送客，会说"您慢走"。现在，"慢"成了奢侈。人们已经忙得不能再忙了。最近英国开始流行"慢活"，劝人们放慢生活节奏，慢慢吃，慢慢购物，慢慢休闲。

　식사를 대접할 때 중국 사람은 "천천히 드세요"라는 말을 잘하고, 식사가 끝나고 손님을 배웅할 때는, "살펴 가세요"라는 말을 잘한다. 현재 '천천히'라는 말은 사치가 되었고, 사람들은 이미 더 이상 바쁠 수 없을 만큼 바빠졌다. 최근 영국에서는 '느긋하게 생활하자'는 것이 유행하기 시작했고, 사람들에게 생활 리듬을 늦추고, 천천히 먹고, 천천히 쇼핑하고, 천천히 휴식하도록 권한다.

<h1 style="text-align:center;color:#cc3300;">第二部分</h1>

[第4题] 朗读

4

🎧144

　梅子家的小楼 / 坐落在 / 北门江边，推开窗就可以看到 / 绿绿的江水、江上的木板桥 / 和围栏的北门城楼。梅子家的小楼 / 有一个 / 安静的小院子，院子的角落里 / 有一个秋千。玩累了，还可以 / 在梅子家 / 上网，当然 / 是免费的。梅子家 / 是一个温馨的家。梅子 / 是一个 / 土生土长的 / 苗家女人，她的丈夫 / 是土家族人，两人 / 都在凤凰民族艺术团 / 工作，小贝贝 / 是两人 / 爱情的结晶。梅子的父亲 / 是文化局 / 退休的老局长，是一个 / 爱聊天儿的 / 可爱老头儿。有兴趣的话 / 可以和老人聊聊，在沟通中，对当地的 / 一些人、文、历史 / 增加更深的了解。

梅子 méizi 고유 메이즈[인명] | 小楼 xiǎolóu 명 작은 건물(층수가 적은 건물) | 坐落 zuòluò 图 ~에 위치하다, 자리잡다 | 木板桥 mùbǎn qiáo 나무 다리 | 围栏 wéilán 울타리 | 城楼 chénglóu 명 성루 | 院子 yuànzi 명 정원, 마당 | 角落 jiǎoluò 명 구석, 모퉁이 | 秋千 qiūqiān 명 그네 | 免费 miǎn fèi 图 무료로 하다 | 温馨 wēnxīn 형 온화하고 향기롭다, 아늑하다 | 土生土长 tǔshēng tǔzhǎng 성 토박이이다 | 苗家 miáojiā 명 묘족인 | 土家族 Tǔjiāzú 명 토가족(소수민족) | 凤凰民族艺术团 fènghuáng mínzú yìshùtuán 봉황 민족 예술단

| 贝贝 bèibei 뗑 아기, 아이 | 结晶 jiéjīng 뗑 결정, 결정체 | 文化局 wénhuàjú 문화국('文化事业管理局, 문화사업관리국'의 줄임말) | 退休 tuìxiū 동 퇴직하다, 퇴임하다 | 老头儿 lǎotóur 뗑 늙은이, 노인 | 增加 zēngjiā 동 더하다, 늘리다

    메이즈 집의 작은 건물은 북문 강가에 자리 잡고 있어서, 창문을 열면 푸른 강물, 강 위의 나무다리, 울타리를 두른 북문 성루를 볼 수 있다. 메이즈 집의 작은 건물에는 조용한 작은 정원이 하나 있는데, 정원 구석에는 그네가 있다. 놀다 지치면, 메이즈 집에서 인터넷을 할 수 있으며, 당연히 무료이다. 메이즈 집은 아늑한 곳이다. 메이즈는 토박이 묘족 여자이고, 그녀의 남편은 토가족 사람으로, 두 사람 모두 봉황 민족 예술단에서 일하며, 아이는 두 사람의 사랑의 결정체이다. 메이즈의 부친은 문화국에서 퇴임한 노국장으로 이야기를 즐기는 귀여운 노인네이다. 흥미만 있다면 노인과 이야기를 나눌 수 있으며, 이야기를 하다 보면 현지의 사람, 글, 역사에 대해 더욱 깊이 이해할 수 있다.

第三部分

[第5-6题] 回答问题

5

당신은 여가 시간을 어떻게 안배하는지 말해보세요.

安排 ānpái 동 안배하다

上网 shàng wǎng 동 인터넷을 하다

看书 kàn shū 동 책을 보다

抽出 chōu chū (시간을) 빼다, 내다

约 yuē 동 약속하다

旅游 lǚyóu 동 여행하다, 관광하다

逛街 guàng jiē 동 길거리를 거닐며 한가로이 쇼핑하다

爬山 pá shān 동 산을 오르다, 등산하다

睡大觉 shuì dà jiào 늦잠을 자다

喝酒 hē jiǔ 술을 마시다

品茶 pǐn chá 동 차를 음미하다

充电 chōng diàn 동 (지식을) 재충전하다

联系 liánxì 동 연락하다

运动 yùndòng 동 운동하다

旅行 lǚxíng 동 여행하다

购物 gòuwù 동 물건을 구입하다

看电影 kàn diànyǐng 영화를 보다

因人而异 yīnrén éryì 사람에 따라 다르다

五花八门 wǔhuā bāmén 각양각색이다, 다양하다

虚度光阴 xūdù guāngyīn 헛되이 시간을 낭비하다, 허송세월을 보내다

一举两得 yìjǔ liǎngdé 일거양득이다

丰富多彩 fēngfù duōcǎi 풍부하고 다채롭다

一寸光阴一寸金 yí cùn guāngyīn yí cùn jīn 시간은 금이다

身体是革命的本钱 shēntǐ shì gémìng de běnqián 건강이 밑천이다, 몸이 건강해야 뭐든지 할 수 있다

活到老，学到老 huó dào lǎo, xué dào lǎo 죽을 때까지 배워야 한다
独学而无友，则孤陋而寡闻 dú xué ér wú yǒu, zé gūlòu ér guǎwén 공부만 하고 친구가 없으면, 견문이 얕아지게 된다
立于不败之地 lì yú búbài zhī dì 불패의 자리에 서다, 확고한 위치를 차지하다

下面我开始回答第5题。

业余时间的安排是因人而异的。有人喜欢利用业余时间找朋友喝酒；有人喜欢上网看五花八门的消息；有人喜欢沏上一杯香浓的热茶，然后一边品茶，一边看书；还有人会利用业余时间去学习，不断地给自己充电。就我个人而言，我不愿意让时间在我的身边白白溜走，所以我总是尽量合理地安排好我的业余时间。

首先，中国有句俗话说："一寸光阴一寸金"，我对这句话很有同感，我不喜欢虚度光阴，所以利用业余时间，我总是会主动地去学点什么。比如说，我虽然不是中文系的学生，但是我一直利用放假的时间学中文，并且坚持到了现在，对此我非常有成就感。

其次，不是说"身体是革命的本钱"嘛！在学习之余，我一定要抽出时间去运动，因为我相信那句话，"生命在于运动"。

再次，多个朋友多条路。所以只要有时间，我总是主动地和朋友联系，约他们出来一起玩儿，这样，不但可以和朋友保持良好的关系，还可以让我紧张的心情放松下来，可谓一举两得。

以上我简单地说了说我是怎么安排我的业余时间的，这个问题回答完了。

나는 다음 5번 문제에 대한 대답을 시작하겠다.

여가의 안배는 사람마다 다르다. 누군가는 여가를 이용하여 친구를 찾아 술을 마시는 걸 좋아하고, 누군가는 인터넷을 하며 다양한 소식을 보는 걸 좋아하고, 누군가는 향이 짙은 따뜻한 차를 우려내어 차를 음미하며 책을 보는 것을 좋아한다. 또 누군가는 여가를 이용해 공부하며 끊임없이 (지식을) 재충전한다. 나로 말할 것 같으면 나는 시간이 내 주변에서 헛되이 흘러가는 걸 원치 않기 때문에 늘 최대한 합리적으로 내 여가시간을 안배한다.

먼저, 중국에는 '시간은 금이다'라는 속담이 있는데, 나는 이 말에 매우 공감한다. 나는 헛되이 시간 낭비하는 것을 좋아하지 않는다. 그래서 여가를 이용하여 항상 적극적으로 무언가를 배우려고 한다. 예를 들어 나는 비록 중문과 학생은 아니지만, 줄곧 방학기간을 이용하여 중국어를 배워왔고, 지금까지도 계속 배우고 있다. 나는 이에 대해 상당한 성취감을 가지고 있다.

다음으로, '몸은 혁명의 밑천'이라고 하지 않는가! 공부하고 나서, 나는 반드시 시간을 내어 운동한다. '생명은 운동하는 데 있다'라는 말을 믿기 때문이다.

그다음으로, 친구가 많아지면 길도 많아진다. 그래서 시간만 있으면, 나는 늘 적극적으로 친구에게 연락하고, 함께 놀자며 그들과 약속을 잡는다. 이렇게 하는 것은 친구들과 좋은 관계를 유지할 뿐 아니라 나의 긴장된 마음을 느슨하게 풀어주니, 일거양득이라 할 수 있다.

이상으로 내가 어떻게 여가를 안배하는지 간단하게 말하였고, 이 문제에 대한 답을 마쳤다.

消息 xiāoxi 명 소식 | 沏 qī 통 (뜨거운 물에) 우리다 | 香浓 xiāng nóng 향기가 진하다 | 不断 búduàn 부 끊임없이, 계속해서 | 溜走 liū zǒu 몰래 달아나다 | 尽量 jǐnliàng 부 가능한 한, 최대한 | 同感 tónggǎn 명 동감, 공감 | 成就感 chéngjiùgǎn 명 성취감 | 保持 bǎochí 통 유지하다, 지키다 | 放松 fàngsōng 통 느슨하게 하다, 긴장을 풀다 | 可谓 kěwèi 통 ~라 할 수 있다, ~라 할만하다

문제

당신은 평소 어떻게 중국어를 공부하는지에 대해 소개해보세요.

관련 단어

提高 tígāo 통 높이다, 향상시키다

收看 shōukàn 통 (텔레비전을) 시청하다

网站 wǎngzhàn 명 인터넷 웹사이트

领域 lǐngyù 명 분야, 영역

报道 bàodào 명 (뉴스 등의) 보도

表达能力 biǎodá nénglì 표현능력

日益 rìyì 부 날로, 나날이

继续 jìxù 통 계속하다, 끊임없이 하다

探索 tànsuǒ 통 찾다

精心 jīngxīn 형 정성을 들이다

作文 zuòwén 통 작문하다, 글을 짓다

征服 zhēngfú 통 정복하다

侥幸心理 jiǎoxìng xīnlǐ 요행을 바라는 심리

克服 kèfú 통 극복하다, 이겨내다

背诵 bèisòng 통 외우다, 암송하다

记忆 jìyì 통 기억하다

朗读 lǎngdú 통 낭독하다

水平 shuǐpíng 명 수준

节目 jiémù 명 프로그램

广泛 guǎngfàn 형 광범위하다, 폭넓다

新闻 xīnwén 명 신문, 뉴스

视野 shìyě 명 시야

日记 rìjì 명 일기

母语 mǔyǔ 명 모국어

不懈 búxiè 형 꾸준하게, 게으르지 않게

争取 zhēngqǔ 통 쟁취하다, 최선을 다하다

优异 yōuyì 형 특히 우수하다, 특출나다

全力 quánlì 명 온 힘, 전력

听说读写 tīng shuō dú xiě 듣고 말하고 읽고 쓰기

平常心 píngchángxīn 명 평상심

基本功 jīběngōng 명 내공

掌握 zhǎngwò 통 정복하다, 파악하다

阅读 yuèdú 통 읽다, 보다

写作能力 xiězuò nénglì 글쓰기능력

관련 성어

一举两得 yījǔ liǎngdé 한 가지 일로써 두 가지의 이익을 얻다, 일거양득이다

一蹴而就 yīcù érjiù 단번에 성공하다, 일이 쉬워 단번에 이루다

未雨绸缪 wèiyǔ chóumóu 비가 오기 전에 창문을 수리하다, 사전에 철저히 준비하다

积少成多 jīshǎo chéngduō 적은 것이 쌓이면 많게 된다, 티끌 모아 태산

事半功倍 shìbàn gōngbèi 적은 노력으로 큰 성과를 얻다

竭尽全力 jiéjìn quánlì 최선을 다하다

全力以赴 quánlì yǐfù 전력투구하다, 최선을 다하다

临阵磨枪 línzhèn móqiāng 전투에 임해서야 창을 갈다, 평상시에 준비 없이 있다가 일이 닥치고 나서야 준비하다

水滴石穿 shuǐdī shíchuān 물방울이 댓돌을 뚫는다, 꾸준히 노력하면 반드시 성공한다

量力而行 liànglì érxíng 자신의 능력을 헤아려서 행하다

磨杵成针 móchǔ chéngzhēn 쇠공이를 갈아서 바늘을 민들디, 꾸준히 노력을 하면 반드시 성공한다

관련 속담

不能一口吃成一个胖子 bù néng yì kǒu chī chéng yí ge pàngzi 한입만 먹고 뚱보가 될 수 없다, 마음이 급하다고 금방 되는 일이 아니다

只要功夫深，铁杵磨成针 zhǐyào gōngfu shēn, tiěchǔ móchéng zhēn
공을 들여 열심히 노력하면 절굿공이도 갈아서 바늘을 만들 수 있다, 지성이면 감천이다

心急吃不了热豆腐 Xīn jí chībùliǎo rè dòufu 마음이 급해도 뜨거운 두부를 먹을 수는 없다, 마음이 급하다고 금방 되는 일이 아니다

好记性不如烂笔头 hǎo jìxìng bùrú làn bǐtóu
좋은 기억력은 썩은 펜보다 못하다, 공부엔 기억력이 좋고 머리 좋은 것보다도 필기하는 것이 중요하다, 쓰는 연습을 많이 하는 것이 중요하다

下面我开始回答第6题。

下面我来介绍一下我是怎么学习汉语的。

首先，为了提高听力水平，我坚持每天收看半个小时以上的中国电视节目，在练习听力的同时，还能了解中国时事，所谓一举两得。

其次，为了提高阅读理解能力，我坚持每天上中国网站，广泛阅读各个领域的新闻和报道，这样不但提高了我的阅读速度，还开阔了我的视野。

再次，为了提高我的汉语表达能力，我坚持用汉语写日记。通过这种形式，不但我的汉语表达能力日益提高，连我的母语表达能力也越来越强了。

俗话说得好："不能一口吃成一个胖子。"我并不想一蹴而就，我相信那句俗话："只要功夫深，铁杵磨成针"。在今后的日子里，我会继续坚持不懈地努力学习，在学习中不断探索更科学的学习方法，争取早日征服汉语。

以上我简单地说了说我学习汉语的方法。

问题全部回答完了。

나는 다음 6번 문제에 대한 대답을 시작하겠다.

아래에서 내가 어떻게 중국어를 공부하는지에 대해 말해보겠다.

우선, 듣기 수준을 높이기 위해 나는 매일 30분 이상 중국 텔레비전 프로그램을 꾸준히 시청했는데, 듣기를 연습하는 동시에 중국의 시사도 알 수 있어서 일거양득이라고 할 수 있다.

다음으로, 독해 이해 능력을 높이기 위해 나는 매일 중국 웹사이트에서 분야별 뉴스와 보도를 광범위하게 읽었다. 이렇게 하는 것은 나의 독해속도를 늘려줄 뿐만 아니라 시야도 넓혀준다.

그다음으로, 나의 중국어 표현 능력을 높이기 위해 나는 중국어로 꾸준히 일기를 썼다. 이런 (학습) 형식을 통해 나의 중국어 표현 능력은 나날이 향상했을 뿐만 아니라 모국어 표현능력도 점점 좋아졌다.

'한입만 먹고 뚱보가 될 수 없다(한 술 밥에 배부르랴!)'라는 속담이 있다. 나는 결코 단번에 성공하고 싶은 마음은 없으며, '지성이면 감천이다'는 속담을 믿는다. 앞으로의 시간 동안 나는 계속해서 꾸준하게 열심히 공부할 것이며, 공부하면서도 과학적인(효율적인) 학습 방법을 끊임없이 모색할 것이고, 빠른 시일 내에 중국어를 정복할 것이다.

이상으로 나는 간단하게 중국어를 공부하는 방법에 대해 이야기했다.

문제에 대한 답변을 모두 마쳤다.

速度 sùdù 몡 속도 | **开阔** kāikuò 혱 넓다, 넓혀주다

memo
memo

memo

memo
memo